TU CEREBRO SUBCONSCIENTE PUEDE CAMBIAR TU VIDA

Dr. Mike Dow

TU CEREBRO SUBCONSCIENTE PUEDE CAMBIAR TU VIDA

EDICIONES OBELISCO

Si este libro le ha interesado y desea que le mantengamos informado de nuestras publicaciones, escríbanos indicándonos qué temas son de su interés (Astrología, Autoayuda, Psicología, Artes Marciales, Naturismo, Espiritualidad, Tradición...) y gustosamente le complaceremos.

Puede consultar nuestro catálogo en www.edicionesobelisco.com

Los editores no han comprobado la eficacia ni el resultado de las recetas, productos, fórmulas técnicas, ejercicios o similares contenidos en este libro. Instan a los lectores a consultar al médico o especialista de la salud ante cualquier duda que surja. No asumen, por lo tanto, responsabilidad alguna en cuanto a su utilización ni realizan asesoramiento al respecto.

Colección Psicología
Tu cerebro subconsciente puede cambiar tu vida
Mike Dow

1.ª edición: abril de 2021

Título original: *Your Subconscious Brain Can Change Your Life*

Traducción: *Verónica d'Ornellas*
Maquetación: *Isabel Also*
Corrección: *M.ª Ángeles Olivera*
Diseño de cubierta: *TsEdi, Teleservicios Editoriales, S. L.*

Edita: Ediciones Obelisco, S. L.
Collita, 23-25. Pol. Ind. Molí de la Bastida
08191 Rubí - Barcelona - España
Tel. 93 309 85 25
E-mail: info@edicionesobelisco.com

ISBN: 978-84-9111-687-5
Depósito Legal: B-5.964-2021

Impreso en los talleres gráficos de Romanyà/Valls S. A.
Verdaguer, 1 - 08786 Capellades - Barcelona

Printed in Spain

PRÓLOGO

Tu cerebro se mueve continuamente entre lo consciente y lo subconsciente. La transición más obvia es cuando te quedas dormido y sueñas. Este movimiento también ocurre a lo largo del día. Cuando vas al cine y te da la impresión de que una película de dos horas de duración ha durado sólo media hora, eso es que tu cerebro subconsciente está trabajando. O piensa en un viaje largo en una autopista: cuando yo conducía mi vehículo desde el sur de California hasta Oklahoma para ir a la facultad de medicina, no recordaba haber pasado por varias ciudades en mi ruta, lo que se denomina hipnosis de autopista. Mi mente estaba en «piloto automático».

Después de haber tenido una carrera de cuarenta años como psiquiatra, experto en imágenes cerebrales, fundador de las clínicas Amen y creador de programas para la salud cerebral en el mundo entero, tengo muchos conocimientos acerca del cerebro. En las clínicas Amen llevamos más de veinticinco años examinando el cerebro. ¡Se podría decir que siempre estoy en la cabeza de alguien!

El cerebro es una sinfonía de partes que trabajan juntas para crear y sustentar una vida. Sin embargo, la mayoría de la gente no piensa en su cerebro, y mucho menos en la parte subconsciente. El subconsciente es increíble y puede hacer mucho para crear salud y transformación entre el cerebro y el cuerpo.

¿Te gustaría saber cómo?

A mí, ciertamente, me interesaba saberlo.

Me interesé por primera vez en el poder del subconsciente cuando era un estudiante de segundo año de medicina. Uno de mis profesores hipnotizó a algunos de sus alumnos, llevándolos a un estado subconsciente dominante. Cuando utilizó la técnica en mi persona, sentí una paz que nunca antes había sentido. Aprendí con rapidez que la hipnosis no te desconecta, sino que te conecta.

Poco después realicé un curso optativo de hipnosis de un mes de duración en la Universidad de California, Irvine. El profesor del curso nos enseñó un vídeo de un psiquiatra indio que guiaba a una paciente llevándola a un estado hipnótico y luego utilizaba su cerebro subconsciente para hacer que las venas de sus manos se hincharan de manera que él pudiera insertar una aguja. Funcionaba –y yo estaba fascinado–. Entonces, durante mi primera rotación como residente en la sala de urgencias del Walter Reed Army Medical Center en Washington D. C., tuve la brillante idea de probar la técnica.

A las seis y media de la mañana, pasé junto a una habitación en la que una mujer estaba gritando. Como soy muy curioso, entré un momento. La mujer tenía un coágulo de sangre en su pantorrilla, que había hecho que su pierna se inflamara. La jefa de residentes le estaba gritando porque cada vez que intentaba insertar la aguja intravenosa la paciente gritaba con más intensidad. La jefa de residentes se sentía frustrada y la paciente estaba asustada. Y adivina qué ocurre con los vasos sanguíneos cuando uno está alterado: ¡se estrechan! De modo que le pregunté a la jefa de residentes: «¿Le importa si lo intento yo?».

«Llevo años insertando agujas intravenosas. ¿Qué te hace pensar que puedes hacerlo? –replicó–. Pero bueno, si quieres intentarlo, campeón, adelante».

Lo primero que hice fue decirle a la paciente: «Hola, soy el Dr. Amen. Necesito que respire más lentamente. Cuando uno respira demasiado rápido, los vasos sanguíneos se estrechan y no vamos a poder insertar una aguja intravenosa en su pie. Entonces, respire conmigo».

Empecé a respirar poco a poco para mostrarle cómo debía hacerlo, al tiempo que pensaba, «la jefa de residentes me va a matar si esto falla», porque no tenía la seguridad de que este método fuera a funcionar. Pero acababa de ver el vídeo en mi clase optativa, de manera que le pedí a la paciente que se concentrara en un punto en la pared para ayudar a eliminar todas las distracciones. La guié para que contara hasta diez, cerrara los ojos, respirara lentamente y luego imaginara que estaba relajada. Mientras la conducía por este proceso, le dije: «Apuesto a que no sabía que si se concentra en su pie, puede hacer que aparezca una vena y me puede ayudar en esta situación». En cuanto se lo sugerí, una vena apareció y pude insertar la aguja intravenosa. La jefa de residentes se quedó con la boca abierta.

Fue en ese momento cuando me enganché a la idea de utilizar el poder del cerebro subconsciente para ayudar a las personas.

Una de las primeras lecciones en la facultad de medicina fue no hacer daño y utilizar la solución menos tóxica. Si pudiéramos sanar con palabras y sin pastillas, ¡qué maravilloso sería! Eso es lo que cirujanos, obstetras, dentistas, psiquiatras y terapeutas han estado haciendo desde hace décadas. En este libro, el Dr. Mike Dow mostrará cómo hacer lo mismo como una forma suplementaria de crear salud, romper o crear hábitos, aumentar tu seguridad en ti mismo o tu éxito, aliviar la ansiedad y el miedo, y muchas cosas más. He visto cómo técnicas del cerebro subconsciente ayudaban a personas a dejar de fumar, a alcanzar y mantener un peso saludable, a vencer el insomnio y a aliviar síndromes de dolor.

Más adelante, durante mi trabajo como médico residente en Walter Reed, los pacientes solían acudir a mí cuando tenían problemas de insomnio y me pedían pastillas para dormir. «Claro, le recetaré una pastilla para dormir –les decía–, pero, primero, ¿puedo hipnotizarlo para ver si realmente la necesita?». Todos los pacientes decían que sí, y dado que la hipnosis activa el poder sanador del subconsciente, acababa recetando pastillas para dormir sólo a la mitad de esos pacientes.

La mayoría de la gente no se da cuenta de que su cuerpo responde a cada uno de sus pensamientos. Si tienes pensamientos negativos, tus manos se enfrían y humedecen más, tus músculos se tensan, la variabilidad de la frecuencia cardíaca desciende, etc. Entonces, si accedes a tu subconsciente, puedes introducir mensajes de salud y transformación que tu cerebro más tarde llevará a cabo para ti. ¿No te gustaría acceder a tu cerebro subconsciente? Es fácil, indoloro y no hace falta ningún esfuerzo.

El Dr. Mike Dow ha estado utilizando técnicas de activación del cerebro subconsciente con sus pacientes desde hace años y hace poco visitó mi consultorio para que pudiéramos escanear su cerebro en los estados consciente y subconsciente. Los resultados, que aparecen en el libro, revelan la ciencia que reside tras el asombroso poder del cerebro.

Finalmente, el objetivo de este libro es conseguir que estés al mando de tu propio cerebro y que utilices tu subconsciente para cambiar tu vida.

Daniel G. Amen, doctor en Medicina,
psiquiatra, neurocientífico y fundador de las clínicas Amen
Autor de *Feel Better Fast and Make It Last*

INTRODUCCIÓN

Técnica de visualización subconsciente: la medicina cuerpo-mente definitiva

Este libro es sorprendente. Su programa es revolucionario. Para algunas personas puede ser incluso controvertido. Pero, al final, la técnica de visualización subconsciente, que es el protocolo que aprenderás y utilizarás, puede hacer que seas una persona más sana, más feliz e incluso más rica. Si piensas que el cerebro subconsciente es una pseudociencia poco seria, prepárate para sorprenderte.

Las investigaciones pioneras que compartiré contigo demuestran que acceder al poder del cerebro subconsciente es una ciencia «difícil», no un espectáculo de Las Vegas. Empezaré por mostrarte que tu subconsciente ya ha estado conspirando a tu favor, incluso si no has sido consciente de ello.

Te ayudaré a entender la diferencia entre el cerebro consciente y el cerebro subconsciente. Aprenderás cuándo es el mejor momento para utilizar cada uno de ellos (lo cual, científicamente hablando, en realidad es una activación de ciertas *estructuras* en el propio cerebro).

Por ejemplo, puedes activar tu subconsciente para sanar tu pasado, aumentar tu creatividad o entrar en partes de ti mismo que están fuera del alcance del cerebro consciente. ¿Sabías que incluso puedes modificar la forma en que digieres los alimentos o interpretas los pensamientos a través del subconsciente? Con ello, el consciente puede hacer lo que mejor se le da: manejar los acontecimientos cotidianos y aburridos de la vida diaria. Deja que esa parte menos misteriosa de tu cerebro se encargue de las matemáticas y llene las solicitudes. Invita a tu cerebro subconsciente a conspirar a tu favor y a tejer sueños creativos que podrían cambiar tu vida, y también el mundo.

A aquellos de vosotros que dudáis del poder del subconsciente, os mostraré cuán poderoso puede llegar a ser. Lo explicaré en un capítulo donde aparecen numerosos estudios que han sido publicados, escáneres cerebrales, electroencefalogramas y muchos términos científicos. Mejor aún: te mostraré un escáner de mi propio cerebro mientras utilizo algo llamado técnica de visualización subconsciente, o TVS. Si quieres empezar a usar la TVS de inmediato, puedes pasar al capítulo 3 y comenzar utilizando el protocolo (pero espero que no lo hagas). La mayoría de las personas consideran que toda la ciencia cerebral que explico en los primeros capítulos es fascinante. Incluso he visto cómo la comprensión consciente del subconsciente por parte de algunos pacientes permite que la TVS funcione incluso mejor.

Cuando hayamos dejado atrás la comprensión teórica del cerebro subconsciente, llegará el momento en que comience la magia, ¿o debería decir ciencia? Realizarás tu propio experimento revolucionario. En esta ocasión, el caso serás tú. (Nota: aunque la TVS es muy efectiva con los niños, la práctica casera de la TVS debería utilizarse sólo con adultos).

Con independencia de tu objetivo, este libro podría ser la pieza del rompecabezas que estabas buscando. Quizás desees que sane esa afección difícil de controlar, o un dolor crónico, o conducir tu negocio al siguiente nivel.

¿Qué es exactamente la técnica de visualización subconsciente? Es un protocolo revolucionario que he creado. En este libro lo aprenderás todo acerca de él, y podrás trabajar con los guiones que he preparado para que puedas grabar audios con los que conducir tus prácticas, y que te permitirán experimentarlo de una forma visceral. Éste es el primer y el único protocolo que combina hipnosis con terapia cognitivo conductual (TCC), atención plena, visualizaciones guiadas, arrastre audiovisual (AVE) y estimulación bilateral (utilizando los lados izquierdo y derecho del cuerpo para acceder a ambos hemisferios del cerebro).

No te preocupes si no tienes ni idea de lo que significa esta palabrería clínica. No necesitas saberlo. De hecho, no es necesario que entiendas lo que está ocurriendo para que la magia (he querido decir la ciencia) funcione. La TVS implica que te sumerjas en la experiencia misma para sanar y mejorar tu vida.

¿Te sorprendería descubrir que la TVS funciona con mayor rapidez que las técnicas que se apoyan en los canales conscientes para sanar o para ayudarte a alcanzar tus metas? Además, es más poderosa y puede crear una transformación fantástica. ¿Por qué? Por varias razones.

En primer lugar, la TVS permite acceder a recuerdos a los que el cerebro consciente no puede acceder. Como verás en el capítulo 2 (el capítulo sobre la ciencia del cerebro), esto se debe a las lentas ondas cerebrales theta. Se ha demostrado que las ondas cerebrales theta ayudan a acceder a recuerdos olvidados, incluidos los recuerdos de los que no se era consciente. Es posible que una experiencia de la infancia te esté impidiendo avanzar en tus relaciones, tu salud o tu carrera. La TVS te permite acceder a ese archivo. La TVS te empodera también con la capacidad de editar y borrar ese archivo de la memoria. ¿Cómo será para ti hacer un viaje en tu mente? ¿Te ayudará a expresar sentimientos reprimidos que has estado conteniendo durante décadas? Cuando esto ocurre, puede ayudar a que tu cuerpo físico se relaje. Puedes sanar las partes hiperactivas de los centros emocionales de tu cerebro que te impiden expresarte en tus relaciones actuales. Para muchas personas, esto puede cambiar la forma en que actúan en sus relaciones.

En segundo lugar, la TVS tiene el poder de activar y aumentar el increíble potencial de la sanación cuerpomente (escribo *cuerpomente* sin un guion porque no se puede separar la interacción entre la mente y el cuerpo). Si encuentras un recuerdo sorprendente de tu infancia y lo sanas, quizás incluso descubras que los síntomas físicos y los síndromes mejoran. Los pacientes con síndrome del intestino irritable (SII) o síndrome de vejiga dolorosa pueden notar que la tensión pélvica desaparece. ¿No sería eso un gran alivio? Innumerables pacientes a los que he tratado llevaban toda la vida buscando soluciones, y la TVS les permite encontrar la raíz de sus dolencias. Si localizas la raíz, entonces puedes sanarla en lugar de medicarte siempre para aliviar los síntomas.

En tercer lugar, la TVS activa el sistema inmunitario porque aumenta las células T. Esto resulta de ayuda, tanto si en la actualidad tienes problemas de salud, como si deseas prevenirlos. Tu cerebro subconsciente puede hacerlo mucho mejor que el cerebro consciente. Tu *consciente* tiene la tendencia a concentrarse en la línea de pensamiento de *me-pregunto-qué-podría-ir-mal-mañana.* Y tu *subconsciente* tiende a concentrarse en el tren de pensamiento de *me-pregunto-qué-podría-crear-mañana.* Te resultará fascinante descubrir en qué te gustaría concentrar la atención.

Cuando el cerebro consciente está ocupado preocupándose, las hormonas del estrés se disparan, y eso debilita el sistema inmunitario. Los nuevos estudios muestran que es más probable que una célula maligna en un sistema de un órgano se multiplique e incluso se extienda a otras partes del organismo cuando éste está sometido al estrés.[1] Pero cuando el subconsciente está ocupado tejiendo sus sueños mágicos de abundancia, creatividad y paz, las hormonas del estrés disminuyen. El sistema inmunitario mejora. ¿Sabías que tu cuerpo-mente tiene un sistema de sanación inherente y natural, y que la TVS lo activa?

Algunos ejemplos de estos síndromes que trato con la TVS incluyen la fibromialgia, el dolor crónico, las enfermedades autoinmunes, el síndrome de fatiga crónica, el intestino permeable, el sobrecrecimiento bacteriano del intestino delgado (SIBO, en sus siglas en ingles), el síndrome del intestino irritable (SII), las migrañas, el síndrome de la vejiga dolorosa, los trastornos de ansiedad y cualquier otra afección compleja con la que los fármacos de venta con receta son mínimamente efectivos, cuando funcionan.

La TVS puede ser un gran complemento al tratamiento para las enfermedades que están vinculadas al sistema inmunitario, como el

---

1. C. P. Le *et al.* (marzo de 2016). «Chronic Stress in Mice Remodels Lymph Vasculature to Promote Tumour Cell Dissemination», *Nature Communications,* 7 (10634), www.nature.com/articles/ncomms10634

cáncer y el VIH. En ese capítulo lleno de palabrería científica del que ha hablado, conocerás un increíble estudio que observó la forma en que activar el subconsciente aumenta las células T (una medición de la fuerza del sistema inmunitario) en estudiantes de medicina en una prestigiosa universidad de investigación.

En cuarto lugar, la TVS puede ayudar a crear abundancia. ¿Te gustaría llevar a tu negocio al siguiente nivel? ¿Ha llegado el momento de convertir ese trabajo que haces en tu tiempo libre en la carrera de tus sueños? ¿Deseas empezar a vivir con propósito y pasión, y no dominado por el miedo? ¿Quieres atraer al amor de tu vida? ¿Es éste el año en el que te gustaría decir adiós a tus fobias? Si tu respuesta a cualquiera de estas preguntas es «sí», te alegrará saber que la TVS puede hacerlo realidad.

Hay una gran frase en la película *Campo de sueños*: «Si lo construyes, llegará». La TVS tiene una filosofía similar: si tu cerebro subconsciente puede verlo, entonces tu cerebro consciente puede crearlo.

Cada vez que haces algo, se produce un cambio en tu cerebro. ¿Lo sabías? Decisiones simples, cotidianas y en apariencia insignificantes, como subirte a la cinta para caminar o elegir brócoli en lugar de patatas fritas, ayuda a crear nuevas vías.

Si tu cerebro subconsciente puede verlo, entonces tu cerebro consciente puede crearlo.

Por ese motivo utilizo algunas técnicas de terapia cognitivo conductual (TCC) para tratar fobias como el miedo a los gatos. Empiezo mostrando una imagen de un gato. Tu *experiencia* de ver la imagen de un gato, y, luego, con el tiempo, ver a un gato real, le dice al cerebro: «¡Lo logré!». Y la TVS potencia la TCC: tu cerebro subconsciente puede crear experiencias intensas, incluso haciendo que sientas como si en realidad estuvieras *sosteniendo en tus brazos* a un gato. Tengo los escáneres cerebrales que lo demuestran: mi propio cerebro escaneado mientras usaba la TVS. Observa las imágenes en color en la parte interior de la portada. A pesar de que mis ojos estaban cerrados, verás que la parte visual de mi cerebro está iluminada como fuegos artificiales (como si estuviera *viendo* y *experimentando* algo). Si te limitas a tomar Xanax para controlar tu fobia, no estás proporcionando al cerebro una experiencia que permita que el cambio tenga lugar. Y es posible que te estés exponiendo a una adicción mientras ralentizas tu cerebro. ¿Estás empezando a ver cómo la TVS puede ayudarte a ir a la raíz de tus problemas y transformarlos?

La activación subconsciente engaña a tu cerebro y hace que éste crea que ya ha hecho algo. Este principio puede aplicarse a cualquier cosa que desees crear, desde construir un negocio hasta hablar en público o hacer más ejercicio. La TVS es una visualización guiada elevada a la enésima potencia. Es mucho más poderosa que simplemente «imaginar». Prepárate para el capítulo 2 (sobre temas de ciencia), donde un gran estudio te mostrará lo mágico que puede llegar a ser esto. Y, por supuesto, mostraré una transformación digna de uno de esos programas de televisión sobre remodelaciones: escáneres de mi cerebro un día normal y escáneres de mi cerebro mientras utilizo la TVS.

Por último, la TVS ayuda a acceder a las mejores partes de una persona. En muchos sentidos, permite conectar con nuestro verdadero yo: un ser humano que es inherentemente digno de ser amado, con un potencial ilimitado. ¿Sabías que tienes una serie de dones únicos que te fueron proporcionados para que sirvas a este mundo y a los demás de una forma especial? ¿Lo has olvidado? Hay alguna parte de ti que ya sabe todo esto, ¿no es cierto?

Quizás hayas tenido alguna experiencia con la hipnosis, el análisis de los sueños, la visualización guiada, la terapia musical o alguna otra experiencia que conecta con el subconsciente y con sus lentas ondas cerebrales theta. Si es así, aproxímate a la TVS con el asombro de un niño que se encuentra con algo por primera vez. Después de todo, tomar algo y analizarlo es una función del cerebro consciente. Experimentar algo y sumergirte en ello es donde el subconsciente puede hacer su magia científicamente comprobada.

Decidí escribir este libro porque creo que el mundo necesita la TVS. Y la precisamos ahora, ahora mismo. Vivimos en un mundo en el que la negatividad, los traumas y el dolor crónico impiden que la gente recuerde su grandeza inherente. Hay demasiadas personas atrapadas en bucles de retroalimentación negativa de dolor, depresión e inseguridad. Estos bucles les impiden ofrecer al mundo amor y sus dones únicos. Las hormonas y los neurotransmisores se ven afectados, lo cual afecta de manera negativa al comportamiento. Esto puede conducir a la adicción a los medicamentos para el dolor, e incluso al cáncer. Creo que demasiadas personas han olvidado su bondad inherente. Si ése es tu caso, la TVS puede ayudarte a que vuelvas a ser tu mejor yo, el que solías ser. Me pregunto si la TVS te ayudará a convertirte en una versión de ti incluso *mejor* que la que habías sido.

Vivimos en un mundo en el que la negatividad, los traumas y el dolor crónico impiden que la gente recuerde su grandeza inherente.

Hagamos una minipráctica de la TVS.

¿Recuerdas alguna época de tu vida en la que te sentías totalmente seguro/a de ti mismo/a, feliz y libre? ¿Cómo sería tu vida si pudieras vivir en ese espacio... o al menos «pasar el rato» ahí la mayor parte del tiempo? Adivina: la TVS puede llevarte ahí. Sí. Eso es. Aquí y ahora. ¿Te gustaría?

Este viaje que estamos a punto de emprender juntos es muy emocionante. Ahora, quizás estés empezando a entender lo que quiero decir cuando afirmo que tu cerebro subconsciente puede cambiar tu vida. Lo digo en serio.

No sé por qué elegiste este libro, pero tengo la sensación de que sabes exactamente qué es lo que te gustaría cambiar. Y ahora quizás te sientas un poco más esperanzado/a respecto al potencial de pasar al siguiente nivel, recordar tu bondad inherente y empezar a tener una vida de abundancia que sirva a los demás de una forma única. Es emocionante, ¿verdad? ¿Sabías que lograr que tu vida vuelva a tener propósito ayuda a ralentizar el envejecimiento? Olvídate del botox. En su lugar, utiliza la TVS, ya que ayuda a tu sistema inmunitario a luchar contra las células precancerosas. Y, por supuesto, permitirá que simplemente te sientas mejor.

En un momento voy a pedirte que recites unas frases sencillas. Te pido que en este ejercicio utilices el asombro infantil, el optimismo ilimitado y la fe suprema del cerebro subconsciente. Si notas que una parte de ti está diciendo «Eso no es verdad», en realidad es maravilloso. ¡Has identificado a la voz del consciente! No dejes de observar a esa voz.

Si esa voz aparece en cualquier momento durante nuestro viaje juntos, baja el volumen de tu consciente mientras trabajamos para subir el volumen del subconsciente en su misión de proporcionar más felicidad, esperanza y sanación a tu vida. Yo te enseñaré cómo. ¿No sería maravilloso? Si has escogido este libro, sé que una parte de ti, en lo más profundo, está ansiosa por realizar este cambio.

Para iniciar oficialmente nuestro viaje juntos, éste es el miniejercicio. Creo que alguna parte de ti sabe que estas frases son ciertas.

Medita sobre las siguientes frases y deja que penetren en tu cerebro y en tu cuerpo. Durante cierto tiempo, suspende tu realidad ordinaria. Si alguna parte de ti todavía tiene dudas, simplemente enfoca esto como si fuera un experimento para probarlo. Me pregunto qué te proporcionará tu experiencia. Después de todo, tu experiencia es la máxima sabiduría, ¿no es así?

Mientras recitas las siguientes palabras en silencio, para tu interior, quizás adviertas que ya sabes cómo ir «a otro lugar». ¿Notas una relajación el alguna parte de tu cuerpo, o sientes que una especie de ensoñación se está apoderando de tu cerebro?

Mi cuerpo-mente sabe cómo sanarse a sí mismo.

Mi cuerpo-mente sabe cómo sanarse a sí mismo.

Mi cuerpo-mente sabe cómo sanarse a sí mismo.

Sólo yo sé lo que la verdadera salud y felicidad significan para mí... y sólo yo tengo el poder de crearlas.

Sólo yo sé lo que la verdadera salud y felicidad significan para mí... y sólo yo tengo el poder de crearlas.

Sólo yo sé lo que la verdadera salud y felicidad significan para mí... y sólo yo tengo el poder de crearlas.

Al comenzar tu viaje aquí, imagina el tipo de salud, sanación y abundancia que empezarás a manifestar para ti.

¿No es *agradable saber que nuestra sanación ya ha comenzado?*

Cómo utilizar este libro y los audios que lo acompañan

La primera mitad de este libro proporciona las bases para la TVS y explica cómo puede empoderar para cambiar los comportamientos, patrones y pensamientos. En la segunda mitad del libro, profundizo más en la ciencia de cómo la TVS puede ser utilizada para lograr metas específicas y en la ciencia que respalda su uso para grupos de dolencias. La segunda mitad del libro contiene también guiones completos de TVS. Te invito a que utilices tu teléfono móvil para grabarte leyendo cada uno de estos textos en voz alta, y que emplees los audios de esas grabaciones para practicar algunos de los ejercicios de TVS que aparecen en el libro. Al igual que la meditación, la TVS es una práctica que se puede utilizar una y otra vez. Sus beneficios se multiplican con su uso frecuente. La mayoría de las personas avanzará en la lectura del libro y luego empleará la práctica de la TVS usando los audios una vez que haya llegado a los guiones en el libro. Sin embargo, algunas personas están tan ansiosas por comenzar que saltan a los audios inmediatamente. Si es tu caso, retrocede después para leer los capítulos sobre los detalles de lo que estaba ocurriendo en tu cerebro. En cualquier caso, es probable que descubras que utilizarás cada audio de TVS una y otra vez. Y es posible que encuentres algo útil en cada audio, incluso aunque la práctica no sea tu objetivo principal. Aunque los pasos de la TVS son los mismos, cada práctica es única.

En cuanto a emplear los audios en lugar de, directamente, memorizar los guiones, sugiero que, para empezar la TVS, uses los audios correspondientes. Esto te permitirá relajarte mientras tu voz, leyendo el guion que he preparado para cada caso, activa tu cerebro subconsciente y su poder para sanarte y transformarte. Los audios también te ayudarán a familiarizarte con la TVS para que más adelante puedas pasar más rápidamente a un estado dominado por el subconsciente y activar tu cerebro subconsciente por ti mismo en cualquier momento y en cualquier lugar. Más adelante puedes retroceder y revisar los guiones escritos si deseas memorizar la TVS o dominarla más.

PARTE I

Entender tu subconsciente

CAPÍTULO 1

Tu subconsciente siempre te apoya

Aunque quizás no lo sepas, estás utilizando tu cerebro subconsciente siempre. Es posible que el subconsciente haya tomado el control del volante cuando te dirigías a casa conduciendo tu vehículo durante un trayecto de treinta minutos, mientras tu mente consciente estaba ocupada lidiando con algún problema. Casi no recuerdas ese trayecto de la oficina a tu casa, pero de alguna manera tu coche llegó intacto.

Quizás, durante el día, hayas olvidado un nombre, y por mucho que te has esforzado para recordarlo, las partes conscientes de tu cerebro no pudieron recuperar lo que estabas buscando. Luego, unas horas más tarde, tu subconsciente hizo su magia y te mostró la respuesta. Esa parte de tu cerebro estuvo trabajando de manera ardua para ti todo ese tiempo y tú ni siquiera te diste cuenta.

Un fenómeno similar ocurre cuando, de repente, recuerdas cómo conociste a alguien, cuando ya te habías dado por vencido intentándolo. ¡Cierto! Era el marido de tu amiga, y lo conociste en una cena hace dos años.

El subconsciente procesa la información rápidamente, sin esfuerzo y de una forma automática. No tiene que evaluar de manera concienzuda toda la información como lo hace la mente consciente cuando tomas una decisión. Éste es un fenómeno que quizás hayas advertido en alguna ocasión, y es algo que puedes aprender a dominar y a utilizar para tu propio beneficio.

Quizás hayas notado que tu subconsciente te protege. No entiendes por qué, pero conoces a alguien y te da mala espina. O algo te dice en el último momento que debes retirarte de un negocio o que no deberías caminar por esa calle oscura. Las partes subconscientes del cerebro pueden hacer asociaciones con recuerdos olvidados o percibir cosas que las partes conscientes del cerebro no perciben.

De la misma manera que es posible que hayas experimentado la sabiduría de tu subconsciente cuando «seguiste tus instintos» en esas situaciones, quizás también hayas recurrido al poder del subconsciente de noche, cuando «consultaste con tu almohada» para ayudarte a tomar la decisión correcta.

Es posible que el poder del subconsciente te haya sorprendido con un sueño significativo. Al subconsciente le encantan las primeras horas de la mañana, cuando es libre para pintar ideas e imágenes en lienzos en blanco, sin estar limitado por las trabas y las defensas de las partes conscientes del cerebro que son guiadas por la lógica. ¿Alguna vez has recibido un mensaje importante de este modo? Quizás ese sueño hablaba de un tema universal como la gracia o la verdad a través de un símbolo del subconsciente, y eso te ayudara a entender alguna parte de tu vida, viéndola bajo una nueva luz.

EL JUGUETÓN

El cerebro subconsciente es juguetón y te ayuda a lidiar con el aburrimiento. Al soñar despierto, puede transportarte al instante a Bora Bora, a Bali o a Barcelona mientras estás atrapado en una reunión en Boston. De hecho, puedes usar la habilidad del subconsciente de «estar en alguna parte» mientras no estás ahí (como cuando sueñas despierto) para alcanzar todo tipo de objetivos. En el capítulo 4 te enseñaremos a utilizar esta habilidad y canalizarla para diferentes propósitos en tu vida.

El poder de lo que subyace en nuestro estado mental cotidiano es potente, ¿no es verdad? Como veremos, incluso puede medirse con unos electrodos que se colocan en el cuero cabelludo (de la misma manera en que un cardiólogo puede examinar tu corazón colocándolos en tu pecho). Cuando el subconsciente trabaja, las ondas cerebrales lentas están presentes. Éstas son distintas a las ondas cerebrales rápidas del cerebro consciente que están ahí cuando trabajas en una hoja de cálculo.

En muchos sentidos, los canales altamente desarrollados y analíticos del cerebro consciente pueden considerarse una bendición o una maldición para todos nosotros. El consciente resuelve problemas que los animales y los niños pequeños son incapaces de solucionar, pero ese don viene acompañado también de unos trastornos de ansiedad que son exclusivos de los seres humanos. Trae consigo muchas cargas. El consciente tiene que evaluar de un modo concienzudo toda la información para llegar a conclusiones; el subconsciente toma decisiones «instintivas» instantáneamente. El consciente necesita utilizar una gran cantidad de energía y de fuerza de voluntad para realizar elecciones saludables; el subconsciente hace que sintamos que las elecciones saludables se hicieron sin esfuerzo y «por sí solas».

Las ondas cerebrales lentas del cerebro subconsciente hacen que nos sintamos muy bien. Ése es el motivo por el cual a tantas personas les gusta beber para relajarse después del trabajo. Aunque el alcohol es una manera de llevar a la mente a un estado alterado, ¿no sería agradable simplemente cerrar los ojos y hacer que tu cerebro se ralentice y entre en un estado de ensueño, como de trance, cada vez que lo desees? Cuando aprendes a utilizar el subconsciente, este estado alterado y relajado puede ser mucho más que una forma de desconectar. Me pregunto si te sorprenderás al saber cómo puedes utilizarlo para crear la versión más feliz y saludable de ti mismo.

El subconsciente tiene el poder de ayudarte a potenciar tu futuro a través de sugestiones de carga positiva. ¿Qué creencias crees que te prepararon para los éxitos que has tenido en tu vida? El poder de las creencias es enorme, ¿no es verdad? Las creencias pueden hacer que fracases o pueden empoderarte para que tengas éxito, de manera que debes tratarlas con cuidado.

Las personas con las mentes subconscientes más poderosas son las que están más abiertas a la sugestión, y sus cerebros tienen una mayor abundancia de ondas cerebrales lentas. Las creencias tienen un efecto incluso *mayor* en las vidas de estas personas que en las de la persona promedio.

Algo a tener en cuenta: el hecho de que estés leyendo este libro tal vez signifique que te encuentras dentro de esa categoría. Las personas muy inteligentes e intuitivas que tienen la capacidad de estar inmersas en un libro, una obra de teatro, o el arte, la música o los deportes, suelen tener una mente subconsciente muy fuerte, con niveles de ondas cerebrales de ensueño más altos que la media. En los siguientes capítulos te enseñaré a utilizar tu poderoso subconsciente para tu propio beneficio.

ENTENDER LOS TÉRMINOS

Antes de continuar, es importante que explique por qué elegí la palabra *subconsciente* para el título de este libro y para el programa que creé, la técnica de visualización subconsciente (TVS). Escogí el término subconsciente porque las herramientas en este libro van más allá de lo que en ocasiones denominamos el inconsciente. Cuando digo subconsciente me refiero a cualquier cosa que esté por debajo de los tipos de pensamientos cotidianos.

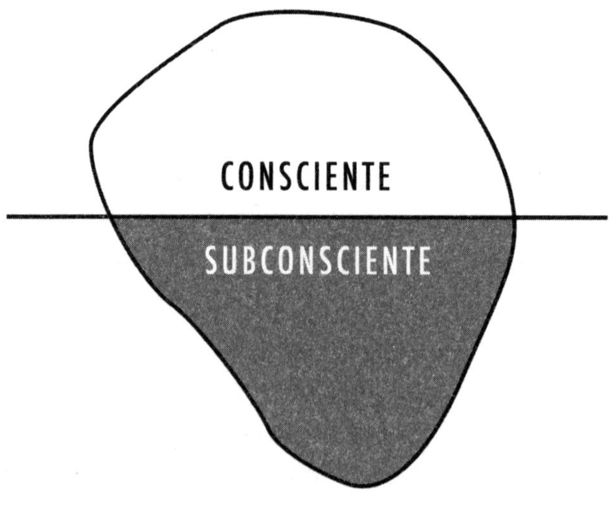

El diccionario *Oxford English Dictionary* define el subconsciente como «la parte de la mente de la cual uno no es completamente consciente pero que influye en nuestros actos y sentimientos».[1] Otra acepción lo define como «esa parte de la mente que está en la periferia de la consciencia y contiene material del cual es posible ser consciente mediante la redirección de la atención».[2] Así pues, el subconsciente no incluye lo que algunas personas podrían llamar el inconsciente. Incluye recuerdos, deseos e impulsos ocultos, y las herramientas de este libro te ayudarán a extraerlos.

Además, prefiero el término *subconsciente* a *inconsciente* por las diferencias sutiles en su significado. Aunque a menudo las dos palabras son intercambiables, en ocasiones *inconsciente* puede significar dormido, desmayado o drogado; pero subconsciente, no. También es importante señalar que uno no está dormido cuando se encuentra en un estado dominado por el subconsciente. La TVS puede ser utilizada para tratar el insomnio, pero, sin embargo, ayuda a alcanzar un estado que es distinto a estar dormido. Cuando usas la TVS no estás inconsciente a menos que te duermas accidentalmente en algún momento durante el proceso.

El objetivo de la TVS es suspenderte en el potencial de sanación de las ondas cerebrales subconscientes sin que te quedes dormido (pues entonces experimentarías las ondas cerebrales *inconscientes*). Cuando utilizas TVS, te encuentras en un estado que está en algún lugar entre estar dormido y estar despierto. En realidad está más cerca de soñar que de dormir. De hecho, se puede utilizar la TVS para ayudarte a soñar mientras estás despierto. Y si has estado durmiendo poco, una sesión breve de TVS te ayudará a descansar y hará que te sientas renovado.

Inconsciente también se puede interpretar como «no consciente», como no darse cuenta de algo o ignorar algo. En contraste, la TVS (que

---

1. *English: Oxford Living Dictionaries,* s.v. «*subconscious*», consultado el 30 de abril de 2018, https://en.oxforddictionaries.com/definition/subconscious
2. Collins, s.v. «subconscious», consultado el 30 de abril de 2018, www.collinsdictionary.com/us/dictionary/english/subconscious

practicarás a partir de los guiones que encontrarás en este libro) promueve una forma de vivir consciente e impulsada por el entendimiento. Es una filosofía que te empodera para que salgas y crees la vida que naciste para vivir. Antes de guiarte por el programa de la TVS, me gustaría presentar las pruebas científicas del poder del cerebro subconsciente.

De la misma manera que decidí utilizar el término *subconsciente* en lugar de *inconsciente* para el título de este libro, también escogí la palabra *cerebro* en lugar de *mente*. Aunque cerebro y mente en ocasiones son vocablos intercambiables, tu mente es distinta a tu cerebro. Una de las formas en que muchas personas usan estas dos palabras implica que los cambios en el *cerebro* son clínicamente medibles, mientras que los cambios en la *mente* tienden a ser cambios que uno sólo puede percibir, sin que haya ningún tipo de imagen cerebral que los pruebe. La palabra *cerebro* normalmente hace referencia a las estructuras físicas y, por lo tanto, a un cambio medible que es «real». *Mente* implica los pensamientos nebulosos que muchas personas catalogan como menos científicos. La forma en que usas la mente puede cambiar la estructura física del cerebro, y si la estructura física del cerebro se daña, afectará al modo en que la mente funciona. La *mente* cambia con bastante rapidez, pero cambiar la actividad en el *cerebro* es un poco más impresionante. Unos pocos minutos de atención plena cambian la actividad de la *mente*; una vida entera de práctica engrosa las estructuras del *cerebro*. De igual manera, los efectos de la TVS son tan poderosos que no sólo cambia la *mente*; también lo hace el *cerebro*.

La forma en que usas la mente puede cambiar la estructura física del cerebro

Ciertamente, la mente también puede cambiar al cerebro a través de tus decisiones cotidianas. Aunque el cerebro y la mente participan en la TVS, estudios utilizando escáneres cerebrales mostraron que estructuras físicas del cerebro se encienden o se apagan al activar el subconsciente. Cuando me refiero a tu cerebro subconsciente, en realidad hablo de una activación particular de ciertas estructuras cerebrales y una desactivación de otras (con ondas cerebrales moviéndose a una velocidad específica).

Esto ya no es una mera teoría; tenemos escáneres cerebrales que lo demuestran. Puedes ver el mío en la portada interior. Muchas personas consideran que la reciente validación científica de la actividad del cerebro subconsciente aumenta su aceptación del tratamiento y, por lo tanto, su efectividad, incluso más que el testimonio personal.

UNA PEQUEÑA PRUEBA

Encender el cerebro subconsciente implica utilizar unas técnicas específicas. Es posible activar una versión de él en los animales. Por ejemplo, una gallina se puede quedar hipnotizada e inmóvil si sostienes su pico contra el suelo y, poco a poco, trazas una línea recta desde su pico con tiza,[3] un fenómeno que no es distinto a algunas técnicas visuales usadas para activar el cerebro subconsciente de los seres humanos. Claro que nuestros cerebros son más avanzados que los de las gallinas. Sin embargo, quizás los sonidos y las luces de nuestros teléfonos móviles se estén convirtiendo en la tiza que hipnotiza a nuestros cerebros humanos.

La diferencia entre los animales y los humanos reside en lo que uno puede hacer con el subconsciente y el poder de sugestión. Estudios científicos han demostrado una y otra vez el poder absoluto de la sugestión. De hecho, la sugestión subconsciente es el efecto placebo que transforma las píldoras de azúcar en potentes tratamientos.

Una investigación publicada en 2017 sobre los denominados «placebos de etiqueta abierta» es especialmente fascinante, ya que apoya el poder del subconsciente y la sugestión. A diferencia del estudio tradicional de placebo (en el cual el paciente no sabe si le están dando una píldora de azúcar o el medicamento), los estudios de placebos de eti-

---

3. G. Carli (1978). «Animal Hypnosis and Pain». En *Hypnosis at its Bicentennial*, F. H. Frankel y H. S. Zamansky (eds.), Boston, Springer, págs. 69-77.

queta abierta son aquellos en los que a los pacientes se les dice: «Sí, definitivamente te vamos a dar una píldora de azúcar». El médico se la da con una sugestión positiva, diciéndole al paciente que, aunque ciertamente se trata de un placebo, se ha demostrado que produce una mejoría a través de una curación que se origina en la mente. Sabemos que así es como funcionan los placebos, ¿no es así? Una revisión de cinco estudios mostró que los placebos de etiqueta abierta (en los que los pacientes sabían que no estaban recibiendo un medicamento real) tienen un efecto positivo en el SII, la depresión, el dolor de espalda, el TDAH y la alergia al polen.[4] El efecto placebo se extiende incluso al color de la píldora, porque nuestros cerebros asocian ciertos colores con ciertos efectos, haciendo que la píldora sea más o menos efectiva.[5]

Otro pensamiento interesante a considerar: los *efectos secundarios* de la medicación podrían ser en parte responsables de que las personas estudiadas informen de una mejoría de los síntomas en los estudios. Si participaras en un estudio tradicional doble ciego, controlado con placebo (en el que la mitad de los participantes recibe píldoras de azúcar y la otra mitad, antidepresivos verdaderos), la fatiga o las náuseas que experimentas podrían ser la pista de que estás recibiendo la verdadera medicina. Esto podría afectar a tu *creencia* de que estás tomando una medicina poderosa que está diseñada para mejorar tu estado de ánimo. Es posible que, a su vez, sea más probable que califiques tu estado de ánimo como más animado, gracias a esas creencias. Quizás te preguntes si esto podría crear una predisposición contra los tratamientos naturales que tienen menos efectos secundarios, en los que un estudio compara un tratamiento natural frente a una medicina con prescripción médica. Quizás un estudio realmente objetivo debería dar a los

---

4. J. E. G. Charlesworth *et al.* (mayo de 2017). «Effects of Placebos without Deception Compared with No Treatment: Protocol for a Systematic Review and Meta-Analysis», *Journal of Evidence-Based Medicine,* 10 (2), https://doi.org/10.1111/jebm.12251
5. T. F. Cohen (14 de octubre de 2014). «The Power of Drug Color», *The Atlantic,* www.theatlantic.com/health/archive/2014/10/the-power-of-drug-color/381156/

participantes unas píldoras de azúcar que tuvieran algún tipo de efecto secundario.[6]

Algunos estudios han intentado utilizar un placebo activo con un efecto secundario, pero son poco frecuentes. Si las grandes empresas farmacéuticas comparasen todos sus medicamentos en estudios comparativos contra placebos activos, me pregunto cuántos fármacos serían aprobados. Parecería como si los desagradables efectos secundarios de los medicamentos funcionaran a su favor a través del sistema de creencias de tu cerebro subconsciente. Una cosa es segura: el poder de tus creencias es intenso.

LOS «TRUCOS» PARA CONSEGUIR RESULTADOS

Ahora que has tenido unos minutos para considerar lo que tus creencias pueden hacer, aprenderás a hablar directamente a tu muy sugestionable subconsciente y a plantar creencias en tu propio cerebro. Este «truco» es incluso más efectivo cuando activas las ondas cerebrales lentas del subconsciente a través de las herramientas que aprenderás en este libro.

El cerebro subconsciente siempre está velando por ti.

Es importante saber que el subconsciente prefiere positividad, imágenes y metáforas en lugar de negatividad y razonamiento racional. Ricas imágenes de escenas curativas pueden ser adheridas a las partes del cerebro capaces de almacenar imágenes traumáticas. Esto puede explicarse en parte por el hecho de que la hipnosis y las visualizaciones guiadas funcionan gracias a su efecto en el lado derecho del cerebro,[7] el lado que controla tu creatividad, tus sentimientos y tu intuición.

---

6. J. Moncrieff, S. Wessely, y R. Hardy (2004). «Active Placebos Versus Antidepressants for Depression», *Cochrane Database of Systematic Reviews,* 1 (CD003012), https://doi.org/10.1002/14651858.CD003012.pub2
7. S. Metering, D. Bernstein, y R. G. Ley (2003). «Imagery, Cerebral Laterality, and the Healing Process: A Cautionary Note». En *Healing Images: The Role of Imagination in Health,* A. A. Sheikh (ed), Amityville, Nueva York, Baywood Publishing Company, pág. 72.

Es posible que te hayas percatado, como muchos de mis pacientes, de que el cerebro subconsciente siempre está velando por ti. Y te ayuda a acceder a la gran cantidad de fortalezas y capacidades innatas que *ya tienes dentro de ti*. ¿No es agradable saberlo?

En un episodio del programa de televisión *The Dr. Oz Show* demostré el poder del cerebro subconsciente. Guié al Dr. Oz y a todo el público que se encontraba en el estudio a través de una práctica de activación del cerebro subconsciente. Les pedí que miraran fijamente sus manos y les dije que notarían que sus dedos se separaban mientras sus cerebros subconscientes se activaban. Muchas personas sienten como si ese proceso fuera provocado por una fuerza externa. Por lo tanto, alguien que nunca ha utilizado la práctica podría pensar: «Caramba, qué extraño. Supongo que todo ese "tema" del subconsciente realmente funciona…».

Luego hice que el Dr. Oz y su público imaginaran que descendían por unas escaleras. Al llegar al último escalón, los invité a que encontraran algo que necesitaran ese día. ¿Sería una sensación de paz? ¿O sería una serena seguridad en sí mismos? Quizás recordarían algo que olvidaron. Les recordé que ya tenían las herramientas que necesitaban para estar serenos y seguros de sí mismos, y ser valerosos.

Después de todo, esas fortalezas internas habían convertido al Dr. Oz en un cirujano destacado, ¿no es así? ¿Y qué me dicen de esa madre soltera trabajadora sentada entre el público? Es una súper mamá y es magnífica en su trabajo. Ella ya tiene muchas cosas a su favor… y vosotros también.

Nunca olvidaré a la mujer que estaba sentada a nuestro lado. Cuando el Dr. Oz dio paso a la publicidad, ella me susurró al oído: «Dios mío. ¡Eso fue una locura! Nunca había experimentado nada igual». Por la expresión de su rostro, fui consciente de que probablemente nunca antes había activado su cerebro subconsciente, y acababa de tener una experiencia que le había parecido misteriosa y mágica… y bastante real. Había encendido un fenómeno científico dentro de su cerebro.

Esa mujer no fue la única persona que tuvo una experiencia mágica instantánea en pocos minutos. Cuando el episodio salió al aire, un televidente me envió un mensaje por Facebook: «Lo vi en el programa del Dr. Oz cuando hizo esa cosa con el cerebro subconsciente. ¡¿Qué fue eso?! La meditación siempre me ha resultado difícil. Hace que sienta más ansiedad. Pero lo que usted hizo en el último episodio en el que apareció hizo que me sintiera de inmediato relajado. ¡Pero no encuentro el vídeo en Internet. Mi cerebro necesita más. ¿Cómo puedo conseguirlo?».

Me pregunto si, cuando hayas leído el libro y realizado sus prácticas, tu experiencia será similar a la de ese espectador. ¿O tendrás una experiencia completamente distinta?

Es posible que hayas escogido este libro porque creías que estabas buscando algo, o a alguien, que te haga sentir completo o que te lleve a donde tienes que estar. Quizás cuando termines este libro te des cuenta, como Dorothy en *El mago de Oz*, de que siempre tuviste todas las respuestas que estabas buscando. Por muy bonitos que puedan ser los zapatos más caros del mundo, tu *mayor* poder nunca estará en tus pies. La herramienta más poderosa para cambiar tu vida está ubicada entre tus orejas.

HACKEAR AL CEREBRO SUBCONSCIENTE

En la película *Inception* hay una estupenda representación visual del cerebro subconsciente. En este filme, Leonardo DiCaprio interpreta a un ladrón onírico que se aventura profundamente en el interior de las capas de los sueños de otras personas para robar ideas. Evita de manera artificial las defensas del consciente mediante el uso de una droga intravenosa. Corriendo el riesgo calculado de quedarse atrapado ahí para siempre, es capaz de apropiarse de los cerebros subconscientes de las personas para apropiarse de su contenido, un concepto conocido como «extracción».

El personaje de DiCaprio y su equipo de ladrones luego llevan a cabo un crimen de guante blanco más complicado: plantar con sutileza una idea en el cerebro subconsciente de un hombre de negocios para que, más tarde, su cerebro consciente crea que él mismo llegó a esa conclusión. Este acto, conocido como «concepción», cambiaría el rumbo del futuro de una corporación. Los ladrones oníricos hablan del concepto: «Una vez que una idea ha arraigado en el cerebro, es prácticamente imposible erradicarla. Una idea que está del todo formada, por completo comprendida, que se queda ahí... En el estado onírico, tus defensas conscientes bajan».[8]

Más adelante, intercambian opiniones sobre un concepto científicamente exacto en lo referente al cerebro subconsciente: las emociones positivas triunfan sobre las emociones negativas. Recuerda: el subconsciente prefiere el asombro, las posibilidades, el optimismo y la positividad, y responde mejor a palabras como *facilidad* y *comodidad.* La medicina moderna es un modelo consciente, basado en los síntomas, que se centra en lo negativo. Esto puede salvarte la vida cuando te enfrentas a una enfermedad grave, pero cuando se trata de una enfermedad crónica, este enfoque puede empezar a entrenar al cerebro para que se fije en la depresión, las molestias y el dolor.

Aunque algunos de los conceptos de la película *Inception* son correctos, otros, sin embargo, son ficticios. La necesidad de los ladrones oníricos de inyectarse una droga para acceder a su subconsciente es uno de esos conceptos (no se necesita nada de eso). Lo único que tienes que aprender es a hablarle a tu subconsciente con el tipo de lenguaje adecuado y unas técnicas de relajación. Sin embargo, no podrás plantar ideas en los cerebros de otras personas para controlarlas, o tomar el control de empresas de Fortune 500, como lo hacían en la película. Lo lamento mucho. Sin embargo, *puedes* plantar ideas positivas en tu propio cerebro subconsciente para que sean más fáciles de alcanzar. Tanto si tu objetivo es curar una afección difícil de controlar como si es mejorar tu sistema inmunitario o crear la carrera de tus sueños, tu subconsciente te puede ayudar. ¿Te gustaría acceder a su intenso poder? La mayoría de las personas descubren que es mucho más fácil de lo que imaginaban.

---

8. *Inception* (2010), escrita y dirigida por Christopher Nolan, Burbank, CA, Warner Bros. Pictures.

Una vez que has activado las ondas cerebrales de ensueño, puedes utilizar un lenguaje positivo, como «Quizás te sorprenda lo fácil que te resultará hacer ejercicio todos los días». Esto no es ciencia ficción. Es ciencia. Tal vez lo notes mañana, o la semana que viene, pero en algún momento surgirá un pensamiento en tu subconsciente y se convertirá en un pensamiento consciente. Pensarás: «Me gustaría salir a correr ahora mismo». Es posible que te sorprendas al ver que realmente *quieres* salir a correr por primera vez en muchos años, y puedes darle las gracias a tu cerebro subconsciente por esa positividad sin esfuerzo.

DESCUBRIR EL PASADO

Además de aventurarse en el interior de los cerebros subconscientes de otras personas, el personaje de DiCaprio se aventura en el suyo. Unas magníficas imágenes de un ascensor antiguo con puerta de tijera muestran cómo desciende todos los pisos que desea. Cada piso por el que pasa lo lleva a un recuerdo cada vez más profundo, y hay un recuerdo muy oscuro que DiCaprio mantiene encerrado a cal y canto en el piso más bajo.

No te preocupes. Para la gran mayoría de la gente, las plantas inferiores simplemente contienen recuerdos tempranos, formativos, que son bastante positivos. Tú también puedes realizar ese viaje. Para hacerlo, tan sólo necesitarás las herramientas adecuadas para acceder a tu cerebro subconsciente.

Entra en un mundo que está lleno de un número en apariencia infinito de recuerdos olvidados, pensamientos abstractos y mundos etéreos por descubrir. Tropiezas con un mueble archivador lleno de polvo en alguna parte subterránea de tu cerebro y descubres un archivo de memoria en el que no habías pensado en décadas. Quizás tenías la sensación de que estaba ahí, o tal vez habías olvidado por completo su existencia. Es posible que algo que se encuentre ahí te proporcione alguna información acerca del motivo por el cual estás reaccionando hoy con tanta intensidad a algo.

Si encuentras un recuerdo oscuro, como el personaje de DiCaprio, en el capítulo 7 te enseñaré a borrar ese archivo o hacer que te resulte menos intenso. Quizás desees trasladarlo a otro archivador. Tu subconsciente tiene el poder de encoger ese recuerdo oscuro y convertir montañas en montículos.

Tal vez señales algunas de las cosas buenas que habías olvidado con un resaltador de color rosa para que el recuerdo empiece a tener otro aspecto desde este instante. Si lo deseas, tu subconsciente puede reorganizar los archivos de una manera que te ayude a ver tu vida con mayor seguridad y despreocupación. Hagas lo que hagas con esos archivos, te invito a que te aventures directamente al interior del subconsciente para crear un cambio profundo, intenso y libre de esfuerzo.

FABRICAR EL FUTURO

Además de regresar a tu pasado, puedes usar el subconsciente para avanzar en el tiempo y echar un vistazo a tu futuro. Puedes ensayar algo que todavía no haya ocurrido y convertir las tareas en apariencia imposibles en pequeños trabajos realizables. Observa cómo se desarrollan paso a paso las metas SMART (aquellas que son específicas, medibles, alcanzables, relevantes y que tienen un tiempo de realización). Cuando estás despierto, tu cerebro consciente puede aplicar metas SMART a tu existencia diaria. ¿Cuánto más productivo serás y con qué facilidad te deslizarás por los días con una sensación de facilidad serena y segura?

Es posible que algún día el subconsciente te ayude a establecer un récord mundial. Eso fue lo que hice para el nadador olímpico Alex Baumann, quien ganó una medalla de oro. Esto es lo que dijo al respecto:

«En mi visualización, me concentro en lograr los tiempos que me he propuesto. Unos quince minutos antes de la competición, la visualizo en mi mente… Intento visualizar esos tiempos en mi mente, y después de eso estoy listo para competir. Mi visualización se ha ido refinando cada vez más a lo largo de los años. Eso es lo que realmente hizo que lograra el récord mundial y las medallas olímpicas».[9]

De la misma manera en que el cerebro subconsciente ayudó a Alex Baumann a lograr un récord mundial, también ayudó al Dr. Milton Erickson a volver a caminar. Erickson se quedó paralítico a los diecisiete años debido a la polio. Mientras se recuperaba, y estando mudo, activó su cerebro subconsciente para, poco a poco, enseñarse a sí mismo a volver a hablar y a caminar.[10] Con el tiempo, llegó a ser psiquiatra y fundó la Sociedad Americana de Hipnosis Clínica (SAHC), donde recibí una formación avanzada en sus técnicas.

Si te estás recuperando de una lesión cerebral traumática (LCT), una apoplejía o un accidente automovilístico, la TVS puede ayudarte a ver qué es lo que necesitas hacer para reconfigurar tu cerebro. Las imágenes y la visualización son herramientas poderosas del subconsciente. En este recorrido, quizás descubras que el tiempo y el espacio ordinarios comienzan a desaparecer; es como crear una realidad virtual utilizando el poder del cerebro subconsciente. Es una visualización en tu mente, y es posible que sientas que lo que estás viendo realmente está ocurriendo. El subconsciente ve todos los pasos manejables que deben tener lugar para que alcances tus metas, y luego puede transferirlos al cerebro consciente en pequeñas dosis para que no se abrume.

Si el subconsciente es como la memoria de tu teléfono móvil almacenada en la nube, el consciente vendría a ser como la pequeña memoria de 8 GB del teléfono mismo, capaz de contener solo una cantidad limitada de vídeos, fotografías y apps en un momento dado. Me pregunto cómo te empoderarán las imágenes, la visualización y el ensayo para que tomes el control de tu vida y pases a la acción.

---

9. T. Orlick (1998). «Embracing Your Potential», En Champagne, I. L., *Human Kinetics*, pág. 70.
10. J. Haley 1993. *Jay Haley on Milton Erickson*, Nueva York, Brunner Mazel, págs. 1-3, 5; «Biography of Milton H. Erickson», The Milton H. Erickson Foundation, se accedió el 30 de mayo de 2018, www.erickson-foundation.org/biography/

EL JUEGO DEL PODER

Esta filosofía orientada al cerebro subconsciente empodera a las personas para que asuman un mayor control de sus vidas diarias. En muchos sentidos, esto te ayuda a alejarte de los mensajes de los anuncios publicitarios de las empresas farmacéuticas, los cuales están diseñados para ser atractivos para tu subconsciente. Te están diciendo: «Sí... estás cansado y enfermo, ¿no es verdad? Te sientes dolorido y triste, ¿no es así? Sí. Así es... sabes que es así. Nuestro medicamento te curará. Sabes que lo necesitas. Tómalo y te sentirás tan bien como esta mujer feliz y sonriente». Siembran imágenes en tu cerebro que se corresponden con una creencia. Ves a una mujer que está frunciendo el ceño y se siente dolorida antes de tomar la pastilla y, a continuación, la ves feliz después de haberla tomado.

Cómo y cuándo usar la TVS

En este libro aprenderás a utilizar la TVS como una herramienta autoguiada. Aunque ese trata de una técnica fantástica con una gran variedad de beneficios para la mayoría de la gente, algunas personas no deberían usar la TVS de esta manera.

En lo que respecta a la salud mental, la TVS autoguiada no es un sustitutivo del tratamiento hospitalario ni del tratamiento intensivo ambulatorio cuando hay síntomas importantes o que potencialmente podrían poner en peligro la vida de la persona. Algunos problemas (por ejemplo, la anorexia o la drogadicción) requieren a un equipo de profesionales que trabajen con la persona para proporcionar una atención integral. La TVS puede ser una herramienta que forme parte de tu tratamiento en un entorno hospitalario, al igual que la meditación. En casos agudos como éstos, la TVS no debería ser un *sustitutivo* del tratamiento, aunque puede ser un gran *complemento.*

Además, las personas que han sido diagnosticadas con un trastorno disociativo grave (por ejemplo, amnesia disociativa, trastorno de identidad disociativa, trastorno de despersonalización-desrealización) no deberían usar la TVS como una herramienta autoguiada.

He descubierto que la TVS es sumamente efectiva para estos trastornos, pero para practicarse en un formato individual, personalizado. En estos casos agudos, la TVS sólo debería ser realizada por un profesional de la salud cualificado. Debido a su capacidad para producir alucinaciones visuales y auditivas, no debes utilizar la TVS si has sido diagnosticado con esquizofrenia o trastorno bipolar I.

En cuanto a la salud física, la TVS puede complementar la curación de dolencias escurridizas, pero esto no significa que debas abandonar todos los demás tratamientos integrales. Consulta siempre a un médico antes de realizar cambios en la medicación o en los planes de tratamiento existentes. Además, la TVS puede ser bastante efectiva para acabar con el dolor. Así pues, asegúrate de descartar primero cualquier enfermedad importante y *luego* emplea la TVS. No sería bueno que le enseñaras al cerebro a ser sordo ante una alarma cuando hay un incendio. El dolor podría estar intentando decirte algo.

En términos de problemas legales se aplica la misma regla. Primero, pasa por los procesos judiciales o los testimonios, y *luego* utiliza la TVS. Si eres superviviente de abusos o de un accidente de tráfico con fuga y tienes que testificar en un juicio, haz eso primero. El cerebro subconsciente es tan efectivo presionando el botón «eliminar» y el botón «editar» que tu testimonio puede ser considerado inadmisible en un juicio si has aplicado los efectos de tu propio subconsciente a esos recuerdos. Una vez que haya pasado el día del juicio o hayas dado tu testimonio, entonces puedes usar la TVS para decidir lo que *a ti* te gustaría borrar o editar, para que puedas liberarte de cualquier imagen o recuerdo que te estén impidiendo avanzar. Es importante señalar que la versión autoguiada de la TVS en este libro no siembra recuerdos falsos. El único empujón es en la dirección de tu mayor interés, la positividad y el optimismo.

Como habrás empezado a intuir, la sugestión es sumamente poderosa. Aunque los medicamentos bajo receta pueden ser una parte de la solución para algunas personas que los necesitan, tus decisiones cotidianas, tu estado mental, tu dieta diaria, tu rutina de ejercicios, tus prácticas espirituales, el poder de la esperanza y tus relaciones desempeñan un papel incluso más profundo y duradero en tu salud y tu felicidad. En algún nivel, todos sabemos de manera instintiva que esto es verdad. Después de todo, ninguna pastilla tiene la capacidad de obligarte a que subas a la cinta para caminar, o de hacerte comer verduras, o de hacer que empieces a comunicarte de una forma más abierta con tu pareja. Por eso creo con firmeza en la parte conductual de la terapia cognitivo conductual; nuestros actos son el ingrediente más importante en la receta para cambiar nuestras vidas. Llenar tu vida cada día con acontecimientos productivos, placenteros y con propósito es, ciertamente, un poderoso antidepresivo.

El poder de la terapia de combinación puede ayudar a aquellas personas que ya toman suplementos o medicamentos. Si tomas algún fármaco con receta médica, poténcialo con el poder de tu cerebro subconsciente. Quizás descubras que dejas de ser un «consumidor de pastillas» pasivo para ser una persona con iniciativa, empoderada, que hace que las cosas sucedan, y quizás este nuevo empoderamiento sea parte de tu curación.

TENER LOS CONOCIMIENTOS

El programa de la TVS comienza con unas herramientas basadas en la TCC. En el capítulo 3 examinaremos de manera consciente los patrones de pensamiento trampa que te impiden avanzar. En el capítulo 4 te ayudaré a activar tu cerebro subconsciente para examinar el origen de esos patrones negativos para que dejen de controlarte.

Luego te ayudaré a entender el poder de algo llamado arrastre audiovisual. Esta técnica, que utiliza un dispositivo portátil, es similar al neurofeedback, ya que cambia las ondas cerebrales, y puede hacer que sea posible una activación subconsciente muy profunda. Cuanto más profunda sea la activación subconsciente, más probable será que escuches cualquier positividad que se te dé mientras te encuentres en ese estado. Cada uno de los capítulos posteriores te permitirán centrarte en áreas específicas de interés. Por ejemplo, aprenderás lo poderosa que puede ser la alimentación en la sanación del cerebro y del cuerpo.

Los alimentos son una auténtica medicina, y la TVS puede ayudarte a cambiar tu forma de alimentarte.

Como cualquier otra cosa que podrías practicar (piano, esquí, cocina o baloncesto), cuanto más practiques la TVS, más la dominarás. Cualquiera puede utilizar el poder del cerebro subconsciente, tanto una persona que es veloz en los estudios como alguien que es lento en el aprendizaje. Es muy gratificante saber que todos tenemos esa capacidad, tanto un niño prodigio como un estudiante lento y constante.

Puedes ser una neurocirujana, un voluntario que rescata perros, o una empleada doméstica jubilada; lo único que realmente importa es que este programa puede ayudarte a soltar las aflicciones del pasado, al tiempo que te aseguras de que tu futuro estará lleno de propósito, poder y productividad. Tú y yo imaginaremos tu futuro más increíble. Te verás manifestando tus sueños. Una vez que te hayas abierto a la sugestión, plantaremos la positividad en tu cerebro subconsciente. En algún momento (ya sea mañana o el martes que viene) notarás tu cerebro subconsciente implementando sugestiones como si fueran algo natural. Muchas personas se sorprenden al ver con cuánta facilidad estos comportamientos saludables llegan a ser parte de su vida cotidiana, consciente.

No importa cuál sea tu historia familiar o por lo que hayas pasado, lo que elijas hacer hoy tiene el mayor efecto en tu futuro. Me pregunto qué cosas maravillosas crearás y manifestarás (primero en tu subconsciente y luego en tu vida normal, cotidiana, consciente). Será maravilloso ver cómo tus acciones mejoran tu vida y hacen que este mundo sea un lugar mejor.

Material adicional

El apéndice incluye guiones adicionales de prácticas de la TVS para otras áreas en las que podrías necesitar la ayuda del poder transformador de tu subconsciente, como superar el insomnio, profundizar en las conexiones espirituales y tener más éxito.

CAPÍTULO 2

La ciencia del cerebro subconsciente

Entender la innovadora ciencia del cerebro subconsciente, en la que se centrará este capítulo, ayudará a ver lo poderosa que puede llegar a ser. Comprender esta ciencia del cerebro puede potenciar tus creencias, lo cual puede ayudar a que los tratamientos funcionen incluso mejor. Cuando tengas una experiencia «alucinante» en la que sientas que tu vida está mejorando con facilidad y de una forma «mágica», entenderás la ciencia que subyace de esa sensación. ¿Y no es fascinante saber lo que está ocurriendo dentro de tu cerebro? Dicho esto, estos conocimientos de fondo no son necesarios para que la «magia del cerebro» funcione. Si eres una de esas personas que prefieren recibir el material directamente, siéntete libre de pasar por alto este capítulo y centrarte en el siguiente para empezar a trabajar con el programa de la TVS.

El cerebro subconsciente es una parte real de tu cerebro que ha sido estudiada científicamente. No es un espectáculo de Las Vegas o una película de ficción. Aunque la historia que voy a explicar puede parecer la trama descabellada de una película de Hollywood, la historia verdadera del caso del secuestro de Chowchilla demuestra el poder científico del cerebro subconsciente y su capacidad para acceder a recuerdos del pasado.

En el mes de julio de 1976, veintiséis escolares acababan de disfrutar de una excursión a una piscina local. En su camino de regreso por una carretera rural, su autobús de la escuela Dairyland Union se aproximó a una furgoneta blanca cuando, de repente, tres hombres armados salieron de ella y forzaron al conductor y a los veintiséis niños a salir del autobús y a entrar en dos furgonetas. Los secuestradores llevaron a los rehenes a una cantera que se encontraba a 160 kilómetros de distancia, donde un camión de mudanzas había sido enterrado. Los secuestradores obligaron a los niños y al conductor a entrar en el camión y luego lo enterraron, dejando solo dos tubos de respiración para mantenerlos vivos. A continuación, pidieron un rescate de cinco millones de dólares. Dieciséis horas más tarde, los niños y el conductor consiguieron escapar mientras los secuestradores dormían.

Cuando el conductor del autobús fue interrogado por la policía, no fue capaz de recordar la matrícula de la furgoneta de los secuestradores. El FBI llamó al Dr. William Kroger, un médico que se había dado a conocer por su contribución a la hipnosis médica. Ayudado por la hipnosis del Dr. Kroger, el conductor pudo acceder a su cerebro subconsciente y recordar todos los números de la matrícula de los criminales, excepto uno. Se hizo justicia y los secuestradores fueron a prisión.[1]

Esperemos que nunca tengas que recurrir a tu subconsciente para ayudar en la investigación criminal de un secuestro, pero quizás desees recordar algunas cosas para entender mejor quién eres de una manera distinta.

Por desgracia, algunos de los casos de recuerdos falsos de la década de 1990, los cuales incluyeron acusaciones falsas de maltratos satánicos, utilizaron la hipnosis (entre otras técnicas) en las sesiones con los pacientes. Esto llevó a que el público percibiera que lo que había creado los recuerdos falsos había sido la propia hipnosis y no las sugestio-

---

1. H. Yan (28 de diciembre de 2015). «California Mass Kidnapping: After Being Buried Alive, Victims Relive Nightmare», CNN.com, www.cnn.com/2015/11/19/us/rewind-chowchilla-school-bus-kidnapping/index.html; D. Hevesi (18 de mayo de 2012). «Ed Ray, Bus Driver During Kidnapping, Dies at 91», *New York Times*, www.nytimes.com/2012/05/19/us/ed-ray-bus-driver-who-helped-save-kidnapped-children-dies-at-91.html; y R. Thomas, Jr. (1995). «William S. Kroger, 89, Pioneer in Use of Hypnosis Treatment», *New York Times*, www.nytimes.com/1995/12/07/us/william-s-kroger-89-pioneer-in-use-of-hypnosis-as-treatment.htm

nes falsas y negativas que los terapeutas habían utilizado para influir en el subconsciente de los pacientes. Este fenómeno no ocurre tan sólo en psicología. También lo podemos encontrar en la abogacía: éste es el motivo por el cual no se permite a los abogados guiar a los testigos durante los procesos judiciales. Recuerda que la mente es, en general, una entidad sugestionable.

A pesar de las ideas erróneas acerca de la hipnosis y de su mal uso, que hace que parezca atemorizante, la hipnosis no funciona sin tu voluntad. La maravilla del subconsciente sólo debería ser utilizada para tu interés. Usa este fenómeno para tu beneficio con alguien que te apoye.

No puedo obligarte a hacer cosas que no quieres hacer y no puedo lavarte el cerebro. Pero con tu permiso, este libro (o un hipnoterapeuta cualificado) puede ayudar a hacer que los recuerdos dolorosos te parezcan más lejanos y, además, a ser más apasionado o productivo. Si te dejas llevar, la «magia» (si quieres usar este término) puede ser una herramienta poderosa. Me pregunto cómo te ayudará este programa basado en la evidencia a que te sientas mejor, al tiempo que te permite crear un futuro maravilloso.

¿QUÉ QUIERES BORRAR?

El subconsciente es muy efectivo «creando nuevos circuitos» en el cerebro. Si has visto la película El eterno resplandor de una mente sin recuerdos, quizás recuerdes el procedimiento ficticio que ayuda al personaje de Kate Winslet a olvidar por completo a su expareja. Ella le paga a un médico para que «borre» el recuerdo doloroso de su ex para ayudarla a superar la ruptura. Aprovechar el poder del cerebro subconsciente podría ser lo más cercano a ese procedimiento que existe en la ciencia moderna.

Las ondas cerebrales de ensueño del subconsciente permiten «grabar» un recuerdo positivo sobre otro negativo (al menos en las partes del cerebro que almacenan imágenes y recuerdos). Esto puede ayudar a que cambie la carga emocional de un recuerdo y que los *flashbacks* y la ansiedad se eliminen. A diferencia de Kate Winslet, tú podrás seguir recordando quién es tu expareja (lo siento). La parte del cerebro que registra los datos acerca de tu ex permanece intacta (su nombre, dónde vive, etcétera). Pero la parte de tu cerebro que registra cómo te sientes respecto a tu expareja podría ser alterada ligeramente. Si te fue infiel en siete ocasiones, tu cerebro subconsciente puede permitir que sigas adelante con tu vida en lugar de volver a ella una y otra vez.

¿Te gustaría que te recordaran lo fuerte y resiliente que eres? ¿Te gustaría echar un vistazo al mejor escenario de tu futuro… y verte con alguien que sí te merece? Me pregunto si te sorprenderás al descubrir que, a través de la magia del cerebro subconsciente que es capaz de cambiar tu vida, puedes cambiar la forma en que te sientes respecto a un ex, a un trauma o a cualquier experiencia negativa.

La TVS puede ayudarte a que seas más perspicaz y a ver tu vida a través de una lente más optimista. O quizás llegues a comprender por qué ciertas situaciones o personas hacen que reacciones mal en tu vida actual. Mucha gente encuentra un gran consuelo y mucha perspectiva cuando entiende verdaderamente por qué su talón de Aquiles ha estallado. Y con la comprensión llega la oportunidad de sanar las causas fundamentales de una vez por todas.

LA CIENCIA ESTÁ EN LOS ESCÁNERES

El cerebro subconsciente y su poder han sido utilizados para tratar las enfermedades mentales desde hace siglos. El Dr. Franz Mesmer (1734-1815) es considerado el primer médico que demostró la capacidad del cerebro de cambiar el cuerpo a través de la sugestión. La palabra *mesmerized*[2] proviene de su trabajo de activación del cerebro subconsciente con sus pacientes. Aunque sus métodos y su hipótesis de que este poder era magnético fueron refutados (el potencial de curación no tenía nada que ver con unos fluidos magnéticos invisibles, sino que era

2. *Mesmerized* significa «hipnotizado». *(N. de la T.)*

la forma en que las palabras afectaban a los cerebros de sus pacientes), otro médico, el Dr. James Braid (1795-1860), un neurocirujano escocés, investigó sobre la base del trabajo de Mesmer y descubrió cómo hacer que las personas entraran en trance e ideó el término *hipnosis*. Aunque la práctica en un principio tuvo un comienzo difícil y misterioso, en el siglo XIX, los médicos en la India ya estaban utilizando la hipnosis con sus pacientes.[3]

El Dr. Herbert Spiegel (1914-2009), destacado investigador de la hipnosis y, más tarde, profesor de psiquiatría en la Universidad de Columbia, utilizó la hipnosis para tratar a los soldados traumatizados en el norte de África durante la Segunda Guerra Mundial. También la usó para tratar los trastornos de ansiedad y las adicciones. A pesar de que sus técnicas estaban siendo efectivas y «mágicas», se produjo cierta controversia en torno a su empleo durante los inicios de la práctica de Spiegel.[4] El Dr. Spiegel, por su parte, dio las gracias a los «curanderos» quienes, según señaló, utilizaban principalmente la hipnosis a finales de la década de 1930. «Estamos en deuda con los curanderos porque ellos mantuvieron viva (la práctica) hasta que la comunidad médica empezó a investigar y a descubrir que la hipnosis es una herramienta muy útil», afirmó.[5]

Spiegel fue uno de los profesionales que ayudaron a hacer que la hipnosis fuera respetable y tuviera una buena reputación, en especial para su uso en medicina. En 1981, Spiegel fue citado con las siguientes palabras: «La actitud prevalente e incorrecta en la práctica de la medicina consiste en utilizar una pastilla, un bisturí o un aparato para resolver problemas. La medicina moderna pone un énfasis tan extremo en la tecnología y en las medicinas que a menudo pasa por alto el

---

3. S. Blakeslee (22 de noviembre de 2005). «This Is Your Brain Under Hypnosis», *New York Times*, nytimes.com/2005/11/22/science/this-is-your-brain-under-hypnosis.html
4. B. Carey (9de enero de 2010). «Herbert Spiegel, Doctor Who Popularized Hypnosis, Dies at 95», *New York Times*, www.nytimes.com/2010/01/10/health/10spiegel.html? ref=obituaries
5. P. McCormick (19 de enero de 1977). «Doctors' View of Hypnotherapy», *Delta Democrat-Times*.

instrumento terapéutico más antiguo, y, en ocasiones, más efectivo, que poseen los humanos: la mente. La medicina recurre a ella en última instancia, en lugar de hacerlo en el primer momento».[6] Ay, qué ciertas siguen siendo sus palabras hoy en día.

Su hijo, el Dr. David Spiegel, continúa con el trabajo de su padre en la Facultad de Medicina de la Universidad de Stanford. Recientemente ha publicado un estudio sobre la hipnosis con imágenes del cerebro. En él hay dos hallazgos fascinantes. En primer lugar, la hipnosis incrementó las conexiones entre la corteza prefrontal del cerebro y la ínsula (lo cual podría explicar la forma en que el cerebro subconsciente puede controlar lo que ocurre en el cuerpo). ¿Es éste el motivo por el cual el subconsciente puede hacer algunas cosas que los medicamentos y el cerebro consciente no pueden hacer? En segundo lugar, el subconsciente redujo las conexiones entre la corteza prefrontal dorsolateral del cerebro y la corteza prefrontal media y la corteza cingulada posterior.[7] Ésta es la parte que entusiasma a la gente, porque hace que uno sea dichosamente inconsciente de sus actos. Cuando siembro positividad durante una práctica de la TVS, más tarde descubres que estás realizando esta actividad saludable sin haber pensado en ello. Todo te resultará muy fácil y natural, como si simplemente hubiera ocurrido. ¿No es agradable?

En la actualidad, son estos estudios de imágenes del cerebro los que nos ayudan a ver y a entender lo que en realidad está ocurriendo en él cuando el subconsciente está trabajando. Se realizó otro estudio de la hipnosis con imágenes del cerebro gracias al Dr. Amir Raz, de la cátedra de Investigación de la Neurociencia Cognitiva de la Atención de Canadá en la Universidad McGill y en el Hospital General Judío SMBD. Concluyó que la hipnosis puede «modificar la actividad cerebral focal de una forma que ningún medicamento disponible puede

---

6. P. McCormick (6 de enero de 1981). «Hypnosis: Alternative to Pills/Scalpel», *Pacific Stars and Stripes.*
7. H. Jiang *et al.* (2017). «Brain activity and functional connectivity associated with hypnosis», *Cerebral cortex,* 27 (8): 4083-4093.

hacerlo». En este estudio, los participantes fueron hipnotizados y les dijeron que las palabras que usarían más tarde serían como «galimatías» y como «caracteres282 de un idioma extranjero».

Más tarde, se les realizó el test de Stroop, una prueba con una herramienta de investigación que suele emplearse con bastante frecuencia. Es posible que hayas visto una versión de ello. Es uno de los tests más famosos y más utilizados en la psicología moderna. La palabra *verde* se imprime en rojo y la palabra *amarillo,* en azul. Dado que el test activa el conflicto cognitivo en el cerebro, suele ser difícil identificar el color de una forma certera y rápida. Increíblemente, en el estudio del Dr. Raz, el subconsciente desactivó este fenómeno, que ocurre de una forma natural, y los participantes respondieron como si estuvieran leyendo palabras impresas en un idioma extranjero. Pudieron nombrar los colores con facilidad y con rapidez, a diferencia de la mayoría de las personas a las que se les hace este test.

El subconsciente tiene la capacidad única de activar o desactivar todo tipo de estructuras y sistemas en el cerebro.

Un escáner cerebral con una imagen por resonancia magnética funcional (IRMf) mostró lo que estaba ocurriendo en el cerebro subconsciente: la sugestión del participante mientras se encontraba en un estado hipnótico redujo la actividad en la parte del cerebro llamada corteza cingulada anterior, una parte del cerebro que es afectada por el test de Stroop.[8] La corteza prefrontal, la corteza parietal, el tálamo y la ínsula también se vieron afectados. El subconsciente tiene la capacidad única de activar o desactivar todo tipo de estructuras y sistemas en el cerebro. Entre otras cosas, puede aumentar la sugestión, modificar el sentido del tiempo y el espacio, e incluso crear alucinaciones positivas o negativas. ¿No sería agradable que los vicios se volvieran invisibles?

8. A. Raz, J. Fan y M. I. Posner (2005). «Hypnotic Suggestion Reduces Conflict in the Human Brain», *Proceedings of the National Academy of Sciences of the United States of America,* 102 (28): 9978-9983.

Como demostró este estudio, eso es exactamente lo que el subconsciente puede hacer.

El cerebro subconsciente tiene la habilidad de cambiar el procesamiento de descendente que interpreta la información sensorial que entra de abajo hacia arriba. Si puedes modificar el procesamiento descendente, entonces es más que simplemente una pequeña redefinición de tu forma de ver algo, como lo verías en la TCC. De hecho, es posible que no seas capaz de ver un cigarrillo o una lata de refresco. Un artículo sobre la hipnosis en *The New York Times* resumió bastante bien el procesamiento descendente: «Si la parte superior está convencida, el nivel inferior de información será anulado».[9]8

Si cambias el procesamiento descendente, es posible que puedas tratar las enfermedades mentales más escurridizas. En lugar de decirle a un fumador que las palabras fluirán como si estuvieran escritas en un idioma extranjero, se le podría decir que los cigarrillos serán invisibles en las tiendas. Con toda probabilidad, la siguiente vez que esa persona esté en una tienda, pasará de largo frente a los cigarrillos y luego se sorprenderá al ver lo fácil que le resultó.

Dado que estas partes del cerebro participan en el dolor, el cerebro subconsciente también puede utilizarse para aliviarlo. De esta forma, la TVS también puede servir para tratar problemas misteriosos que tienen una causa compleja y centrada en el cerebro, incluyendo entre el 30 y el 60 % de las patologías ambulatorias de neurología que tienen síntomas que no pueden explicarse por completo. En tu caso, me pregunto si te resultaría útil conseguir que el ejercicio físico se convierta en una parte agradable, fácil y natural de tu rutina diaria. O quizás te gustaría ser más productivo, más orientado a un propósito, más seguro de ti mismo y más valiente que nunca. Esto es posible con la ayuda de la TVS.

Un esclarecedor estudio de 2004 utilizó escáneres cerebrales de IRMf para demostrar el poder absoluto del cerebro subconsciente.[10] A

---

9. Blakeslee, *Brain Under Hypnosis.*

10. S. Derbyshire *et al.* (2004). «Cerebral Activation During Hypnotically Induced and Imagined Pain», *Neuroimage,* 23 (1): 392-401.

diferencia de una resonancia magnética, una IRMf puede captar cambios en el flujo sanguíneo y otros cambios metabólicos en el cerebro. Los investigadores examinaron los cerebros de los participantes del estudio con IRMf bajo tres condiciones: en primer lugar, los investigadores quemaron las manos de los participantes con una sonda caliente. En segundo lugar, les dijeron que «imaginaran» ese mismo dolor «de la forma más intensa posible». Y, en tercer lugar, utilizaron la hipnosis para activar los cerebros subconscientes de los participantes y luego los sugestionaron para «volver a experimentar» el dolor para probar el poder del subconsciente.

Los resultados fueron sorprendentes: la IRMf mostró que el cerebro se iluminaba intensamente en la corteza cingulada anterior, la ínsula, la corteza prefrontal y la corteza parietal cuando las manos de los participantes fueron quemadas... o cuando utilizaron el poder del cerebro subconsciente mediante la hipnosis para volver a experimentarlo. Sin embargo, los investigadores no vieron casi ninguna activación en esas partes del cerebro cuando les dijeron a los participantes que «imaginaran» intensamente el dolor, un estado que utiliza canales conscientes para recrear e «imaginar» el recuerdo de una sensación.[11]

Esas cuatro estructuras del cerebro no son las únicas partes del cerebro a las que afecta el subconsciente. Éste puede influir también en el procesamiento en el nivel de la médula espinal.[12] La investigación utilizando la exploración PET (una prueba con imágenes que utiliza tintes radiactivos que son inyectados, ingeridos o inhalados) halló que el subconsciente modifica la forma en que partes del cerebro conectan unas con otras, lo cual afecta a la percepción del dolor.[13]

Otro caso de estudio de exploración PET, publicado en *The Lancet*, demostró que este patrón único de activación cerebral puede usarse

11. *Ibid.*
12. M. P. Jensen (2008). «The Neurophysiology of Pain Perception and Hypnotic Analgesia: Implications for Clinical Practice», *American Journal of Clinical Hypnosis*, 51 (2): 123-148.
13. M. E. Faymonville *et al.* (marzo de 2003). «Increased Cerebral Functional Connectivity Underlying the Antinociceptive Effects of Hypnosis», *Cognitive Brain Research*, 17: 255-262.

para paralizar partes del cuerpo de manera temporal. Partes similares del cerebro se activan en los pacientes que padecen histeria de conversión,[14] un trastorno en el cual la mente de la persona produce una parálisis. Dado que el subconsciente tiene el poder de paralizar el cuerpo, eso también significa que podrías usarlo para ayudar a volver a conectar algunas partes. Esto es algo que he hecho con mis propios pacientes. Si estás recuperándote de una apoplejía, puedes utilizar el subconsciente para visualizar todas las microtareas que realizarás para reconfigurar el cerebro. Si quieres adelgazar, puedes imaginar que estás haciendo ejercicio en una máquina para caminar todas las mañanas y visualizar que estás realizando esa actividad sin esfuerzo y con facilidad.

¿Te gustaría utilizar la TVS simplemente para hacer que tus hombros doloridos se relajen? La visualización hipnótica es incluso un tratamiento eficaz para el dolor fantasma de una extremidad, un dolor constante cuando un brazo o una pierna han sido amputados.[15] La existencia misma del dolor fantasma en una extremidad muestra, por sí sola, lo importante que es tratar el cerebro y el resto del cuerpo. El dolor proveniente de una pierna que ya no está ahí me recuerda uno de esos acertijos zen acerca de un árbol que cae en el bosque. Si no hay nadie ahí para escucharlo, ¿hace algún tipo de ruido? En este caso, sí.

Quizás estés empezando a darte cuenta de por qué la TVS es poderosa para tratar el dolor, y para ver vívidamente tu futuro. Es mucho más que tan sólo «imaginar» algo. Gracias al subconsciente, el cerebro en realidad cree que está ocurriendo. Y, cada vez que haces algo, creas una vía que establece circuitos de células cerebrales, y esto hace que sea más probable que cualquier comportamiento nuevo continúe.

---

14. P. W. Halligan et al. (18 de marzo de 2000). «Imaging Hypnotic Paralysis: Implications for Conversion Hysteria», *The Lancet,* 355 (9208): 986-987.
15. D. Oakley et al. (2002). «Hypnotic Imagery as a Treatment for Phantom Limb Pain: Two Case Reports and a Review», *Clinical Rehabilitation* 16 (4): 368-377.

LA CONEXIÓN CUERPO-MENTE

El cerebro subconsciente es tan poderoso que incluso puede ejercer su fuerza en el cuerpo físico sin que el cerebro consciente se dé cuenta. Un estudio utilizó escáneres cerebrales e hipnotizó a los participantes mientras les decían que sus manos estaban siendo movidas por una polea. Los participantes informaron de que experimentaron que sus manos se movían como si fueran controladas por una fuerza externa.[16] No hay que preocuparse. La entidad que está moviendo la mano (o ayudándote a crear estados de dicha libres de dolor) no es algo que haya salido de *Star Trek* o *Expediente X*; es tu cerebro subconsciente.

Si los canales subconscientes operan por debajo de la percepción consciente, esto significa también que la positividad sembrada en el subconsciente es posible que haga que sientas que todos esos cambios «ocurrieron sin esfuerzo». ¿No sería agradable sentir que *simplemente sucede* que ahora prefieres la fruta fresca en lugar del helado con una cobertura de chocolate sin sentir que has tenido que forzarte a tomar esa decisión (o cualquier otra) que es buena para ti? ¿No sería agradable que esa mujer de tu trabajo que solía sacarte de tus casillas ahora sólo te recordara que tienes paciencia y gracia?

Tu cerebro subconsciente puede crear alucinaciones y cambiar tu forma de percibir el tiempo. Un estudio de Stanford hipnotizó a los participantes y luego les transmitió la sugestión de que estaban viendo colores. Los investigadores pudieron observar cómo se encendían las partes del cerebro que perciben el color, a pesar del hecho de que los participantes estaban viendo una imagen en blanco y negro.[17] Otro estudio demostró cómo la hipnosis afecta de manera visible a las partes del cerebro que participan en tu percepción del tiempo y el espacio. Unos cuantos minutos pueden parecer horas.[18]

---

16. S. J. Blakemore, D. A. Oakley y C. D. Frith (2003). «Delusions of Alien Control in the Normal Brain», *Neuropsychologia 41* (8): 1058-1067.
17. S. Kosslyn *et al.* (agosto 2000). «Hypnotic Visual Illusion Alters Color Processing in the Brain», *American Journal of Psychiatry*, 157 (8): 1279-1284.
18. P. Rainville *et al.* (2002). «Hypnosis Modulates Activity in Brain Structures Involved in the Regulation of Consciousness», *Journal of Cognitive Neuroscience*, 14 (6): 887-901.

Quizás pienses «¿Por qué querría crear alucinaciones o jugar con el tiempo?». Terapéuticamente, hay muchísimas razones. Si puedes crear visualizaciones y alterar tu consciencia, puedes ver y escuchar las cosas como querías que ocurrieran en el pasado o de la forma en que quisieras que sucedieran en el futuro. Cuanto más sientas como si la situación estuviera desarrollándose realmente en el presente, más podrás engañar a los centros emocionales del cerebro para que liberen los recuerdos traumáticos o dolorosos de tu pasado. Tus viejos recuerdos seguirán estando ahí, pero el impacto emocional disminuirá hasta un nivel tolerable.

Es hermoso cuando utilizas el subconsciente para ver cada uno de los pasos que tienen que desplegarse para ayudarte a crear el mejor futuro posible. ¿Puedes verte dando ese primer paso y saliendo de esa cama de hospital? ¿O creando el negocio de tus sueños... y esa mudanza a Chicago que llevarás a cabo el año que viene? También puedes utilizar la TVS para pensar en un futuro magnífico que te haga ilusión. Me pregunto qué es lo que te gustaría ver, y luego cómo manifestarás esas visualizaciones positivas en la vida real.

Quizás te sorprenda saber que el cerebro subconsciente tiene un impacto de largo alcance y, por lo tanto, puede ser útil para dolencias que en ocasiones se considera que tienen una naturaleza estrictamente física o médica. Dado que el subconsciente tiene acceso a funciones como la digestión, la salivación, la presión sanguínea y tus células T, puede alterar cosas que el cerebro consciente no es capaz de alterar. Esto ha sido demostrado en múltiples estudios que se centraron en la enfermedad física, como uno que separó a los participantes con hipertensión. Los participantes que recibieron hipnosis mostraron mejoría a corto y a largo plazo en su presión sanguínea.[19]

Otro estudio demostró el poder de la hipnosis para tratar el síndrome del intestino irritable (SII). Un grupo recibió hipnoterapia, mien-

---

19. S. Bacon *et al.* (2014). «The Impact of Mood and Anxiety Disorders on Incident Hypertension at One Year», *International Journal of Hypertension*, 953094.

tras que el otro fue tratado con una forma de psicoterapia estándar y un placebo (pastillas). Los pacientes que recibieron hipnosis mostraron una mejoría drástica en todos los síntomas del SII, superando a aquellos pacientes que recibieron la psicoterapia estándar con las pastillas de placebo. De hecho, increíblemente, tras un seguimiento de tres meses,[20] se constató que el grupo que recibió hipnosis no tuvo recaídas.

Tu subconsciente también puede incrementar tus células T, las cuales luchan contra las infecciones. El Departamento de Psiquiatría de la Universidad del Estado de Ohio, en asociación con el Departamento de Virología Molecular, Inmunología y Genética Humana, realizó un estudio que demostró que el cerebro subconsciente estimula el sistema inmunitario. Los participantes del estudio eran estudiantes de medicina y de odontología que se enfrentaban a sus exámenes (un acontecimiento tan estresante que suele afectar al sistema inmunitario). Estos estudiantes aprendieron autohipnosis y luego se les hizo un análisis de sangre para comprobar el número de células T, que es un indicador de la respuesta inmunitaria. Las células T aumentaron en los participantes que practicaban la autohipnosis y descendieron en aquellos que no lo hacían. Cuanto mayor era la frecuencia con la que los estudiantes activaban su subconsciente a través de la autohipnosis, mejor era la respuesta de sus sistemas inmunitarios. Esto se pudo ver y validar en el conteo de células T del participante.[21]

Las conclusiones de este estudio cambian vidas (y no sólo las de las personas que han sido diagnosticadas con una afección que afecta directamente a la inmunidad). ¿Por qué? Porque muestra que podemos utilizar la TVS a diario para mejorar nuestro sistema inmunitario para luchar contra cualquier cosa, desde un resfriado común hasta las célu-

---

20. J. W. Smoller *et al.* (octubre de 2007). «Panic Attacks and Risk of Incident Cardiovascular Events among Postmenopausal Women in the Women's Health Initiative Observational Study», *Archives of General Psychiatry,* 64(10): 1153-1160.
21. R. Kessler *et al.* (septiembre de 2011). «Insomnia and the Performance of US Workers: Results from the America Insomnia Survey», *Sleep,* 34 (9): 1161-1171.

las precancerosas que están a punto de extenderse por nuestro organismo. ¿No te gustaría experimentar esto por ti mismo?

UN PASEO POR TUS ONDAS CEREBRALES

Las IRMf y los estudios PET de los que hemos hablando hasta ahora muestran *dónde* el subconsciente hace su magia en el cerebro; los estudios con EEG son mejores para mostrar exactamente cómo el subconsciente teje sus increíbles hechizos en el cerebro. El EEG (electroencefalograma) mide las señales eléctricas del cerebro y las ondas cerebrales. Por lo general, se podría decir que mide con cuánta rapidez o lentitud funciona tu cerebro.

Desde las más rápidas hasta las más lentas, las ondas cerebrales más comunes que se miden en el cerebro humano son las ondas gamma, beta, alfa, theta y delta. Es posible que hayas experimentado la magia de una onda gamma rápida como un momento de revelación. La onda gamma se ha denominado la onda de la *comprensión*. Beta es la onda rápida de los pensamientos, el trabajo y la atención. La cafeína y otros estimulantes aumentan las ondas cerebrales beta. Las ondas alfa son más lentas e indican relajación o meditación ligera.

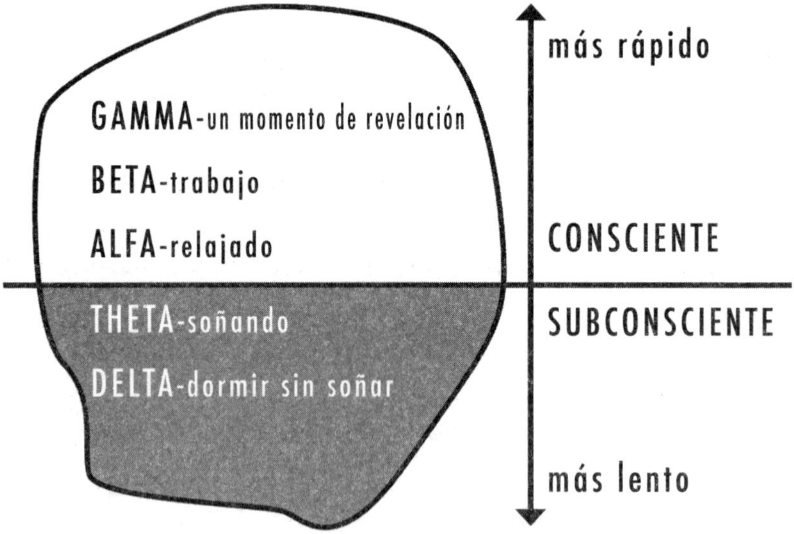

Activa tu subconsciente y podrás ralentizar aún más tus ondas cerebrales y advertirás que entras en un maravilloso estado theta. Theta es la frecuencia predominante en los niños en las edades comprendidas entre los dos y los cinco años, una etapa en la que tienen amigos imaginarios y la realidad se suspende con facilidad. Esto también ayuda a explicar por qué la activación subconsciente te ayuda a acceder a los primeros recuerdos de la infancia. Cuando accedes a esta frecuencia, puedes utilizar los «hechizos» de tu cerebro subconsciente de una forma que te resulte válida.

Yo comparo el subconsciente con una niña de cinco años que ve el mundo como un lugar mágico y maravilloso en el que los sueños se hacen realidad. Le encanta ponerse su disfraz de princesa todos los días y hacer actuaciones para sus vecinos. Clínicamente, su creencia en los mundos mágicos y en la maravilla de las posibilidades tiene sentido. El cerebro subconsciente aumenta los niveles de ondas theta, las cuales son como de ensueño, relajantes y lentas.

Por otro lado, el cerebro consciente se asemeja a una chica de quince años que ya sabe que el ratoncito Pérez no es real y se resiste cuando sus padres le dicen que debe estar en casa a las diez de la noche. También te dice que ha decidido que no va a ir a la universidad, que eres una pésima madre o un pésimo padre y que no va a intentar ser parte de la obra de teatro del colegio o el equipo de vóleibol... porque de todos modos odia *todo*. A esta edad, la frecuencia predominante del cerebro es alfa: una onda cerebral más consciente, adulta, que, ciertamente, es mucho menos mágica y mucho más cínica. Alfa se encuentra entre la veloz beta del trabajo y la profunda theta del subconsciente.

El compás de 4/4 en la mayor parte de la música está en el ritmo de la frecuencia theta. De hecho, incluso existe un género musical llamado trance. Los bateristas aprovechan este fenómeno. Los espectáculos de luces láser, así como las personas que balancean palitos de luz o fuego sobre una cuerda con música en el compás de 4/4, pueden hacer que la gente se relaje entrando en un estado fascinante en el que parece que los pensamientos estresantes desaparecen. La música puede ayudar al cerebro a aprender y a recuperarse de maneras misteriosas. Mientras la parte consciente de tu cerebro memoriza datos difíciles y fríos, ¿el subconsciente aumenta este efecto con Bach o Beethoven? Un superviviente de una apoplejía que padece afasia es incapaz de completar una oración. Sin embargo, esa misma persona no tiene ningún problema para cantarla. Curiosamente, tanto el cerebro subconsciente como la música tienen dominancia del hemisferio derecho. Como verás, el subconsciente teje la mayoría de sus hechizos en el lado derecho del cerebro, pero la TVS incorpora, asimismo, la estimulación bilateral para asegurarse de que el hemisferio izquierdo también se active.

Delta, más lenta que theta, es la onda cerebral dominante en los niños pequeños y en el sueño profundo de fase 3, en el que no soñamos. También puede verse en los cerebros de las personas con lesiones en la cabeza y es más prevalente en el estado de vigilia en los supervivientes de abusos en la infancia que no han sido tratados.

Cuando accedes a una información profunda, subconsciente, utilizas ondas cerebrales más lentas para obtener acceso a ella. Esto ayuda a explicar por qué cuando conscientemente dejas de intentar recordar un nombre, luego, de manera súbita, te viene a la mente. Tu subconsciente estaba procesando esa búsqueda por ti, por debajo de tu percepción consciente. ¿No es tranquilizador saber que hay una parte inteligente e instintiva de ti que siempre está velando por tu persona?

Tu cerebro subconsciente siempre tiene un objetivo en mente: conspirar para el mejor interés de tu ser más feliz, más sano y más elevado.

Las investigaciones muestran que los individuos experimentan un aumento de las ondas alfa y theta (ambas sumamente calmantes y relajantes) durante y después de la hipnosis.[22] En muchos sentidos, el aumento de ondas cerebrales theta explica por qué las terapias que

22. J. D. Williams y J. H. Gruzelier (2001). «Differentiation of Hypnosis and Relaxation by Analysis of Narrow Band Theta and Alpha Frequencies», *International Journal of Clinical and Experimental Hypnosis*, 49 (3): 185-206.

acceden al cerebro subconsciente pueden funcionar con mayor rapidez o de una forma más profunda que la terapia de conversación tradicional (como la TCC) que funciona cambiando el cerebro a través de canales conscientes. Soy un gran admirador de la TCC. Las utilizo. Pero en este libro ayudaré a potenciar esa forma de terapia con el poder del subconsciente. De eso trata la TVS: de fusionar prácticas terapéuticas (hipnosis, visualización, atención plena, arrastre audiovisual y estimulación bilateral) para lograr la transformación más poderosa. Tu subconsciente es posible que ya tenga su propia idea del hechizo que le gustaría tejer. Puede que el subconsciente ya haya empezado a compartir esta visión con la parte consciente de ti. O quizás espere para mostrártela durante la práctica de la TVS. En cualquier caso, tu cerebro subconsciente siempre tiene un objetivo en mente: conspirar para el mejor interés de tu ser más feliz, más sano y más elevado.

LOS ESCÁNERES DE MI CEREBRO SUBCONSCIENTE

Ahora ya conoces las investigaciones de una serie de estudios que se han publicado. Algunos estudios utilizaron la electroencefalografía (EEG) para medir la velocidad de las ondas cerebrales. Otros, emplearon IRMf para medir la actividad cerebral y el flujo sanguíneo del cerebro.

Le pedí a mi amigo, el exitoso autor Daniel Amen, doctor en medicina, que me ayudara a estudiar el cerebro subconsciente de una forma que no se ha hecho nunca. Además de los EEG, Daniel emplea tomografías por emisión monofotónica (SPECT) en sus estudios clínicos. La SPECT muestra la actividad y el flujo sanguíneo del cerebro durante unos minutos. Este tipo de escáner nos permite ver cómo está tejiendo su hechizo la TVS (es decir, sus efectos científicamente válidos).

Una exploración SPECT de base (figura 1, portada interior) reveló el aspecto que tenía mi cerebro un día normal. Pasé veinte minutos acostado y completamente inmóvil mientras una máquina de la era espacial giraba en torno a mi cabeza como un satélite. Al día siguiente, el Dr. Amen me leyó un guion de la TVS. Más tarde, hicimos otro escáner SPECT (figura 3 en la portada interior) para comprobar si mi cerebro tenía un aspecto distinto. Me preguntaba si toda esa magia estaba en mi cabeza. ¡Y resultó ser que sí! Pudimos ver que ciertas estructuras del cerebro se iluminaban como fuegos artificiales.

¿Y qué ocurrió con las ondas cerebrales? Un EEG estándar las midió mientras mi cerebro estaba sin hacer nada (figura 2) –esta vez midiendo los efectos con una tecnología distinta–. En esta ocasión, me puse una gorra no muy favorecedora que captaba las señales eléctricas provenientes de mi cerebro. El Dr. Amen me leyó el mismo guion de la TVS mientras repetíamos el EEG (figura 4). Una vez más, los resultados fueron extraordinarios.

Vuelve a observar mis fotografías de antes y después en la portada interior de este libro. Algunos de los resultados fueron similares a la investigación que he mencionado, pero también realizamos algunos descubrimientos:

La SPECT encontró:

- Un mayor flujo sanguíneo en los ganglios basales, lo cual podría explicar por qué se ha demostrado que el subconsciente afecta al comportamiento, las emociones y los sistemas de recompensa. ¿Será éste el motivo por el cual el cerebro subconsciente es tan efectivo ayudando a las personas a abandonar malos hábitos como fumar?
- Una mayor actividad en la corteza prefrontal –la parte más avanzada y «humana» del cerebro–. ¿Será éste el motivo por el cual el cerebro subconsciente es tan efectivo para tratar la ansiedad, entre otros problemas?

El EEG encontró:

- Un incremento general de las ondas cerebrales theta, especialmente en el lóbulo frontal. Las ondas cerebrales theta son responsables de todo tipo de «magia cerebral» revolucionaria –desde hacer que el botón «eliminar» funcione mejor cuando se trata de traumas hasta comunicarse con partes del cuerpo (por ejemplo, el eje intestino-cerebro). Las ondas theta de ensueño pueden ayudar a que el subconsciente acceda a los centros emocionales del cerebro y, de esa manera, trabajen más rápido que los canales conscientes. Theta es la onda cerebral característica del subconsciente, de ahí el nombre técnica de visualización *subconsciente.*

- Un gran aumento de las ondas cerebrales beta en el lóbulo occipital, lo cual podría indicar una inmersión en los mundos visuales pintados por el subconsciente. La rápida beta en el lóbulo occipital es como una terapia de exposición a la realidad virtual utilizando el poder de tu cerebro subconsciente. Tus ojos pueden estar cerrados, pero tu cerebro subconsciente está *viendo* a ese gato al que solías temer. O está viéndote construir el negocio de tus sueños, entrando en esa sala de juntas con una seguridad en ti mismo serena y tranquila, paso a paso. Junto con la evaporación de tu sentido del tiempo, la TVS te permite ensayar toda la secuencia en tan sólo unos minutos. Y si el cerebro piensa que está viendo, entonces eso es algo «real» para el cerebro. Beta en los lóbulos occipitales es la verdadera visualización, de ahí el nombre técnica de *visualización* subconsciente.

ENTENDER A THETA

La polifacética onda cerebral theta es reparadora en cuerpo y mente. Theta ayuda al cerebro a liberar los neurotransmisores que nos hacen sentir bien, y nos ayuda a concentrarnos. Esto se debe a que estas ondas cerebrales tienen el poder de cerrar otras frecuencias, manteniendo a tu cerebro concentrado. Theta es como una directora severa que mantiene a raya a los alumnos alborotadores. En términos generales, el cerebro subconsciente baña al cerebro con theta, pero algunas áreas del cerebro pueden experimentar impulsos de la veloz theta, mientras que otras son calmadas por theta. Y es posible ver una onda cerebral gamma (característica del momento de revelación) aparecer entre ondas theta.

Si no tienes suficientes ondas cerebrales más lentas, como alfa y theta, y, en su lugar, tienes más de las veloces ondas cerebrales beta, probablemente tendrás unos niveles excesivos de cortisol, la hormona del estrés. Tener una abundancia de ondas cerebrales rápidas hace que seas propenso a tener más probabilidades de desarrollar el trastorno de estrés postraumático (TEPT).[23] El dolor también está asociado a los niveles altos de ondas cerebrales beta,[24] de manera que la capacidad de la hipnosis de aliviar el dolor se debe parcialmente a un aumento en theta. Los estudios con EEG incluso han mostrado que la capacidad de los animales de cambiar sus ondas cerebrales tuvo como resultado un pico correspondiente en otros neurotransmisores que producen una sensación de bienestar, como la dopamina.[25]

Las ondas cerebrales theta te ayudan a recordar el pasado, y cuando son utilizadas adecuadamente, cada vez resulta más fácil y más efectivo reescribir tu pasado y tu futuro. La onda cerebral theta permite también que los botones «eliminar» y «grabar» de tu cerebro funcionen mejor, y éste es el motivo: las ondas cerebrales theta son la huella del subconsciente y pueden viajar por todo el cerebro, a diferencia de las ondas cerebrales conscientes (por ejemplo, beta), que tienden a permanecer en un área. Las ondas cerebrales theta también son las ondas cerebrales dominantes en la amígdala y el hipocampo del cerebro, que son los centros de la emoción y la memoria. He descubierto que, cuando se trata del TEPT, de olvidar a tu ex, de borrar un recuerdo o de tener simplemente menos ansiedad, aprovechar esta parte del cerebro y las ondas cerebrales theta es más rápido y más efectivo que utilizar las ondas cerebrales conscientes para lograr los mismos objetivos.[26]

Esta investigación nos ayuda a entender que practicar la TVS puede permitirte ser más feliz o estar más sano a través de tu cerebro sub-

---

23. N. Joki´c -Begi´c y D. Begi´c (2003). «Quantitative Electroencephalogram (qEEG) in Combat Veterans with Post-Traumatic Stress Disorder (PTSD)», *Nordic Journal of Psychiatry*, 57 (5): 351-355.
24. A. Chen (2001). «New Perspectives in EEG/MEG Brain Mapping and PET/fMRI Neuroimaging of Human Pain», *International Journal of Psychophysiology*, 42 (2): 147-159.
25. Y. O. Fokina, A. M. Kulichenko, y V. B. Pavlenko (noviembre de 2010). «Changes in the Power Levels of Cortical EEG Rhythmsin Cats during Training Using Acoustic Feedback Signals», Neuroscience and Behavioral Physiology 40 (9): 951-954.
26. G. Buzsáki (2006). Rhythms of the Brain. Nueva York: Oxford University Press.

consciente. También puede ayudarte a comprender cómo desarrollaste un problema. Me pregunto si esta mejoría y la rapidez con la que se desarrollará te resultarán sorprendentes.

No es de extrañar que los pacientes diagnosticados con TEPT que aprendieron a generar más ondas cerebrales theta dijeran que los síntomas habían disminuido.[27] Las investigaciones también mostraron que los alcohólicos que aprenden a generar más ondas cerebrales theta tienen muchas más probabilidades de mantenerse sobrios. La TVS te enseñará a producir más ondas cerebrales theta. E incluso si no tienes problemas de traumas o adicciones, la TVS puede ayudar a todas las personas a estresarse menos y a sentirse mucho más relajadas en cuerpo y mente. En un estudio, se dividió a los alcohólicos en dos grupos. Diez de ellos recibieron un tratamiento estándar, incluyendo un programa de doce pasos y psicoterapia tradicional. Los otros diez recibieron un tipo de terapia que los ayudó a incrementar las ondas cerebrales theta. Ese segundo grupo tuvo muchas menos probabilidades de recaer en los trece meses posteriores y experimentó una gran reducción de la depresión.[28]

Otro estudio dividió en dos grupos a unos pacientes hospitalizados que eran drogadictos. El 77 % del grupo que aprendió a generar ondas cerebrales theta no consumió estupefacientes durante un año, frente a un 44 % del grupo que no lo aprendió.[29] Estas claras estadísticas muestran lo poderoso que puede llegar a ser el cerebro subconsciente –incluso en casos de adicción con altos índices de recaída.

Y si deseas aumentar tu creatividad, theta, ciertamente, puede ayudarte. Cuando te quedas dormido, tu cerebro pasa por theta, que es un estado de ensueño, mientras pasa por las más veloces ondas cerebrales beta y alfa de camino hacia delta, la cual está asociada con el sueño

---

27. B. A. van der Kolk *et al.* (diciembre de 2016). «A Randomized Controlled Study of Neurofeedback for Chronic PTSD», *PLOSONE,* 11 (12): e0166752, https://doi.org/10.1371/journal.pone.0166752
28. E. G. Peniston y P. J. Kulkosky (1989). «α-θ-Brainwave Training and β-Endorphin Levels in Alcoholics», *Alcoholism: Clinical and Experimental Research,* 13 (2): 271-279.
29. W. C. Scott *et al.* (2005). «Effects of an EEG Biofeedback Protocol on a Mixed Substance Abusing Population», *The American Journal of Drug and Alcohol Abuse,* 31 (3): 455-469.

profundo en el que no soñamos. Eso es lo que podría haber ayudado a Thomas Edison a inventar la bombilla. Se ha dicho que, cuando no lograba resolver un problema, Edison se echaba una siesta sosteniendo rodamientos de bolas en la mano. Cuando empezaba a quedarse dormido, dejaba caer los rodamientos y despertaba. Entonces era capaz de resolver cualquier problema que a su cerebro consciente le había costado resolver. Thomas Edison sabía que su mente creativa podía, literalmente, «inventar la bombilla»: se encontraba en las ondas cerebrales theta de su subconsciente. ¿No sería agradable que la TVS te ayudara a crear más de esas tan relajantes ondas cerebrales theta que ayudaron a Thomas Edison a iluminar nuestro mundo, para que puedas iluminar el tuyo?

Y si deseas aumentar tu creatividad, theta, ciertamente, puede ayudarte.

Un descanso glorioso

La TVS también puede impulsar a theta cuando estás despierto. ¿Por qué es esto útil? Clínicamente, la onda cerebral theta, que está asociada con soñar y con la fase REM del sueño, es saludable y reparadora para el cerebro.

Un estudio de 2017 halló que las personas que pasaban más tiempo en la fase REM del sueño tenían una menor actividad cerebral relacionada con el miedo al día siguiente.[30] Se ha demostrado que la fase REM afecta a los niveles de neurotransmisores (mensajeros químicos) en tu cerebro. Los autores de otro estudio reciente descubrieron que la parte del cerebro que segrega hormonas del estrés se toma un descanso durante la fase REM del sueño, y concluyó que «cuanto más REM, más débil es el efecto relacionado

30. I. Lerner *et al.* (noviembre de 2017). «Baseline Levels of Rapid Eye Movement Sleep May Protect against Excessive Activity in Fear-Related Neural Circuitry», *Journal of Neuroscience*, 37 (46): 11233-11244.

con el miedo». El investigador explicó que «afecta al grado en el que la amígdala (el centro del miedo en el cerebro) es sensible a los estímulos».[31]

Claramente, la fase REM tiene unos efectos muy potentes de alivio del estrés en el cerebro. Al igual que el sueño REM, la TVS también está dominada por la onda cerebral theta. Ambos estados están marcados por un movimiento ocular perceptible que puede corresponder con actividad en el lóbulo occipital, el centro del miedo, y ambos hemisferios del cerebro. En otras palabras, estás *viéndolo*, *sintiéndolo* y *entendiéndolo* simultáneamente. Si soñar ayuda al cerebro a deshacerse de recuerdos traumáticos, entonces la TVS podría considerarse una especie de ensoñación que tiene lugar cuando estás despierto. Aunque uno tiene poco o ningún control sobre el contenido de sus sueños cuando duerme, la TVS podría considerarse una especie de ensueño controlado.

¿ESTÁS LISTO PARA PROBAR LA TVS?

Una parte de ti (quizás tu subconsciente) ahora cree en la ciencia de lo que la TVS puede hacer por ti. Sabes que escogiste este libro por una razón, ¿no es así? Te enseñaré a activar tu cerebro subconsciente… y a acceder a la verdadera magia de esta práctica basada en la evidencia para que tengas un éxito sostenible. ¿Qué te gustaría sanar, soñar o manifestar ahora que entiendes el poder de tu sensacional cerebro subconsciente?

31. Lerner *et al.* «Baseline Levels of Rapid Eye Movement», 11233-44; y A. Macmillan (27 de octubre de 2018). «Why Dreaming May Be Important for Your Health», *TIME*, 27, http://time.com/4970767/rem-sleep-dreams-health

CAPÍTULO 3

Un inicio consciente de la sanación subconsciente: TVS paso 1

En este momento probablemente estarás emocionado porque vas a empezar a usar el poder de tu cerebro subconsciente. ¿Qué aspectos de la sanación o del éxito te atraen más? ¿Te gustaría que tu cerebro subconsciente ayudara a tu cuerpo a sentirse cómodo? Tu subconsciente puede neutralizar la tendencia del cerebro consciente a buscar evidencias de dolor –y de pensar, en el peor de los casos, lo que podría significar ese dolor.

¿Te gustaría que tu cerebro subconsciente te ayudara a sentirte más seguro de ti mismo, más creativo y más relajado en los negocios? Tu subconsciente puede neutralizar la obsesión del cerebro consciente por las cosas negativas que la gente podría estar diciendo de ti. El subconsciente se pregunta qué es lo que a tus compañeros de trabajo les gusta de tu presentación. Te enseñaré a plantar una sugestión: «En algún momento durante tu presentación, notarás que una sensación de seguridad en ti mismo serena y relajada se apodera de ti. Me pregunto cuándo será...». Quizás antes de lo esperado disfrutarás de la forma fácil y natural en que ocurre.

Probablemente empezarás a entender de qué manera tu cerebro consciente no permite que tú y tu subconsciente avancen, como un padre severo que reprime a un niño creativo.

El cerebro subconsciente: ¡Mamá, quiero presentarme a la audición para la obra de teatro del colegio!

El cerebro consciente: ¡No! Quédate en tu habitación y termina tus problemas de matemáticas. ¿Sabes lo difícil que es entrar en las mejores universidades?

Sin duda, lo importante es que la TVS integra tanto al cerebro subconsciente *como al* consciente. La TVS te ayudará a decir: «Preséntate a la audición para la obra de teatro del colegio y termina tus deberes de matemáticas. ¡Me pregunto a qué carrera extraordinaria te conducirá algún día el hecho de saber usar *ambos* lados del cerebro!».

Quizás actualmente el único momento en el que tu cerebro subconsciente entra en juego es cuando sueñas. ¿No sería maravilloso poder acceder a este potencial sanador durante tus horas de vigilia? En los pasos 6 y 7 de la TVS (capítulo 5), enseñaré a conectar lo que descubres a través de tu cerebro subconsciente con los *comportamientos* del día a día, cuando estás despierto. El subconsciente tejerá los sueños y, luego, el consciente te ayudará a manifestarlos. La TVS te permitirá ver cómo se desarrolla la carrera de tus sueños, paso a paso. Luego, ponte manos a la obra para hacer que lo que has visto sea una realidad.

PERO PRIMERO, EL CONSCIENTE

Antes de iniciar este viaje hacia el subconsciente, es importante que echemos un vistazo a la parte consciente del cerebro. ¿Por qué? Las investigaciones muestran que las prácticas basadas en el cerebro subconsciente pueden duplicar la efectividad de la TCC.[1] Así pues, no se trata de utilizar el cerebro subconsciente o el consciente. Antes bien, para obtener los mejores resultados, deberíamos usar un enfoque sinérgico: combinando lo mejor de la TCC de la vieja escuela, racionales, con las prácticas innovadoras, basadas en el subconsciente, que utilizarás con la TVS.

---

1. I. Kirsch *et al.* (1995). «Hypnosis as an Adjunct to Cognitive-Behavioral Psychotherapy: A Meta-Analysis», *Journal of Consulting and Clinical Psychology*, 63 (2): 214-219.

El paso 1 de la TVS comienza con un ejercicio cognitivo, basado en el cerebro consciente –y completarás este paso en este capítulo–. También volveremos a él en los capítulos específicos para diferentes situaciones en la segunda parte de este libro. Mientras completas el paso 1, explicaré dos cosas interesantes que creo que ocurrirán en tu cerebro como yo lo vería en los escáneres. La primera está relacionada con qué *lado* de tu cerebro se ilumina y la segunda tiene que ver con la *velocidad* de tus ondas cerebrales. Desarrollémoslas una por una.

En un principio, existía la idea de que el cerebro subconsciente trabajaba iluminando el lado derecho del cerebro. En la década de 1970, dos estudios de EEG realizados por el mismo investigador que tenía esta teoría no pudieron hallar evidencias que la respaldaran, pero en las décadas de 1980 y 1990, otros tres investigadores *sí* encontraron evidencias de que el cerebro subconsciente apaga el lado izquierdo del cerebro y activa el lado derecho del cerebro.[2]

Cuando empleas tu cerebro consciente para analizar tu vida, usas el *lado izquierdo* racional de tu cerebro. Entonces, antes de empezar a aprovechar la sabiduría intuitiva del lado derecho de tu cerebro en el paso 2, no olvidemos lo que el lado izquierdo racional de tu cerebro tiene que decir aquí, en el paso 1. El paso 1 y el texto guiado del diario al final de este capítulo utilizan del mismo modo el razonamiento basado en el cerebro consciente para determinar cuál de los siete patrones de pensamiento trampa te están impidiendo avanzar. Luego, los siguientes pasos de la TVS te ayudarán a liberarte de esos patrones de pensamiento trampa utilizando el cerebro subconsciente, lo que practicarás en el capítulo 7.

En el siguiente capítulo aprenderás a activar el cerebro subconsciente; se trata del paso 2 de la TVS. Las investigaciones muestran que

---

2. J. Kihlstrom (febrero de 2013). «Neuro-hypnotism: Prospects for Hypnosis and Neuroscience», *Cortex*, 49 (2): 365-374; C. MacLeod-Morgan y L. Lack (noviembre de 1982). «Hemispheric Specificity: A Physiological Concomitant of Hypnotizability», *Psychophysiology*, 19 (6): 687-690; W. E. Edmonston y H. C. Moscovitz (enero de 1990). «Hypnosis and Lateralized Brain Functions», *International Journal of Clinical Experimental* Hypnosis, 38 (1): 70-84.

la activación del subconsciente ilumina el *lado derecho* del cerebro. Y no sólo te ayuda a integrar los dos lados del cerebro, sino que además ayuda a equilibrarte.

Ahora hablemos de la *velocidad* de las ondas cerebrales. En el capítulo 2 aprendiste que el subconsciente ralentiza la mayor parte del cerebro haciéndolo entrar en las ondas cerebrales theta, las mismas que un EEG registraría si estuvieras soñando. El cerebro consciente utiliza las ondas cerebrales beta, que son más veloces, y son las que aparecen en el EEG cuando uno está alerta o trabajando en un problema. También sabemos que una concentración de ondas cerebrales beta indica ansiedad, así que no queremos que tu cerebro se quede atascado en esas ondas cerebrales veloces. La TVS es notablemente efectiva porque enseña a tu cerebro a ir más rápido *y* a ir más lento. Es como un entrenamiento a intervalos para tu cerebro. Y, además, no te quedas «atascado» en ningún tipo de onda cerebral. Puedes, por ejemplo, emplear las ondas theta para una lluvia de ideas y luego usar a beta para trabajar en la hoja de cálculo que te ayudará a apoyar la estructura económica de esa idea.

LOS SIETE PATRONES DE PENSAMIENTO TRAMPA

Aquí, en el paso 1 de la TVS, usas las ondas cerebrales beta del cerebro consciente. Ahora es el momento de aprender los siete patrones de pensamiento trampa. Muchos de estos patrones de pensamiento trampa se corresponden con un exceso de ondas cerebrales beta o una incapacidad para pasar fácilmente de una onda cerebral a otra. Estos patrones están asociados a la depresión, la ansiedad, el miedo y vivir por debajo de tu potencial. Te invito a que empieces a considerar cuáles te impiden avanzar en tu vida cotidiana.

La mayoría de las personas suelen tener problemas con algunos de estos siete patrones de pensamiento trampa en particular. Con frecuencia, los individuos con cerebros ansiosos se identifican con la parálisis por análisis (también conocida como cavilación) y con el pesimismo (también conocido como pensamiento catastrófico o del peor de los casos). Si tienes problemas de falta de seguridad en ti mismo o depresión, quizás la personalización te está impidiendo avanzar. Los introvertidos tienden a luchar contra el pensamiento clarividente, ya que a menudo les cuesta verbalizar sus sentimientos –y, por lo tanto, esperan que los demás les lean la mente.

Éstos son los siete patrones de pensamiento trampa y un ejemplo de cómo podrían sonar en la mente de una persona. Cuando leas esta lista, observa si alguno de ellos te resulta familiar:

1. **Parálisis por análisis:** esta forma de pensar implica obsesionarse y cavilar sobre pensamientos ansiosos, impidiendo que tenga lugar una acción productiva. Por ejemplo: «Me pregunto por qué le dieron esta cuenta a Alex y no a mí. ¿Será que mi jefa lo aprecia más que a mí? Me pregunto si será por el error que cometí el mes pasado en esa cuenta. Mi jefa me dijo que no estaba enojada, pero quizás sí lo estaba y no quiso decírmelo. Esta mañana me ha mirado de una forma extraña. Debería concentrarme en ese otro proyecto ahora mismo, pero no puedo dejar de pensar en esto…».
2. **Permanencia:** este patrón de pensamiento da por sentado, falsamente, que sólo porque algo es un problema ahora, siempre lo será. El recuerdo congruente con el estado de ánimo es un fenómeno en el cerebro que ilumina los recuerdos que tienen una carga similar. Si es negativa, creará la ilusión de que siempre has estado triste o ansioso y, por lo tanto, siempre lo estarás en el futuro. Por ejemplo: «Simplemente no puedo superar la muerte de mi gato Mitones. Sé que ya ha pasado un año, pero todavía lloro cada vez que pienso en él. Siento que nunca voy a poder superarlo. No volveré a ser una persona feliz nunca más».
3. **Personalización:** este patrón mental se presenta cuando tiendes a culparte si las cosas no salen como esperabas, incluso cuando ese resultado no tiene nada que ver contigo. En ocasiones, la mirada desagradable de un compañero de trabajo es simplemente el resultado de que esté teniendo un muy mal día –no es que

le caigas mal–. En otras ocasiones, te culpas cuando hay múltiples personas, así como circunstancias, que contribuyeron a ese desenlace desfavorable. Aunque es posible que haya cosas que te gustaría haber hecho de una manera distinta, hacen falta dos para bailar el tango. Los desacuerdos, los divorcios y los desastres rara vez son *por completo* culpa de una sola persona. Por ejemplo: «He enviado tres currículums y no me ha llamado nadie. ¿Qué pasa conmigo?».

4. **Generalización:** esta perspectiva es la diferencia entre ver un hecho negativo como algo que es global frente algo específico. Si la generalización se apodera de ti, tu pensamiento se vuelve global –y algo malo en un área de tu vida ahora se extiende a todas las áreas de tu vida–. Por ejemplo: «No puedo creer que pesara tanto en la cita en el médico hoy. Eso me ha puesto de muy mal humor. Ahora siento ganas de tirar la toalla en general. Iba a trabajar en un nuevo negocio que pensaba emprender, pero ya no tengo ganas. Y en cuanto a los planes para esta noche, voy a escribirles a mis amigos y a cancelar la cena. Me voy a quedar en casa y voy a pedir una pizza».
5. **Pesimismo:** esta forma de pensar considera el peor escenario y el más catastrófico. Permanece en lo posible y no en lo probable. Por ejemplo: «Si mi hija no tiene un bebé pronto, he leído que podría tener un embarazo de alto riesgo. Me preocupa que, si espera hasta los treinta años, pueda morir dando a luz. Si espera más tiempo, tendrá que someterse a un tratamiento, y he leído que eso puede producir cáncer. ¡Mi hija va a morir joven! Ay, Dios mío... esto es terrible».
6. **Polarización:** esta mentalidad tiene un patrón binario, de blanco o negro. Las palabras *siempre* o *nunca* se encuentran con frecuencia en tus pensamientos y en tus palabras. Por ejemplo: «Si dejo de comer de una forma saludable en cualquier momento del día, ¡habré estropeado *todo* el día!».
7. **Pensamiento clarividente:** esta forma de pensar da por sentado que la otra persona es clarividente –es decir, que tiene que leerte

la mente sin que tú verbalices lo que necesitas– o viceversa. Cuando das por sentado que eres clarividente, aunque la otra persona no ha verbalizado nada, tú crees que sabes lo que está pensando. Y das por hecho lo peor, por supuesto. Por ejemplo: «¿Por qué mi marido ha hecho eso? ¿Acaso no sabe que he tenido un mal día? Hubiera sido bonito que preparara la cena esta noche. ¡Pues muy bien! La prepararé yo misma… y cuando me pregunte qué me pasa, simplemente le diré "¡Nada!"».

Identifica tus tres trampas principales y señálalas con un círculo:

Parálisis por análisis.
Permanencia.
Personalización.
Generalización.
Pesimismo.
Polarización.
Pensamiento clarividente.

Ahora escribe un ejemplo de qué suele parecerte cada uno de estos patrones de pensamiento trampa.

Mis tres principales patrones de pensamiento trampa:

Tipo de patrón de pensamiento trampa: ______________________

____

que, para mí, es un pensamiento algo semejante a: __________

____

Tipo de patrón de pensamiento trampa: ______________________

____

que, para mí, es un pensamiento algo semejante a: __________

____

Tipo de patrón de pensamiento trampa: ______________________

____

que, para mí, es un pensamiento algo semejante a: ____________

____

CAMBIAR TU MANTRA

¿Tu cerebro te ofrece un mantra negativo de una oración? Para muchas personas, este mantra negativo puede ser una versión de su patrón de pensamiento de trampa más angustioso y dominante. En otras personas, este mantra negativo podría reflejar la esencia subyacente de sus tres trampas. Un mantra negativo puede estar omnipresente en tu vida diaria, o puede ir y venir. Es posible que adviertas que tu mantra negativo tiende a hacerse más fuerte cuando tienes más problemas.

Tanto si eres consciente de ello como si no, tus patrones de pensamiento trampa han contribuido a crear un mantra negativo que está cargado de emoción. Este mantra afecta a la forma en que estás en el mundo, al modo en que lo ves y en que te comportas en él. En el cerebro, los pensamientos, sentimientos y actos van de la mano. Es posible que actualmente vayas por la vida con un mantra como el siguiente: «No soy digno de ser amado», o «No valgo lo suficiente», o «Hay algo malo en mí». Estos mantras negativos son comunes. Los mantras negativos pueden propiciar las creencias negativas, convirtiéndose en «la verdad» *tanto* para tu cerebro consciente como para tu cerebro subconsciente. ¿Cuál es el principal mantra negativo del que te gustaría liberarte?

Tanto si eres consciente de ello como si no, tus patrones de pensamiento trampa han contribuido a crear un mantra negativo que está cargado de emoción.

Mantra negativo que ya no me sirve: ______________________________
____
____

A lo largo de este programa será inspirador ver cómo conviertes cualquier mantra negativo en uno positivo. Me pregunto qué mantra seguro, despreocupado, lleno de propósito y positivo te gustaría crear en lugar del viejo mantra. Quizás verás que tu mantra cambia de las siguientes maneras:

- «No valgo lo suficiente» se transforma en «Soy una persona segura de sí misma, comprensiva y valiente».
- «¿Qué es lo que está mal en mí?» se convierte en «Estoy muy orgullosa de todo lo que ya he hecho en el pasado y tengo muchas ganas de crear más cosas "buenas" en mi brillante futuro».
- «No inspiro amor» se convierte en «Realmente merezco ser amado».

La TVS te ayudará a realizar la alquimia basada en la evidencia que es necesaria para crear esta transformación. Piensa en todo esto durante unos minutos y luego escribe tu nuevo mantra positivo en la parte inferior. Mientras avanzas por el programa de la TVS, te asombrarás al ver cómo tu subconsciente hace que ese mantra positivo se convierta en realidad.

El nuevo mantra positivo que manifestaré es: ______________________
____
____

Mientras trabajamos con problemas y condiciones específicos en los siguientes capítulos, regresaremos al paso 1 para determinar qué patrones de pensamiento trampa están desempeñando un papel en el miedo, la ansiedad, los estados de ánimo, el insomnio, el dolor, la salud, la espiritualidad y el éxito. Exploraremos la ciencia para que tu cerebro consciente participe y luego, con la conciencia y la TVS, dejaremos que el subconsciente haga el resto del trabajo. ¿No sientes curiosidad de ver con cuánta facilidad se produce un cambio para mejor? Allá vamos: un viaje conducido por el subconsciente hacia tu yo más feliz, más sano y más elevado.

CAPÍTULO 4

Activar el cerebro subconsciente: TVS paso 2

Ahora empieza la parte divertida. Ya has utilizado tu cerebro consciente para examinar los patrones de pensamiento trampa y los mantras negativos que te impiden avanzar: el paso 1 de la TVS. Ahora dirijamos la atención al corazón de la TVS, los pasos del 2 al 7. Estos pasos aprovechan el poder de tu cerebro subconsciente.

En la segunda parte de este libro repetiremos estos pasos de la TVS de diferentes maneras para centrarnos específicamente en las metas que tienes: desde adelgazar hasta mejorar tu estado de ánimo o llevar tu negocio al siguiente nivel. Aunque el paso 1 se realizó como un ejercicio individual, los pasos del 2 al 7 de la TVS se llevan a cabo como una única práctica sin inicios y paradas.

LA MECÁNICA DEL CEREBRO

Mientras que el paso 1 de la TVS utilizaba el cerebro consciente de una forma analítica, los pasos del 2 al 7 te mantendrán inmerso en el subconsciente. Esto significa que están ocurriendo algunas cosas en tu cerebro. Sentirás el cambio cuando el cerebro comience a ralentizarse yendo de las ondas cerebrales beta a las ondas cerebrales theta de ensueño y pasas de usar el lado izquierdo del cerebro a emplear el derecho. Estás encendiendo y apagando ciertas estructuras cerebrales: la corteza prefrontal, los ganglios basales, el lóbulo occipital y la corteza cingulada anterior, por nombrar unos pocos. A nivel colectivo, estos cambios muestran que ahora estás utilizando tu cerebro *subconsciente.* El subconsciente incluso está aumentando la conexión entre tu corteza prefrontal y la ínsula, aprovechando el control del cerebro de lo que está ocurriendo en tu cuerpo. Esto podría explicar por qué activar el subconsciente puede ayudar a sanar el SII y las migrañas. Al mismo tiempo, el subconsciente reduce la conexión con el cingulado anterior (el centro de la preocupación). ¿No sientes curiosidad por averiguar cómo te ayudará tu subconsciente?

PASO 2: ACTIVAR EL SUBCONSCIENTE CON EL MÉTODO 3/12/7

En primer lugar, estudiemos el paso 2 para que puedas experimentar la activación del subconsciente. Utilizarás el guion del método 3/12/7 para ralentizar tu cerebro, hacer que pase de la dominancia del hemisferio izquierdo a la dominancia del hemisferio derecho, y encender y apagar diferentes partes del cerebro.[1] Al desactivar las defensas del consciente, comenzarás a advertir lo fácil que es acceder a los más profundos y alegres pozos de sanación y potencial para manifestar un futuro increíble en los pasos de la TVS que vienen a continuación. La TVS es una técnica que se aprende; cuanto más la utilices, más profundamente activarás tu subconsciente. No sólo eso, sino que además accederás a tu cerebro subconsciente con más rapidez y la transformación positiva se mantendrá.

Recomiendo que emplees la TVS al menos unas cuantas veces por semana. Múltiples estudios han demostrado que los beneficios se amplifican cuando las personas usan las prácticas activadoras del subconsciente con mayor frecuencia. Después de haber practicado la TVS una o dos veces, es probable que sientas que está ocurriendo algo en tu

---

1. Leí por primera vez acerca de unos conceptos similares a los que utilizo en El método 3/12/7 en el libro de Don E. Gibbons, *Applied Hypnosis and Hyperempiria.* Bloomington, IN: iUniverse, 2000.

cerebro. Después de haberla practicado ocho veces, es posible que notes cambios en tu cuerpo o cambios sutiles en la manera en que hablas contigo mismo. Cuando lleves un año practicando, puede que tu vida se vea y se sienta de una forma significativamente distinta a como lo hace en la actualidad. Si experimentas cada día migrañas o el desastre de un divorcio difícil, entonces incluso puedes usar la TVS como una herramienta diaria. Piensa en la TVS como si fuera una práctica de meditación: cuanto más la utilices, mayores serán los beneficios.

¿Necesitas una recarga rápida?

Dado que la TVS impulsa las ondas cerebrales theta de ensueño –las mismas ondas cerebrales que tienen lugar durante la fase REM del sueño–, puedes utilizar una práctica breve de la TVS como una «siesta» los días en los que no has dormido bien la noche anterior. Aunque no hay nada mejor que dormir unas buenas ocho horas, la fase REM y los sueños sólo tienen lugar en las últimas horas del sueño.[2] Soñar y la TVS no es sólo hilar la lana sobrante en trozos desechables de hilado. Recientemente se ha asociado el hecho de no dormir lo suficiente en la fase REM con la demencia y la depresión.[3] Dado que la TVS utiliza las mismas ondas cerebrales que los sueños, incluso podría ser una manera de promover una mayor salud cerebral.

Como verás en los guiones, el paso 2 empieza empleando una especie de meditación de atención plena para centrar tu cerebro. Esta primera parte del método 3/12/7 llevará a la mayoría de cerebros desde las ondas cerebrales beta a unas ondas cerebrales alfa, que son más lentas. Estar alerta está asociado a las ondas cerebrales beta; la meditación está vinculada a las ondas cerebrales alfa.

---

2. R. Naiman (2017). «Dreamless: The Silent Epidemic of REM Sleep Loss», *Annals of the New York Academy of Sciences*, 1406 (1): 77-85.
3. *Ibid.*

Luego, en los pasos 3 a 7, añado muchas técnicas basadas en el subconsciente para ampliar el método 3/12/7. Estas incluyen la hipnosis, las imágenes guiadas, la visualización y las técnicas cognitivo conductuales. Esta combinación ralentiza al cerebro, llevándolo de alfa a theta. Es por este motivo que muchas personas dicen que sienten que la hipnosis es «más profunda» que la meditación.

La mayoría de la gente considerará que los audios especiales de este libro son la manera más fácil de empezar a activar el cerebro subconsciente. Te animo a que empieces con ellos. Cuando adquieras una mayor habilidad activando tu cerebro subconsciente, podrías revisar el guion escrito. Cuanto más uses la TVS, más capaz serás de memorizar el guion y recitarlo en silencio para ti con la finalidad de activar tu cerebro subconsciente sin los audios, si lo deseas.

Leer la versión completa del método 3/12/7 te llevará un minuto, pero cuanto más lo uses, más capaz serás de abreviar el guion. Igual que un atleta de elite con memoria muscular, empezarás a captar la esencia de lo que se siente al entrar en este estado. Probablemente serás tan hábil activando el cerebro subconsciente que entrarás en ese estado con mayor rapidez cada vez que lo hagas. Muchas personas descubren que, con el tiempo, son capaces de hacerlo en uno o dos segundos. No obstante, debes permitirte el tiempo suficiente para una práctica completa de la TVS de los pasos 2 al 7. Sugiero que reserves entre 20 y 30 minutos y los emplees al final del día para que no tengas que hacerlo con prisas.

A menudo creo grabaciones personalizadas de la TVS para algunas personas para que puedan aumentar su potencial para la sanación o los negocios. Al hacerlo, les pido que me digan si prefieren la imagen de un ascensor o de unas escaleras. Si les gustan las playas o las praderas.

Si alguien detesta los espacios cerrados pero adora la playa, no utilizaré un ascensor pequeño en el guion y, en su lugar, emplearé la imagen de una playa o una serie de habitaciones descendentes.

Como parte del método 3/12/7 ofrezco varios guiones que debes grabarte leyendo en voz alta para obtener tus propios audios. Cada audio (y el guion a partir del que realizarás cada grabación) utiliza escaleras, pero cada audio y cada guion desde el capítulo 7 hasta el apéndice usan otras imágenes. Prueba todos y decide cuáles prefieres. Cuando domines el empleo de la TVS puedes empezar a reemplazar mis palabras o imágenes por las que te resulten más agradables o que te relajen más. O quizás quieras recitar tu propio guion en tu mente.

Si lo deseas, puedes leer el guion ahora, pero cuando estés listo para practicar la activación de tu subconsciente, cierra los ojos y escucha el audio. Más adelante, si decides memorizar el guion para hacerlo tuyo, tómate tu tiempo para visualizar cada parte del viaje con los ojos cerrados. El objetivo de realizar sólo el paso 2 es para permitirte experimentar la maravilla relajante y creativa de activar el subconsciente.

El guion que verás a continuación es un modelo que puedes adaptar con las imágenes que funcionen mejor para ti, usando tu creativo cerebro subconsciente. Después de haber pasado por la experiencia de activar tu subconsciente, mostraré también cómo desactivarla en caso de que necesites regresar a tus actividades diarias.

Nota: en algún momento, con el método 3/12/7, es probable que las imágenes, los recuerdos y las visiones se tornen vívidos. Muchas personas se sienten más a gusto simplemente recordando que son el observador que está contemplando desde una distancia cómoda –como si estuvieras en un teatro viendo una escena en un escenario–. Más adelante aprenderás también a modificar esa escena para tener una mayor sensación de control sobre lo que ves y experimentas.

EL MÉTODO 3/12/7

Antes de comenzar el ejercicio, debes grabarte leyendo en voz alta el guion que encontrarás en letra cursiva en las próximas páginas. Utiliza tu teléfono móvil o una grabadora, de manera que el audio quede disponible para reproducirlo tantas veces como necesites. Una vez hayas hecho esto, sentado o acostado en una postura cómoda, escucha el audio del método 3/12/7 para experimentar la simple activación de tu cerebro subconscientes.

Me gustaría que comiences invitando a tu propio subconsciente, pidiéndole que te ayude en esta experiencia de relajación profunda y sanación. Te convido a que inicies esta práctica dejando que tus ojos se cierren mientras te instalas... mientras el cuerpo encuentra la posición más cómoda para descansar.

Mientras empiezas a relajar tu mente y tu cuerpo, toma consciencia de que ya sabes cuál es la mejor manera de relajarte, en qué posición te gusta que esté tu cuerpo, sentado o recostado, si así estás más cómodo. ¿En qué posición te gusta colocar las manos y las piernas?

En cuanto estés preparado para empezar a relajarte más plenamente, es posible que notes que el cuerpo hace los ajustes finales que necesita para que este viaje hacia la sanación, la felicidad y tu yo más elevado sea mejor.

Dentro de unos instantes, te guiaré a través de una serie de pasos específicos que te ayudarán a activar el cerebro subconsciente de una forma más profunda.

Quizás ya hayas notado que estás entrando en un estado más relajado... o tal vez empieces a advertirlo dentro de unos minutos. Mientras tu consciente le entrega el control del cuerpo al subconsciente durante este viaje, es posible que incluso notes una ligera contracción en el cuerpo, o que se te hace agua la boca, o que el cuerpo se torna más flexible (lo mismo que podrías experimentar cuando estás durmiendo, soñando o echándote una siesta). Todas éstas son simples indicaciones de que la sorprendente magia del cerebro está funcionando. En algún momento durante esta práctica, es posible que incluso notes un movimiento rápido de los ojos, como si estuvieras soñando: una indicación más de que el cerebro subconsciente está trabajando.

Ahora te invito a que inicies tu viaje con atención plena, que es simplemente la consciencia del momento presente. Empieza empleando el sentido del oído. Presta atención a tres sonidos que puedas escuchar aquí y ahora. Sería interesante que fueras desde el sonido más fuerte que estés oyendo hasta el más débil que estés percibiendo... aquí y ahora. ¿Hay algún sonido que no es ni fuerte ni suave? Y ahora... un sonido suave. ¿Puedes escuchar cómo late tu corazón, o tu respiración? Eso es. Perfecto.

Ahora te invito a que centres tu atención en el sentido de la vista. ¿No es interesante que incluso con los ojos cerrados puedes ver colores detrás del párpado? Simplemente percibe dos colores (el primero un color en la parte posterior de los párpados, justo delante de ti). Luego, en tu siguiente inhalación, observa un color cerca de la coronilla de la cabeza mientras haces rodar tus ojos hacia arriba, arriba, arriba. Perfecto.

En la siguiente exhalación, deja que los ojos floten hacia abajo, abajo, abajo... y luego simplemente deja que se relajen... permitiendo que cualquier tensión residual desaparezca. Sí, eso es. Y ahora te invito a que sientas una respiración. ¿Puedes sentir dónde entra el aire en tus orificios nasales? ¿Puedes sentir la respiración? ¿No es agradable saber que la respiración siempre está ahí (como el cerebro subconsciente) cuidando de nosotros? Siempre meciéndonos... como una madre que mece a su hijo. Eso es. Perfecto.

Mientras sintonizas con tus sentidos anclados en este momento del presente, es probable que descubras que la crítica, el escrutinio y las defensas del consciente empiezan a alejarse flotando. ¿Esto hace que la experiencia sea incluso más relajante? Mientras continuamos, te invito a que simplemente dejes que esta experiencia se desarrolle, y mientras se desarrolla, debes saber que el subconsciente ha estado siempre ahí cuidando de ti (sí, tu subconsciente te apoya y siempre lo ha hecho). Ahora lo sabes, ¿no es verdad?

A lo largo de este proceso ni siquiera es necesario que prestes mucha atención a las palabras que puedes estar leyendo o escuchando ahora... porque el subconsciente está percibiendo y respondiendo a todo lo que lees o escuchas (sin que sea necesario ningún esfuerzo deliberado por tu parte). Después de todo, así es como funciona el cerebro subconsciente. Quizás sientas que una parte de ti se está yendo a un lugar lejano en tu conciencia mientras otra parte de tu persona está escuchando cada palabra que digo. ¿No es agradable saberlo?

Como ya estás activando tu cerebro subconsciente, es posible que te sorprendas al redescubrir una especie de optimismo. Quizás en algún momento durante este proceso tengas una sensación de asombro infantil. No sé si ya la estás sintiendo o si la sentirás un poco más adelante.

Cada vez que descubras un poco de eso, te darás cuenta de que el subconsciente siempre está velando por ti: ve tu mayor potencial hoy, así como las posibilidades que puedes esperar mañana. Una parte de ti ya lo sabe, ¿no es así? ¿No es agradable que te lo recuerden?

A lo largo de este viaje, es posible que descubras que las imágenes y los recuerdos son más vívidos y reales cuando los ves a través del lente del subconsciente. Puedes sentirte tranquilo sabiendo que, aquí, en este espacio seguro, eres el observador de todo lo que ocurre. En el mundo real o en tus sueños tienes menos control. Pero aquí tienes control de lo que ves y de cómo lo ves.

Muchas personas encuentran tranquilizador el hecho de que están meramente viendo las imágenes, los recuerdos y las visiones que experimentan. Dado que eres el observador, puedes sentir que eres un editor… y estás utilizando una computadora para ver y editar una película en una pantalla.

Ésta puede llegar a ser una película en 3D, que lo abarque todo, y muy realista si así lo deseas, pero el subconsciente, en su continua misión de velar por tus mejores intereses en todo momento, también sabe si necesita traer de vuelta alguna parte de ti… distanciándote de cualquier cosa que veas, oigas y experimentes. ¿No es agradable saber que, como el observador de este proceso de sanación, siempre tienes el poder de equilibrarte?

Además, tienes el poder de salir de esto en cualquier momento… ¿No es eso muy empoderador? Te invito a que envíes a tu subconsciente el mensaje de que hoy sólo vas a ver, oír y experimentar aquello que estás preparado para ver, oír y experimentar… Haz un llamamiento a tu subconsciente ahora mismo y pídele con tranquilidad que te ayude de la manera que más lo necesites hoy.

¿No es agradable saber que tu subconsciente está conspirando en tu favor y siempre sabe lo que necesitas para sanar y crecer? Recuerda que tu subconsciente es el responsable de tus corazonadas y de tu intuición… de manera que tiene un profundo sentido de lo que es más adecuado para ti.

En unos minutos utilizarás el poder de tu mente para ver y sentir que estás descendiendo por un ascensor. Me pregunto qué sanación maravillosa te espera hoy. Ahora te invito a que emplees todo el potencial creativo del subconsciente para usar la mente en el siguiente paso de este viaje.

En unos instantes emplearás el poder de tu mente para ver y sentir que desciendes por un ascensor con 12 plantas. Cuando llegues al primer piso te sentirás en un estado de ensueño profundo. Visualízate en el piso superior de este ascensor. Eso es. ¿Es uno de esos ascensores antiguos con puerta de tijera o es un ascensor moderno? Me pregunto si es plateado, dorado o blanco. Ahora ya tienes la sensación de que este viaje es seguro y sanador.

Visualízate entrando en el ascensor y presionando el número uno con el dedo. Perfecto. En un instante empezarás a sentir que tu cuerpo desciende. Y cuando eso ocurra, advertirás que tu mente comienza a sentirse cada vez más relajada.

12. Empieza a sentir que te invade una sensación profunda de sanación restauradora. Eso es.

11. Mientras sientes que el ascensor desciende, en cada planta te sientes más relajado que en el piso anterior.

10. Simplemente deja que tu cuerpo se tome todo el tiempo que necesite. Muchas personas advierten que su respiración se hace más lenta y más relajada. Me pregunto si notarás que el aire llega a tu vientre, como suele hacerlo cuando el subconsciente empieza a tomar el control. Ésa es una indicación de que estás más relajado. A medida que la respiración se va haciendo más lenta, la mente se va calmando.

9. Me pregunto si puedes sentir realmente que tu cuerpo está descendiendo. Y mientras lo haces, te vas sintiendo más relajado y más cómodo.

8. Quizás ahora estés notando cómo esta relajación te puede ayudar a soltar cualquier tensión que haya en tu cuerpo. Y mientras eso ocurre, tu mente deja ir con facilidad cualquier remanente de pensamientos conscientes o preocupaciones. Eso es. Bien.

7. Ahora vas incluso más profundo. Es casi como que, con cada piso que desciendes, te sientes dos o incluso tres veces más relajado y cómodo que en la planta anterior. Y cuando eso ocurra, me pregunto si notarás lo agradable que es.

6. Ahora estás a mitad de camino. Eso es. Te sueltas un poco más. ¿No es una sensación agradable? Ahora déjate llevar. ¿Sientes que tu cuerpo se está volviendo más pesado o un poco flácido mientras el cerebro subcons-

ciente le permite sentirse libre? Mereces este descanso. Haces muchas cosas en tu vida cotidiana, ¿no es verdad?

5. Ya casi has llegado, y es posible que notes que la mente incorpora la misma cualidad de «muñeco de trapo» que puedes estar sintiendo en el cuerpo ahora. Tu mente ya no tiene que hacer nada. Me pregunto si ya has empezado a sentir como si hubiera algo que deberías soltar hoy. En cualquier caso, puede ser increíble simplemente tener este tiempo para descansar, relajarte y recargarte.

4. Al sentir que vas descendiendo hacia el siguiente piso, es posible que notes que un maravilloso estado como de ensueño se apodera de ti (ahora o en algún momento de este viaje). Y tienes la sensación de que todo lo que vas a experimentar ahora va a ser muy sanador. ¿No es agradable saberlo?

3. Ya casi has llegado. Eso es. Ya lo estás haciendo maravillosamente bien... y apenas has comenzado.

2. Éste es el penúltimo piso. Perfecto. En este paso te sientes dos, o incluso tres veces, más tranquilo, relajado, o como si estuvieras en un sueño, que en el piso anterior.

1. Ahora observa... ¿en qué parte del cerebro o del cuerpo te sientes más relajado? Si lo deseas, puedes dejar que esa relajación se extienda al resto de tu cuerpo, en especial al lugar donde más lo necesitas. Tómate el tiempo que quieras para disfrutar de este tipo de experiencia que estás sintiendo ahora mismo. Eso es. Muy bien.

Ahora que has sentido cómo el cuerpo descendía por el ascensor, probablemente hayas notado que el cerebro ha empezado a ralentizarse y a entrar en un estado de relajación sanadora.

En unos instantes sentirás que el cuerpo comienza a flotar hacia arriba mientras tu consciencia se empieza a expandir, mientras cuento del uno al siete. Mientras estas dos cosas ocurren (el cuerpo flota y la consciencia se expande) es posible que notes una sensación incluso más profunda de paz y relajación.

Mientras el cuerpo flota, muchas personas advierten también que se siente caliente, como si te estuvieras tomando un baño caliente o flotando en el océano un día de verano. Y mientras practicas más esto, incluso pue-

des advertir que pierdes la sensación del tiempo y el espacio. Quizás incluso descubras que, si lo deseas, puedes crear la sensación de «dejar» el cuerpo físico para este tiempo de sanación que te has otorgado. Si te resulta cómodo, podrías ver cómo tu consciencia sale del cuerpo físico como una especie de experiencia momentánea extracorpórea. Si lo deseas, puedes ver cómo tu consciencia asciende hacia el cielo y deja el cuerpo físico.

Ahora contamos:

El cuerpo flota.

La consciencia asciende y se expande, de manera que en estos momentos es más grande que el cuerpo.

El cuerpo se torna más liviano y más caliente.

La consciencia se eleva y se expande aún más, de modo que llena la habitación.

Ahora el cuerpo permanece casi ingrávido.

La consciencia está tan elevada y expandida que ahora se está uniendo al universo.

Te sientes profundo y relajado. Es perfecto.

DESACTIVAR EL SUBCONSCIENTE

Ahora que has aprendido a activar tu cerebro subconsciente, es importante que aprendas a desactivarlo. Si usas la TVS durante el día, necesitarás volver a acelerar tu cerebro hasta llegar a las ondas cerebrales más rápidas, beta y alfa, asociadas a la vida cotidiana. Si «permaneces abajo» en tu subconsciente, tu cerebro continuará oscilando en las lentas ondas cerebrales theta.

En ciertos momentos, quizás desees saltarte la desactivación, en especial si empleas la TVS para el insomnio o para ayudarte a quedarte dormido, o si planeas acostarte después de haber utilizado la TVS. En esos casos, tu cerebro se irá a dormir y luego se acelerará otra vez al despertar, de una forma natural. Esto es lo que hacemos todos cuando nos quedamos dormidos: pasamos de las rápidas ondas cerebrales beta y las relajadas alfa a las ondas cerebrales theta del ensueño y luego a las delta, en las que no soñamos, y viceversa cuando despertamos.

Sin embargo, si después de usar la TVS tienes la intención de volver a trabajar, a cuidar de los niños, o a conducir, entonces debes desactivar el subconsciente. Lo único que tienes que hacer es volver a ascender de la misma manera en que descendiste. Si te has visualizado bajando por doce escalones, entonces debes visualizarte subiendo el mismo número de escalones (guion abajo). Si descendiste mentalmente en un ascensor, entonces debes ascender en él. Para asegurarte de que estás completamente despierto y alerta, mira a tu alrededor en la habitación y nombra en voz alta diez cosas que veas, escucha música que tenga mucha energía o da veinticinco saltos. Si empleas un aparato de AVE (*véase* capítulo 6), realiza una sesión rápida beta para volver a despertar.

GUION OPCIONAL PARA VOLVER A ESTAR ALERTA

Ahora, visualízate entrando en ese ascensor. Estarás el doble de alerta y despierto/a y volverás a tu estado de vigilia normal. Sentirás que tu consciencia está regresando a tu cuerpo. Eso es.

Siente cómo ahora estás cada vez más alerta.

Mientras asciendes, estás cada vez más despierto/a. Tu consciencia está regresando a tu cuerpo… y te sientes cada vez más presente en cada piso.

Quizás podrías mover los dedos de las manos y de los pies.

Eso es. Alerta y despierto/a.

En cada piso estás el doble de energizado/a y despierto/a que en la planta anterior.

Asciendes un piso más.

Una sensación de energía renovada vuelve a tu mente y a tu cuerpo.

Eso es.

Alerta y activado/a… y moviendo los dedos de las manos y de los pies un poco más.

Sientes que tu cuerpo asciende. Ahora la consciencia está regresando del todo a tu cuerpo.

Ya casi estás.

Abre los ojos. Y, cuando lo hagas, siente que estás completamente revitalizado/a, descansado/a y recargado/a.

Te sugiero que escuches el audio de este capítulo unas cuantas veces, aunque no incluye los pasos del 3 al 7 de la TVS. Es una manera fácil de empezar a ejercitar tu cerebro subconsciente. Hacer esto permitirá que más adelante puedas llevar la TVS a un nivel más profundo con problemas o afecciones específicos que quieras transformar. Ahora es el momento de que tu cerebro subconsciente y tú sanéis tu pasado para poder crear un futuro más brillante y mejor.

CAPÍTULO 5

TVS sin fisuras: añadir pasos 3 a 7

Ahora que has experimentado cómo se activa el cerebro subconsciente, quizás te sorprenda descubrir que los pasos del 3 al 7 no requieren un trabajo adicional. Si has escuchado el audio o has leído y visualizado el guion del método 3/12/7, ya sabes lo que tienes que hacer: relajarte, escuchar y estar abierto. Esta parte de la TVS es donde incorporo unas técnicas cognitivo-conductuales adicionales, una visualización guiada y otras herramientas para potenciar el poder de tu subconsciente.

No necesitas memorizar los pasos 3 a 7 de una forma analítica, porque los audios guiados y los guiones que acompañan a este libro te guiarán a través de ellos de una forma experiencial. A mis pacientes que trabajan con algún tema específico por lo general les sugiero que practiquen la TVS al menos dos veces por semana ellos solos para dar un pequeño impulso a su estado de ánimo. Para problemas difíciles de controlar como la fibromialgia o una ruptura sentimental devastadora, les indico que practiquen la TVS a diario. La práctica repetida ayuda a romper los patrones de pensamiento de larga duración y a interrumpir los bucles de retroalimentación (por Ejemplo, la depresión, el dolor y el eje intestino-cerebro). Veamos lo que ocurre una vez que empiezas a practicar la TVS y comienzas a advertir que tu mente está creando nuevos patrones de pensamiento.

TVS PASO 3: REVISAR EL PASADO

Al tener un mayor acceso a los recuerdos del pasado gracias a esas ondas cerebrales theta, tendrás una mayor consciencia de ti mismo y empezarás a entenderte de una nueva manera. Algunos de los guiones de la TVS que acompañan a este libro te impulsarán a volver a visitar algunos recuerdos como si estuvieras presionando el botón *play*. Si encuentras alguna experiencia negativa, te ayudaré a liberarla. Al hacer esto es como si estuvieras presionando el botón de grabado para grabar encima de los recuerdos angustiosos, o como si estuvieras editando una película, pudiendo bajar el volumen y modificar el tamaño de la imagen para hacerla más pequeña, o borrosa, o pasarla de color a blanco y negro.

Por lo tanto, este paso tiene dos objetivos potenciales. En primer lugar, al presionar el botón *play*, obtienes *entendimiento* al comprender la forma en que tu pasado afecta a la persona que eres hoy. Esto te ayudará a comprender el origen de tus patrones de pensamiento trampa y tus mantras negativos. Piensa en alguien que lucha contra los patrones de pensamiento trampa de personalización, pesimismo y parálisis por análisis (y un mantra negativo que dice «No valgo lo suficiente»). Esta persona podría recordar la primera vez que surgieron esos pensamientos, revelando cómo y por qué esa experiencia temprana se convirtió en un patrón de pensamiento trampa y en un mantra negativo.

Si encuentras algo desagradable en tu pasado, entonces puedes beneficiarte también del segundo objetivo de este paso: reprocesamiento de los recuerdos negativos usando los botones «eliminar» y «grabar», que son optimizados por esas ondas cerebrales theta. Tu cerebro subconsciente puede redefinir viejos recuerdos o hacerlos menos intensos. En lugar de concentrarte en todas las maneras en que te sentiste fuera de control en aquel momento, podrías elegir volver a revivir ese recuerdo concentrándote en lo que sí controlabas.

Dependiendo de lo que haya ocurrido en tu pasado, la TVS te da la oportunidad de volver a visitar ese mismo recuerdo una y otra vez, volviendo a procesarlo de diferentes maneras y en distintos grados, o descubrir un recuerdo diverso cada vez que practiques la TVS para una nueva dolencia o un problema nuevo. En realidad no importa; lo que importa es que tu cerebro subconsciente sabe lo que es mejor para ti y lo que estás preparado para ver.

O quizás creas en un concepto que es un tanto similar al concepto de Jung del «inconsciente colectivo». Si es así, continuar practicando la TVS podría ayudarte a desenterrar una imagen o un arquetipo de gran significado o gran importancia espiritual. A principios del siglo XX, Jung estableció una distinción entre su teoría del inconsciente colectivo y el inconsciente personal de Freud. El primero abarca toda el alma de la humanidad, mientras que el segundo se centra en las propias fantasías sexuales personales y las imágenes reprimidas. ¿Es posible que accedas a un arquetipo universal como los que encontramos en muchas fábulas, leyendas culturales y mitos? ¿Crees, personalmente, que puedes acceder a los sueños de tu abuela? O quizás la narrativa que tu subconsciente está tejiendo acerca de los sueños de tu abuela te esté ayudando a entender tu rol en la familia y a saber que es un símbolo de lo que ella hizo por ti. En cualquier caso, he tenido pacientes que han tenido experiencias de sanación muy profundas con la TVS. No me corresponde a mí decir lo que debes creer, pero cuando se trata de la ciencia del cerebro, mi opinión es la siguiente: si consideras que puedes acceder a algo más grande o más espiritual, la TVS ciertamente sería un método que te ayudaría a hacerlo. Muchos pacientes a los que he tratado afirman que algunos de sus seres queridos los han visitado en sueños, o que han tenido visiones sanadoras, como de ensueño, durante la TVS. Las ondas theta son sanadoras, espirituales y, de hecho, son las ondas cerebrales de los sueños.

Recuerda: la TVS es una práctica. Eso quiere decir que puedes usarla a lo largo del tiempo. No tienes que sanar toda tu vida de inmediato. Cuando el cerebro subconsciente sabe que estás preparado para ver más, es posible que te muestre recuerdos olvidados o reprimidos. Este libro es una versión autoguiada de la TVS, que es apropiada como una herramienta individual o complementaria para muchos objetivos. Si los recuerdos negativos que descubres son importantes, busca a un profesional de la salud que se haya formado en TVS u otro protocolo efectivo para procesar los traumas.

STV PASO 4: MEJORAR EL PRESENTE

En el paso 3, comprender y reprocesar te ha ayudado a pasar de lo negativo a lo neutro. El paso 4 te permitirá pasar de lo neutro a lo positivo. Volverás a usar el botón *play* y examinarás lo que funciona en tu vida en lugar de lo que fue mal.

Debes verte a ti mismo, a tu identidad y a tus fortalezas bajo una nueva luz. Es posible que llegues a entender que tu pasado te ha traído al lugar donde estás hoy, y eso podría ayudarte a redefinir cualquier dificultad a la que te hayas enfrentado como experiencia de aprendizaje. Permite que el optimista y creativo cerebro subconsciente te vea bajo una luz más favorable. Con la TVS te invitaré a reexaminar tu vida a través de un lente más optimista, centrado en la gratitud e impulsado por un propósito. Será como resaltar todas las ocasiones en las que te sentiste fuerte, exitoso, sexy e inteligente. En otras palabras, se te recordará que eres valioso o valiosa de manera innata.

La activación del subconsciente permite el acceso a todos los mejores recuerdos de tu vida de una forma que te posibilita volver a experimentarlos como si estuvieran ocurriendo aquí y ahora. Esta experiencia en el momento presente hará que recuerdes los momentos más seguros, despreocupados, felices y alegres de tu vida.

El cerebro subconsciente puede reemplazar tu carga de duda de ti mismo, pesimismo o miedo con seguridad en ti mismo, optimismo y esperanza.

Esta experiencia puede *extinguir* tus tres patrones de pensamiento trampa y mantras negativos de una vez por todas. Si tienes muchas personalizaciones, cuando tu cerebro consciente te diga que no conseguiste un empleo porque no eres suficientemente inteligente, tu cerebro subconsciente te puede recordar lo brillante que eres (y *mostrarte* la evidencia). Después de esta experiencia con la TVS, en algún momento en tu vida cotidiana es probable que te sorprendas al ver lo diferente que te sientes. El cerebro subconsciente puede reemplazar tu carga de duda de ti mismo, pesimismo o miedo con seguridad en ti mismo, optimismo y esperanza.

El paso 4 te ayudará a recibir información positiva por todas las cosas que has logrado. ¿No es interesante que ésta sea una experiencia rara para la mayoría de adultos? ¿Te has fijado en que nuestro mundo adulto tiende a centrarse más en las críticas, en lo que podríamos estar haciendo mejor? ¿No sería sanador que nos detuviéramos y dedicáramos tiempo a reconocer nuestros propios éxitos y fortalezas?

La intención de la TVS es recordarte tu bondad inherente, y cada uno de los guiones creados para este libro incluye afirmaciones sobre todo lo que ya eres. Piensa en ello: sabemos que, en la crianza de los hijos, la disciplina sólo es verdaderamente eficaz a largo plazo cuando las recompensas superan a los castigos. Este principio no cambia de manera repentina sólo porque ahora somos adultos; todos necesitamos recompensas, afirmaciones y energía positiva. Tanto si tienes siete años como si tienes setenta y siete, mereces recibir elogios y una palmadita en la espalda por todo lo que has logrado.

La energía optimista del paso 4 ayuda a crear más abundancia; la negatividad la bloquea, de manera que optimizaremos el momento presente para que puedas recordar todo lo que ya eres y todo lo que ya está *bien* en ti.

TVS PASO 5: CREAR EL FUTURO

Imagina con vividez cómo tu mejor vida se desarrolla paso a paso y día tras día con este paso mientras la TVS incorpora una visualización guiada y técnicas cognitivo-conductuales.

Verás cada microtarea diaria que debes realizar para alcanzar tus objetivos hasta que te resulte fácil que el cerebro consciente tome el control y complete esas tareas cuando despiertes mañana. Cuando eso ocurre, la mayoría de las personas advierte con rapidez que empiezan a sentirse más livianas que el aire a medida que se van deshaciendo del equipaje y a ser conscientes de las cosas por las que se sienten agradecidas en el presente. Los patrones de pensamiento trampa han sido extinguidos. Probablemente, llegado este punto de la TVS ya tengas una sensación de facilidad serena, tranquila y despreocupada.

Ahora tendrás la oportunidad de ver cómo tu futuro se desarrolla en tu mente. Paso a paso, verás tu mejor mañana. Éste es el poder del ensayo cognitivo, que experimentarás en cada guion de TVS. Probablemente sentirás como si estuvieras experimentando tu mejor futuro aquí y ahora. Con el lóbulo occipital del cerebro encendido y una percepción del tiempo distorsionada, treinta segundos de visualización intensa hacen que sientas como si ya hubieras logrado hazañas magníficas. Y si ya has conquistado algo en tu mente, entonces es mucho más fácil que lo hagas en el mundo real. Después de todo, tu cerebro piensa «Ya he hecho esto antes».

Por ejemplo, la clavadista olímpica que practica con su mente puede sentir que realmente está haciendo ese clavado de espalda, realizando dos volteretas y media en la posición de lucio. Quizás veas todo lo que tendrás que hacer en los próximos dos años y medio para crear el negocio de tus sueños.

En muchos sentidos, esta conexión es el puente que hace que los sueños se conviertan en tu realidad.

El poder de la disociación (la experiencia que ayuda a que sientas que puedes salir de tu cuerpo durante un breve instante) y la distorsión del tiempo (se habla de ambas cosas en los capítulos 2 y 4) se convierten en unas herramientas terapéuticas muy útiles durante este paso. Cuando se desarrolle tu increíble futuro, quizás también te sorprenda descubrir que sientes que tu vida cotidiana, consciente, te resulta fácil y relajada. Cuando esto ocurre, con la ayuda del cerebro subconsciente, conectas lo que ves con las acciones que tu cerebro consciente te ayudará a llevar a cabo. En muchos sentidos, esta conexión es el puente que hace que los sueños se conviertan en tu realidad.

TVS PASO 6: PLANTAR POSITIVIDAD

Ahora que has entrado en profundidad en la activación subconsciente con unas ondas cerebrales theta muy lentas, estás excepcionalmente abierto a recibir positividad. Sin las defensas del consciente para bloquear los pensamientos positivos, eres más capaz de absorberlos. Es posible que te sorprenda ver con cuánta frecuencia empiezan a aparecer creencias optimistas a lo largo de tu día.

Como sabes, proporcionar sugestiones a tu cerebro subconsciente mientras te encuentras en este estado puede ayudarte a alcanzar unas metas increíbles en tu vida cotidiana consciente. Esto ocurre gracias a la forma en que el subconsciente reduce las conexiones entre diversas partes de tu cerebro. Al hacer que seas felizmente inconsciente de tus actos, realizas actividades saludables sin pensar en ellas. Ésta es una de las partes más gratificantes de la TVS. Como comentamos en el capítulo 2, las sugestiones que se le dan al subconsciente se desarrollan de una forma que se siente tan natural que las personas dijeron que «ocurrían como si las hiciera una fuerza externa». Eso se debe a que los mensajes están operando a un nivel por debajo de la percepción consciente.

De hecho, ni siquiera necesitas tomar nota conscientemente de cada palabra que se dice a lo largo de este viaje, porque tu subconsciente lo está absorbiendo todo. Tu subconsciente sabe que te estamos preparando para el éxito. Intento repetir la mayor parte de los mensajes positivos al menos tres veces para que permanezcan en el cerebro subconsciente y luego aparezcan en algún momento en el futuro, cuando quizás adviertas que tu subconsciente está ayudándote a llevar a cabo algunas hazañas verdaderamente fantásticas con una facilidad serena, despreocupada y segura.

TVS PASO 7: TENDER PUENTES

A lo largo de este libro te ayudaré a conectar lo que estás haciendo en la práctica de la TVS con tu vida cotidiana creando un recordatorio que puedes llevar contigo. Tu cerebro asocia siempre experiencias, sentimientos y nuestras respuestas químicas internas. Entras en una habitación oscura, tu gato salta encima de ti y casi te mata de un susto. Ahora tu cerebro ha asociado a los gatos con esa escalofriante habitación oscura y la hormona del estrés, la adrenalina, que liberaste. Utiliza este fenómeno para tu beneficio. Incluso podrías usarlo como un antídoto para ese miedo. Crea tu propia positividad interna y combínala. Cuando lo hagas, tu cuerpo y tu cerebro liberarán sus historias de neurotransmisores que te hacen sentir bien siempre que quieras. Mediante la visualización de un «botón» físico en tu dedo índice dominante, podrás acceder a las mejores partes de lo que has descubierto en tu práctica de la TVS. Puedes presionarlo cada vez que necesites recordar tus fortalezas, que eres digno de ser amado, y tu valía inherente en tu vida diaria (consciente).

Tu cerebro asocia siempre experiencias, sentimientos y nuestras respuestas químicas internas.

Tu práctica de la TVS también te ayudará a liberar cualquier cosa que no te sirva mediante la visualización de un globo atado a tu dedo índice no dominante. Si frotas tu dedo pulgar contra tu dedo índice no dominante, recordarás el hilo de luz que sostiene a ese globo. En lugar de llenar ese globo con helio, lo llenarás con el «aire caliente» de las tonterías negativas del cerebro consciente. Entonces, utilizarás el cerebro subconsciente y el poder de tu mente para ver cómo se va flotando muy muy lejos.

LO QUE HACE FALTA

Lo único que hace falta para practicar los pasos del 2 al 7 es tu voluntad y tu permiso para activar tu cerebro subconsciente. Mientras practicas cada guion, es posible que no seas consciente de los cambios que están teniendo lugar en tu cerebro (y en realidad eso no importa). Lo importante es la capacidad de tu subconsciente de realizar cambios para ti. Quizás la TVS se convierta en tu método preferido para sanar el dolor crónico, crear una carrera de éxito, transformar relaciones o abordar nuevos desencadenantes de patrones trampa. Antes de entrar en la transformación del miedo, la ansiedad, el estado de ánimo, el insomnio, el dolor, la salud, la espiritualidad y el éxito, te sugiero que reserves entre treinta y cuarenta minutos al día, al menos unas cuantas veces por semana, durante los próximos meses. Espero que te sorprendas al descubrir los cambios maravillosos que tu cerebro empezará a crear en tu vida cotidiana consciente.

CAPÍTULO 6

TVS para incrementar el poder

Ya has tenido una pequeña experiencia de lo que se siente al acceder al asombroso potencial de tu cerebro subconsciente. En la próxima parte de este libro te ayudaré a concentrar este poder como un rayo láser mientras lo dirigimos hacia cualquier área de tu vida que quieras dominar.

En primer lugar, me gustaría enseñarte a mejorar aún más la activación de tu cerebro subconsciente. Esto se denomina *arrastre audiovisual* o AVE.

¿Qué es el AVE? Hace décadas, el AVE era poco refinado y muy caro, y sólo era posible utilizar su poder en un hospital. En la actualidad, el AVE es un equipo que consiste en unas gafas y unos auriculares de alta tecnología, ligeros, portátiles y que funcionan con baterías, suficientemente pequeños como para que uno pueda llevarlos en el bolsillo o en una mochila. Tiene el aspecto de unas gafas de realidad virtual, pero las luces y los sonidos tienen un objetivo más específico. Si lo deseas, puedes mejorar tu cerebro en cualquier momento. (Si quieres saber qué aspecto tiene el AVE actualmente, puedes ver las versiones modernas en www.drmikedow.com).

El AVE tiene una historia interesante que se remonta a la Segunda Guerra Mundial. Como muchos de los más potentes tratamientos médicos, el AVE se descubrió por casualidad. El Dr. William Kroger, un médico que ayudó al FBI en el famoso caso del secuestro de Chowchilla (*véanse* págs. 43-44), observó un interesante fenómeno que les ocurría a algunos profesionales militares: la luz lenta y de barrido de la pantalla del radar hacía que algunos operadores del radar entraran en trance con base en el cerebro subconsciente.

Sus cerebros se estaban sincronizando con las luces lentas de la pantalla del radar y con los sonidos de los pitidos. Si te encuentras en este estado basado en el cerebro subconsciente, básicamente eso es lo contrario a estar alerta. De hecho, no es óptimo para alguien que busca señales de la presencia de un enemigo invasor, ¿verdad? Pero qué maravilloso estado para experimentar si queremos relajarnos o recargarnos.

Tras esta observación, el Dr. Kroger se asoció con la Schneider Instrument Company para crear un aparato, el sincronizador de ondas cerebrales. Este primer aparato de AVE tenía el aspecto de un radiocasete de la década de 1990. Incluía una luz estroboscópica xenón con diales que controlaba la velocidad de la luz. Esas luces «sincronizaban» el cerebro, con diferentes ajustes que podían ayudar a acelerar las ondas cerebrales hasta llegar a las veloces ondas beta, haciendo que la persona estuviera más alerta. La configuración más lenta imitaba lo que les ocurrió a los operadores del radar, es decir, que causa somnolencia.

El Dr. Kroger y sus colegas utilizaron el sincronizador de ondas cerebrales para que los pacientes alcanzaran un estado de ensueño, libre de dolor, con una configuración de onda cerebral theta. Se ha dicho que el aparato ayudaba a producir un profundo estado subconsciente más rápido que otros métodos no tecnológicos. Yo también he advertido que el AVE ayuda a las personas a activar su cerebro subconsciente de una forma rápida y profunda (comparando la TVS reforzada con el AVE frente a la TVS sin AVE).

¿Te sorprendería saber que antes de la invención de los medicamentos modernos para el dolor, el cerebro subconsciente proporcionaba un alivio al dolor de una forma tan efectiva que los médicos lo utilizaban para operar a los pacientes?[1] El Dr. Kroger incluso usó el sincroni-

1. W. S. Kroger y S. A. Schneider (1959). «An Electronic Aid for Hypnotic Induction: A Preliminary Report», *International Journal of Clinical and Experimental Hypnosis,* 7 (2): 93-98.

zador de ondas cerebrales para aliviar el dolor de las mujeres durante el parto. ¿Podía la TVS reforzada con el AVE ayudar a las mujeres que decidían dar a luz en casa o en los partos hospitalarios? El Dr. Kroger pensaba que sí.

Si eso es cierto, imagina lo que el subconsciente podría hacer para ayudar en nuestra epidemia moderna de abuso de analgésicos. Titulares recientes han mostrado que incluso analgésicos de venta sin receta como el Advil y el Aleve no carecen de riesgos. El medicamento antiinflamatorio no esteroideo al que recurres para aliviar el dolor en las articulaciones, un hombro dolorido o las cefaleas producidas por la tensión puede aumentar el riesgo de padecer un infarto o una apoplejía en una sola semana tras su uso. Esto se aplica al ibuprofeno (Motrin, Advil), al naproxeno (Aleve) y al Celebrex. Quizás pienses que haces algo bueno para tu cuerpo; después de todo, es un agente antiinflamatorio y has oído que ayuda. Pero la advertencia de la FDA del año 2015 (ya habían advertido en cierto sentido en 2005) fue muy clara: «Los NSAID pueden incrementar el riesgo de infarto o apoplejía en pacientes *con* o *sin* enfermedad cardíaca o factores de riesgo para enfermedad cardíaca». Esto quiere decir que todo el mundo está en riesgo.[2]

¿Puede la TVS con AVE convertirse en una manera de salvar una vida de adicción a los estadounidenses adictos a los analgésicos? O quizás simplemente puede aliviar el dolor de algunas articulaciones o un hombro dolorido. ¿Te gustaría utilizar a tu cerebro subconsciente para obtener alivio y relajación?

LA BELLEZA DE LA SINCRONIZACIÓN

Lo creas o no, es probable que ya hayas experimentado el AVE en algún momento de tu vida si alguna vez has mirado fijamente a un

2. (9 de julio de 2015). «Comunicación de seguridad de medicamentos de la FDA: FDA refuerza la advertencia de que los medicamentos antiinflamatorios no esteroideos que no son aspirina (NSAID) pueden provocar infartos o apoplejías», U.S. Food & Drug Administration, www.fda.gov/Drugs/DrugSafety/ucm451800.htm

juego de luces que sigue el ritmo de la música o si has observado el fuego en movimiento o palitos fluorescentes atados a una cuerda en un luau, un círculo de tambores o un evento de música electrónica. El fuego o los palitos fluorescentes oscilan al ritmo de la música, y esa música es posible que tuviera un compás de 4/4, el ritmo musical de las ondas theta.

El pequeño aparato portátil del AVE que existe en la actualidad emplea el mismo principio que el sincronizador de ondas cerebrales. ¿Cómo funciona exactamente esta versión moderna del AVE en tu cerebro? Supongamos que programas el AVE en la configuración de la onda cerebral theta y lo combinas con el método 3/12/7. El aparato del AVE entonces *arrastra*, o sincroniza, tus ondas cerebrales. Desarrollemos este concepto.

Imagina una de esas antiguas películas glamurosas de Hollywood en las que se podía ver a nadadoras sincronizadas. Ahora, utiliza tu subconsciente para imaginar con vividez a un trío de nadadoras. Las dos primeras (las luces y los sonidos) están siempre en perfecta sincronía. La tercera nadadora es *tu cerebro*. Cuando te pones el aparato, es como si tu cerebro se lanzara a la piscina para unirse a esas dos bellezas de la vieja escuela. Pero tu cerebro sería un personaje tipo Lucille Ball que se tira en bomba a la piscina. Al principio, Lucille es un desastre. Definitivamente *no está* sincronizada. Es probable que en algunas ocasiones patalee y salpique a las familias que observan el espectáculo ataviadas con sus mejores galas. En cierto modo, ella es una versión ansiosa y *consciente* de tu cerebro.

Pero entonces ocurre algo mágico. Lucille aprende el arte de la natación sincronizada. En pocos minutos, se alinea con las otras dos nadadoras que están actuando a la perfección. Al poco tiempo, las tres están pataleando y chapoteando en perfecta sincronización. Ahora Lucille es la versión serena, soñadora y *subconsciente* de tu cerebro. La sesión de ondas cerebrales theta ayuda a tu cerebro a «patalear y chapotear» con más tranquilidad.

Cuando programes el AVE en la configuración de la onda cerebral theta, lo advertirás. Confía en mí. Como el método 3/12/7, es un cambio perceptible en un espacio maravilloso más sereno y creativo. Y significa que ahora tu cerebro subconsciente está activado de una forma incluso *más* profunda. Recuerda: la transición del cerebro consciente al subconsciente significa que estás pasando de beta a theta. Y eso quiere decir que pasas de un estado de «lucha o huida» (sistema nervioso simpático) a otro de «descansar y digerir» (sistema nervioso parasimpático). Todo, desde tu sistema inmunitario hasta tu digestión, funciona mejor cuando tu sistema nervioso parasimpático es el dominante con mayor frecuencia. Se producen menos cáncer e infartos. Y hay más sanación y salud.

LO QUE EL AVE PUEDE HACER POR TI

¿Qué puede ayudarte a tener la versión moderna, portátil, hogareña del AVE? Cuatro cosas:

1. Cuando está en la *configuración de onda cerebral theta*, el AVE puede ayudarte a entrar con más profundidad en tu propio cerebro subconsciente. Ésta es la razón principal por la que recomiendo el AVE. He descubierto que puede ayudar a las personas que manifiestan que tienen dificultades con otras prácticas basadas en el subconsciente para entrar en un estado theta profundo y maravilloso. Cuanto más profundamente entras en el subconsciente, más probable es que la positividad que escucharás en el paso 6 de la TVS arraigue en ti. Cuando tu cerebro subconsciente reciba esas sugestiones durante la TVS, las guardará para que alimenten a tu cerebro consciente en algún punto durante tu vida cotidiana. Dado que la TVS cambia la conectividad del cerebro, los comportamientos saludables «simplemente empiezan a ocurrir» sin que haya un pensamiento de por medio. Quizás antes de lo que esperas empezarás a alcanzar tus metas. ¿Te gustaría saber con cuánta rapidez puede ocurrir eso?
2. Cuando se coloca en la configuración de onda cerebral beta, el AVE puede ayudarte a estar más alerta. Algunos cerebros no tie-

nen ondas cerebrales beta suficientemente rápidas y, por lo tanto, tienen problemas para concentrarse y prestar atención. Me pregunto si una sesión de 10 minutos de ondas cerebrales beta antes de terminar un proyecto, escribir un artículo o hacer todo lo que has anotado en la lista de cosas pendientes podría ayudar a tu cerebro a concentrarse sin necesidad de un exceso de cafeína.

3. Cuando se pone en la configuración de onda cerebral alfa, el AVE puede ayudar a relajarte. La meditación está asociada con una onda cerebral alfa bastante lenta. Las personas que han practicado la meditación de atención plena y la hipnosis reconocerán elementos de ambas prácticas en la TVS. Aquellas que previamente han probado ambas prácticas con frecuencia afirman que la hipnosis se siente más profunda que la meditación. Esto se debe a que la hipnosis es ante todo theta y la meditación es sobre todo alfa. Pero alfa sigue siendo una onda cerebral maravillosamente relajante. ¿No te parece que una sesión de onda cerebral alfa de 10 minutos podría ser un descanso restaurador después de un largo día de trabajo?
4. Cuando se coloca en la configuración de onda cerebral delta, el AVE puede ayudarte a quedarte dormido de una forma natural. Como sabes, el cerebro pasa de unas ondas cerebrales rápidas a otras más lentas cuando se está quedando dormido: de beta a alfa a theta a delta. Theta es la onda cerebral de los sueños. Delta es la onda cerebral del sueño profundo, sin sueños. Un sueño reparador debería tener *ambas* ondas cerebrales: theta y delta.

Theta ya está presente todas las noches cuando sueñas. ¿No te parece mágico no tener que esperar a soñar para atraer este estado profundamente creativo? Ahora puedes invitarlo a entrar en tu cerebro cada vez que lo desees.

ALGUNAS CONSIDERACIONES

Es importante entender que, de la misma manera que un exceso de beta supone *demasiada rapidez*, un exceso de theta implica *demasiada lentitud*. Un exceso de beta está asociado al TEPT[3] y al dolor.[4] De manera que, si sabes que tu cerebro ya es demasiado «veloz» (por ejemplo, si sufres TEPT, dolor o ansiedad), entonces no necesitas usar la configuración de onda cerebral beta del AVE. En su lugar, utiliza las otras configuraciones más lentas en el AVE si estás haciendo una sesión aislada.

En el otro extremo del espectro, no es saludable permanecer en las ondas cerebrales theta todo el día. La FDA ahora reconoce que demasiada theta y muy poca beta está asociado con el TDAH. En 2013 se

3. Joki´c -Begi´c y D. Begi´c. «Quantitative Electroencephalogram (qEEG)», 351-355.
4. B. Bromm y J. Lorenz (1998). «Neurophysiological Evaluation of Pain», *Electroencephalography and Clinical Neurophysiology*, 107 (4): 227-253; y Chen, «New Perspectives», 147-159.

aprobó una prueba de EEG para ayudar a diagnosticar este trastorno.[5] Los estudios incluso respaldan las sesiones beta del AVE como una alternativa potencial a la epidemia de Adderall. En el caso de los estudiantes con cerebros que necesitan «acelerarse» y que utilizaron sesiones de ondas cerebrales beta del AVE, la falta de atención y la impulsividad disminuyeron y la puntuación en lectura mejoró.[6] Así pues, cualquiera que tenga un cerebro «perezoso» (por ejemplo, aquellas personas que padecen de síntomas similares al TDAH, depresión o fatiga) puede beneficiarse de una sesión de onda cerebral beta del AVE durante la mañana o al principio de la tarde. En general, los cerebros saludables, que han sanado, deberían ser flexibles y experimentar el tipo de ondas cerebrales apropiadas en el momento adecuado.

Si experimentas cualquiera de esos síntomas, te ayudaré a usar las sesiones de la TVS reforzadas con el AVE durante la noche para que puedas ver una versión de tu persona más feliz y más sana, mejorada con la onda cerebral theta. Mañana por la mañana puedes usar una sesión del AVE de onda cerebral beta. Y por la tarde puedes empezar a notar que toda la positividad que conseguiste la noche anterior empieza a alzar el vuelo.

Ahora bien, se ha dicho que tanto los ángeles como los demonios «viven» en theta. Eso quiere decir que, mientras que la gran mayoría de la gente encontrará una experiencia dichosa, espiritual y liberadora en el subconsciente, puesto que theta es un estado de ensueño en el que se almacenan recuerdos visuales, sumergirse en theta también puede significar que recuerdos traumáticos no procesados tienen el potencial de salir a la superficie. Si tienes un trauma severo que no ha sido tratado, recomiendo que acudas a un profesional de la salud autorizado que también tenga formación en la TVS o experiencia tratando traumas. Para las víctimas de violación o los supervivientes de la gue-

---

5. R. Lowes (15 de Julio de 2013). «First Brain-Wave Test for ADHD Approved by FDA», *Medscape*, www.medscape.com/viewarticle/807869
6. M. Joyce y D. Siever (2000). «Audio-Visual Entrainment Program as a Treatment for Behavior Disorders ina School Setting», *Journal of Neurotherapy*, 4 (2): 9-25.

rra, pasar por esto solos puede ser atemorizador. Un profesional puede ayudar a «contenerte» con métodos avanzados cuando esos recuerdos traumáticos llegan a tu mente.

Dicho esto, recuerda que *theta es la mejor manera que tiene el cerebro de borrar recuerdos dolorosos si realmente quieres liberarte de ellos.* El mero hecho de que no seas consciente de que hay monstruos encerrados en el sótano, no quiere decir que no te vayan a afectar. Medicarte con alcohol o tratar los síntomas con antidepresivos o con Xanax sin una TVS jamás va a sanar la causa del trauma. La TVS puede encargarse de esto (especialmente la TVS avanzada con un profesional de la salud autorizado).

Theta es la mejor manera que tiene el cerebro de borrar recuerdos dolorosos si realmente quieres liberarte de ellos.

Cuando no usar el AVE

No uses la configuración beta, que es estimulante, durante la noche, dado que puede impedir que duermas bien.

Si algunas vez te han diagnosticado el trastorno bipolar, no utilices la configuración beta. Teóricamente, podría empujar al cerebro a la manía o hipomanía.

El AVE no debería ser utilizado por personas con epilepsia fotosensible. Si alguna vez has experimentado un ataque desencadenado por luces destellantes, no utilices este aparato. En su lugar, las personas con epilepsia pueden usar el método 3/12/7.

Si padeces migrañas sensibles a la luz, observa si puedes tolerar el AVE con la configuración de luz más suave. O puedes emplearlo sólo con auriculares y sin las gafas. Otra alternativa es colocar un pañuelo de papel entre las gafas y sus párpados para comprobar si puedes tolerar una pulsación de luz muy suave.

Si tienes una lesión cerebral o una enfermedad mental severa, antes de usar el AVE consulta con tu neurólogo o con otro médico que te esté tratando.

ESA MARAVILLOSA SENSACIÓN

La gente suele preguntar qué se siente con la TVS reforzada con el AVE. Al igual que la TVS en sí misma, es algo tan poderoso que es difícil de explicar a menos que lo hayas experimentado por ti mismo. Pero permíteme describir la experiencia comparándola con algo que probablemente hayas sentido.

Una sesión beta hará que te sientas como si te hubieras tomado un café muy cargado. ¡Caramba! ¡Ahora sí que estoy despierto! Una sesión alfa hará que te sientas como si hubieras tomado una infusión de manzanilla. *Ahora me siento más relajada...* Una sesión theta hará que te sientas como si te hubieras quedado atónito viendo el espectáculo de luces y sonidos más artístico que hubieras contemplado jamás. Tu cuerpo y tu cerebro se liberan de toda tensión y de toda preocupación. *Mi cuerpo se siente tan relajado... Y... ni siquiera me acuerdo qué era lo que tanto me preocupaba antes de iniciar esta sesión.* Y una sesión delta hará que te sientas como si acabaras de despertar de una siesta, o hará que comiences una. *Zzzzz...*

¿Y el método 3/12/7 frente al AVE? ¿Debería someterme sólo a la TVS o es necesario que haga la TVS reforzada con el AVE? Cada uno de ellos tiene sus propios beneficios. El método 3/12/7 es gratuito, mientras que el AVE requiere que inviertas en un aparato. Para maximizar la activación del cerebro subconsciente, utiliza el método 3/12/7 con una sesión de onda cerebral theta del AVE.

El beneficio especial del AVE es que ayuda a muchas personas que han entrado *bastante* profundo en el subconsciente con el método 3/12/7 a entrar aún más profundo. Cuanto más se activa el cerebro subconsciente, más van a permanecer en tu cerebro subconsciente las ideas que aparecerán durante la TVS y los comportamientos llegarán con mayor facilidad.

¿No sería maravilloso que una sugestión optimista plantada durante una sesión de la TVS creciera sin esfuerzo, como una plántula que brota repentinamente de la tierra? Por ejemplo, esta noche, en una grabación de la TVS, podrías escuchar lo seguro de ti mismo y relajado que estarás durante la próxima presentación que harás en tu trabajo. Entonces, durante la presentación de mañana, notarás súbitamente que una sensación de calma se extiende por todo tu cuerpo. ¿De dónde *procede?*

Quizás te diga que cada vez que veas un cigarrillo o un donut, te acordarás de una persona en tu vida que te hizo sentir increíblemente apoyado. Te llega un pensamiento: *Lo tengo bajo control.* ¿Cómo ha llegado a tu cerebro? Nunca antes habías pensado *eso.* O ignorarás los desencadenantes por completo. Incluso puedes modificar tu cerebro para que haga que los dónuts tengan un sabor como de asiento de inodoro, si realmente quieres acabar con ellos.

El AVE también puede ser utilizado con otros propósitos. En las configuraciones beta, alfa y delta, es un tratamiento individual beneficioso, libre de medicamentos, para ayudar a la concentración, la relajación y a dormir bien, respectivamente. Aunque tienes que *comprar* un aparato de AVE, es un gasto que harás una sola vez. Entonces, si el AVE reemplaza toda una vida de fármacos, en realidad, a la larga, ahorrarás dinero. Y lo que es más importante aún: puede evitar la necesidad de tomar medicamentos.

El AVE incluso puede ayudar a mejorar la neuroplasticidad (la habilidad de tu cerebro para cambiar y reorganizarse), lo cual lo convierte en una estrategia efectiva de largo plazo para la salud cerebral.[7] Como probablemente advertirás, aprovechar el estado de tu cerebro puede ser una forma poderosa y natural de cambiar el modo en te sientes, sin medicación. No es de extrañar que tantas personas se sientan aliviadas y emocionadas al conocer las habilidades del cerebro subconsciente.

UTILIZAR EL AVE

El aparato del AVE que recomiendo en mi página web tiene diferentes configuraciones de intensidad, de manera que puedes maximizar o minimizar la luz y el sonido. Si eres extremadamente sensible a la luz y sufres cefaleas o migrañas, colocar un pañuelo de papel detrás de las

---

7. J. A. Frederick *et al.* (2005). «EEG Coherence Effects of Audio-Visual Stimulation (AVS) at Dominant and Twice Dominant Alpha Frequency», *Journal of Neurotherapy,* 8 (4): 25-42.

gafas del aparato suaviza el efecto visual. Si tienes alguna discapacidad visual, o eres ciego, o tienes problemas de audición, o eres sordo, el AVE funcionará sólo con el sonido o sólo con la luz. No obstante, es más efectivo si puedes utilizar la luz *y* el sonido. Emplea el método 3/12/7 al mismo tiempo que el aparato del AVE en la configuración de onda cerebral theta para potenciar la activación del cerebro subconsciente. La mayoría de la gente prefiere mantener el aparato encendido durante toda la sesión. Sin embargo, a algunas personas simplemente les gusta utilizar el AVE para que las ayude a activar el cerebro subconsciente y luego prefieren apagar el aparato en algún momento durante la práctica de la TVS.

Existen varias maneras de utilizar los auriculares que se incluyen en el aparato y, al unísono, escuchar las grabaciones de la TVS. Emplea altavoces externos para escuchar la grabación de la TVS y los auriculares para el aparato del AVE. O usa dos juegos de auriculares, uno para el AVE y otro para la TVS: uno de los que se colocan sobre las orejas para el AVE y otro de los que se ponen dentro de los oídos para la TVS. Si lo prefieres, también puedes utilizar las gafas del aparato sin los auriculares, como una opción únicamente visual, con la TVS.

ENTRENAR A TU CEREBRO EN INTERVALOS

Si te interesa cuidar de tu cerebro, me imagino que también deseas cuidar de tu cuerpo. Si has leído mis libros *The Brain Fog Fix* o *Heal Your Drained Brain*, probablemente ya tengas una comprensión profunda del hecho de que cuidar de tu cuerpo y de tu cerebro son dos cosas que van de la mano, y tienes algún conocimiento práctico de las maneras de hacerlo. Ambos libros ofrecen métodos y explican cómo las vitaminas y los aminoácidos ayudan a la producción de neurotransmisores.

La conclusión es que quieres que tu cerebro, del mismo modo que tu cuerpo, sea como un atleta olímpico que realiza un entrenamiento a intervalos, con breves arranques de esprints a tope entre períodos de baja intensidad. Ese tipo de entrenamiento ayuda a que el sistema cardiovascular del atleta mejore y se vuelva más flexible. Entonces, el cuerpo es capaz de realizar esprints rápidos, carreras de resistencia o cualquier cosa que se requiera durante una carrera. Por la misma razón, deseas que tu cerebro sea capaz de alternar entre las ondas cerebrales beta que corren a toda velocidad y las ondas cerebrales theta que caminan tranquilamente.

En términos generales, es bueno hacer ejercicio, pero si hicieras esprints durante dieciocho horas al día, sería malo para tus articulaciones. De hecho, *aceleraría* el envejecimiento en lugar de prevenirlo. Dormir también es maravilloso, pero dormir demasiado puede ser malo. No querrás dormir cuatro horas al día, pero tampoco querrás dormir catorce horas al día, ¿verdad? Ocho horas podrían ser *lo adecuado*. El mismo concepto se aplica a tus ondas cerebrales. Debe haber un equilibrio en las ondas cerebrales: ni demasiada velocidad ni demasiada lentitud, sólo lo adecuado. Y como alguien que realiza un entrenamiento de intervalos, puedes aprender a subir y bajar. Quedarte «atrapado» en cualquiera de los extremos del espectro puede impedirte alcanzar tu verdadero potencial (y la TVS te ayuda a conseguir tu potencial). Si tu cerebro tiene dificultades con la transición inversa, quizás tengas problemas para concentrarte o para organizarte para una presentación importante en el trabajo. La belleza de una TVS reforzada con el AVE es que también puedes usarla como una herramienta complementaria para acelerar el cerebro o para ralentizarlo, dependiendo de lo que necesite.

Cuando tienes que hacer una presentación en el trabajo, ¿no sería genial permitir que tu cerebro hiciera un esprint? Y cuando necesitas ser más creativo, ¿no sería mágico recurrir al subconsciente? Ése es tu cerebro bajando la velocidad hasta un paso lento mediante la generación de ondas cerebrales theta. Eso es lo que la TVS reforzada con el AVE puede hacer por tu cerebro.

Antes de lo esperado, tu cerebro se volverá más flexible con la TVS reforzada con el AVE. Con la habilidad de hacer un esprint y luego detenerse casi de inmediato, ¿qué logros extraordinarios te ayudará *tu* cerebro a alcanzar?

PARTE II

Hacer que la TVS trabaje para ti

CAPÍTULO 7

TVS para liberar

¿Con qué objetivos necesitas ayuda? ¿Qué cambios psicológicos, físicos, espirituales o profesionales quieres lograr? La mayoría de las personas que aprenden a usar la TVS la utilizan para que las ayude a alcanzar una serie de logros increíbles: desde la salud hasta la riqueza. En este capítulo y en los siguientes, te ayudaré a que la TVS trabaje apuntando específicamente a un objetivo distinto. Después de todo, la TVS es un enfoque holístico.

Recuerda que el subconsciente tiene acceso a partes del cerebro a las que otras herramientas no acceden. El cerebro subconsciente puede regular el dolor, la digestión y el sistema inmunitario, y, por lo tanto, puede sanar y optimizar el organismo. Al ayudarte a sentirte relajado y seguro de ti mismo, el subconsciente puede ayudarte a cerrar acuerdos de negocios millonarios y a entrenar a un equipo infantil de béisbol. Si lo deseas, el cerebro subconsciente puede apoyarte en tu vida espiritual. Se ha dicho que en las ondas cerebrales theta se encuentran «los ángeles», de manera que incluso puedes usar tu cerebro para recargar tu alma. Las ondas cerebrales theta del subconsciente te permiten también acceder al pasado, para que puedas entenderlo y liberar cualquier cosa que no te sirva. Eso es lo que te ayudaré a hacer en este capítulo.

Conexiones espirituales

¿Quieres potenciar tu práctica espiritual? Si conectas con lo divino a través de la meditación, la oración, formas religiosas u otros rituales, la TVS puede profundizar tu práctica y tus conexiones espirituales. En el apéndice, puedes encontrar ideas y una práctica relacionada con la TVS.

Me pregunto si tu cerebro subconsciente ya ha empezado a conspirar a tu favor. Sin que tú seas consciente de ello, probablemente ya sepa en qué objetivo le gustaría que te concentraras en primer lugar, en segundo lugar, y así sucesivamente. ¿No es reconfortante saberlo? Empezaremos soltando, porque con mucha frecuencia liberar los viejos patrones, comportamientos, pensamientos y emociones es la base para otras transformaciones.

POR QUÉ DEBEMOS SOLTAR

Soltar es una lucha universal. Las relaciones se deterioran. Los negocios fracasan. Las pérdidas inesperadas nos asustan. Y cuando eso ocurre, el volumen del «pequeño comité» en tu cerebro consciente sube. Ese «comité» hace que te desprendas de esa seguridad en ti mismo fresca, serena y despreocupada que solías tener. Permaneces atascado en los patrones de pensamiento trampa, los sentimientos y las acciones que bloquean tu potencial a largo plazo. Aprender a soltar (y realmente hacerlo en la práctica) puede parecerte una batalla interminable, en especial porque, por lo general, utilizas tu cerebro consciente para superar o transformar algo de tu pasado que está alojado en tu cerebro subconsciente. Es como pedirle a un matemático que recite a Shakespeare.

La TVS es tan efectiva porque usa a tu subconsciente para revelarte dónde estás atascado y qué recuerdos están vinculados a eso. Emplear la TVS es como pedirle a tu artista interior que recite un soneto. Entonces, la TVS te ayuda a redefinir el pasado y crear un futuro más saludable y más feliz. ¿No te gustaría experimentar la libertad de soltar?

En unos minutos, empezaremos oficialmente el viaje de la TVS de soltar retrocediendo en el tiempo. El cerebro subconsciente te proporcionará las llaves para abrir las puertas de tu pasado. Si lo deseas, puedes entrar en habitaciones que habías olvidado por completo. O, cuando estés preparado, puedes acceder a estancias que habían permanecido cerradas.

¿Recuerdas que el subconsciente cuida de nosotros? Quizás te sorprenda descubrir que el subconsciente también sabe cuándo estás preparado para ver un recuerdo. Es entonces cuando te da acceso. La supresión de recuerdos es parte de la magia del cerebro subconsciente. En muchos sentidos, tu cerebro subconsciente es la madre interior de tu niño o niña interior.

Si tu cerebro subconsciente te da la llave para acceder a un recuerdo, las lentas ondas cerebrales theta permiten que el botón de *play* en tu cerebro funcione mejor para que puedas verlo todo en mayor detalle, de una forma más visceral. Es posible que experimentes visiones, sonidos y olores como si realmente se estuvieran manifestando en el presente. Para «reprocesar» un recuerdo de manera factible (y eliminarlo de tu cerebro), esto es lo que debes hacer. No lidies con el recuerdo automedicándote o evadiéndolo; pasa a través de él.

Algunas personas me preguntan: «¿Por qué querría retroceder en el tiempo? ¿Tengo que volver a experimentar una ruptura sentimental o un negocio que fracasó?». La respuesta es sí (si esa experiencia todavía te está perturbando o impidiéndote avanzar de alguna manera). Pero ése no es el único motivo. Con frecuencia, los pacientes que no saben conscientemente que, de alguna manera, un recuerdo les está impidiendo avanzar descubren que el cerebro subconsciente ha estado presente.

Volver atrás en el tiempo es la manera de desalojar un recuerdo que está instalado en tu cerebro y que tiene una carga emocional. Piensa en ello como si estuvieras reiniciando tu ordenador cuando el navegador de Internet se cuelga y te impide usar el Word –tú obsesionándote con tu ex (el navegador que se ha colgado) cuando deberías concentrarte en tu trabajo (Word)–. En este caso, debes retroceder en el tiempo para pensar en esa ruptura (pero sólo durante unos minutos). Entonces, la experiencia subconsciente potenciada te liberará.

Si tienes un pasado feliz

Algunas personas me preguntan: «Pero ¿y si mi pasado fue feliz? ¿Aun así necesito leer este capítulo?». Sí. Este capítulo puede ayudarte a entender cómo encajan todos los recuerdos olvidados, los cuales te han convertido en la persona increíble que eres hoy. Además, ¿acaso no es agradable revivir nuestros mejores recuerdos? El cerebro subconsciente se concentra en lo que está bien en ti. El subconsciente puede recordarte quién eres y por qué. Puede ayudarte a responder a estas preguntas: ¿quién soy?, ¿para qué estoy aquí?, ¿cómo puedo dar un buen uso a mis mejores dones en este mundo?

Las ondas cerebrales theta que tu cerebro subconsciente genera intervienen en la formación y la recuperación de recuerdos[1] y tienen un papel en la modulación de recuerdos con carga emocional en las personas traumatizadas.[2] De manera que también editaremos esos archivos de la memoria. Aquí, el subconsciente es el programa que un director utiliza para unir escenas caras en un ordenador. ¿Recuerdas cuando Leonardo DiCaprio y Kate Winslet (dos actores que utilizamos en otras metáforas basadas en el cerebro subconsciente) estuvieron juntos en la película *Titanic*?

---

1. U. Rutishauser et al. (abril 2010). «Human Memory Strength Is Predicted by Theta Frequency Phase-Locking of Single Neurons», Nature, 464: 903-907; y M. E. Hasselmo (12 de septiembre de 2005). «What Is the Function of Hippocampal Theta Rhythm? – Linking Behavioral Data to Phasic Properties of Field Potential and Unit Recording Data», *Hippocampus*, 936-949.
2. D. Begi´c et al. (abril de 2001). «Electroencephalographic Comparison of Veterans with Combat-Related Post-traumatic Stress Disorder and Healthy Subjects», *International Journal of Psychophysiology* 40 (2): 167-172.

Imagina al escritor/director James Cameron filmando a esos actores en un estudio insonorizado. Cameron piensa en lo que quiere que digan y luego edita la filmación, decidiendo qué escenas se conservan y cuáles no. No estaban realmente en el *Titanic* en medio del océano, pero para ti, el espectador en ese gran cine, realmente *se ve, suena* y *se siente* como si estuvieran ahí, ¿no es verdad? Claro que una parte de ti *sabe* que sólo estás viendo una película. Y otra parte de ti *siente* que estás viendo a dos personas en medio del océano mientras el agua entra en un barco que se está hundiendo.

Entonces, ahora eres James Cameron. Ahora escribes y diriges. Decides qué escenas se mantienen y cuáles no. Si lo deseas, puedes editar las escenas. Reescribir el diálogo de Leo. Jack no le diría eso a Rose. En su lugar, le diría... Cambia el filtro. Toma algunas secuencias de archivo para que parezca que has filmado todo en Grecia, si quieres. Haz que se vea todo más bonito, más soleado. Es verano. ¿Demasiado ruido? Baja el volumen. ¿Te gustaría ver el recuerdo de una forma más optimista, orientada a la fortaleza o al crecimiento? ¿Una mentalidad distinta te ayudaría a ser más productivo? Bueno ¿te he comentado que Oprah forma parte del personal como escritora principal? Sí, está escribiendo tu diálogo interno para ti. O puedes contratar al gurú inspirador de tu agrado. De hecho, puedes visualizar cualquier cosa que quieras... cualquier cosa. Ésta es tu película.

La parte racional de tu persona seguirá sabiendo que las cosas no ocurrieron como las estás editando. Sigues sabiendo dónde vive tu ex o que no cerraste ese negocio (del mismo modo que sabías que Leonardo DiCaprio seguía vivo cuando saliste del cine). Pero la parte de tu cerebro que almacena los recuerdos basados en los sentidos, que se aferra a los resentimientos o que se deja abrumar por las emociones se sentirá más libre.

LA BIOLOGÍA DE LA TVS EN EL SOLTAR

El audio que grabarás a partir del guion de este capítulo incorpora también algo llamado estimulación bilateral. Se trata del paso 3 de la TVS.

La estimulación bilateral consiste en simplemente alternar la estimulación izquierda-derecha en cada lado de tu cuerpo. Cualquier cosa que sientas en el lado derecho de tu cuerpo se corresponde con el lado izquierdo de tu cerebro y viceversa. Entonces, en el nivel básico, la estimulación bilateral de tu cuerpo activa ambos lados del cerebro.

La TVS es la primera técnica que combina de manera formal el poder sanador del cerebro subconsciente con la estimulación bilateral. En mi consultorio, he utilizado estas tres modalidades para tratar los traumas: sólo hipnosis clínica, sólo tratamiento bilateral[3] y la TVS (que combina elementos de ellos con la TCC, la visualización y la atención plena). No es sorprendente que haya descubierto que la TVS es la más efectiva de las tres.

A través de los guiones y en el audio, también alentaré suavemente el movimiento ocular de lado a lado durante el paso 3. Lo interesante es que la mayoría de la gente hace esto espontáneamente una vez que su cerebro subconsciente se ha activado, y esto es parte de la fase REM del sueño. Una grabación con tonos de audio de izquierda-derecha (puedes encontrar algunos en YouTube) puede ser un buen «respaldo» para las personas que no tienen movimiento ocular izquierda-derecha. Quizás estés pensando: «¿Cómo es que el movimiento ocular de lado a lado o alternar tonos de audio de izquierda-derecha-izquierda-derecha me van a ayudar a dejar ir una ruptura sentimental desagradable o un negocio que fracasó?». Aguanta un poco mientras profundizo más en esta ciencia del cerebro.

Si vives una ruptura desagradable o un mal negocio, es posible que te preocupes o que sientas ansiedad. El centro emocional en los cerebros de las personas que han pasado por eventos traumáticos está de-

---

3. He utilizado con frecuencia el método del Dr. Spiegel (el libro de Herbert y David Spiegel *Trance & Treatment. American Psychiatric Publishing*, 2008) para la hipnosis con mis pacientes, y me di cuenta de que movían espontáneamente los ojos de un lado al otro –ése fue mi momento de revelación acerca de la estimulación bilateral–. Además, recibí una formación formal en terapia de resolución acelerada, que utiliza la estimulación bilateral.

masiado activo,[4] lo cual significa que la parte emocional y visual basada en los recuerdos de tu cerebro es demasiado dominante. Esto, ciertamente, aumenta la probabilidad de que permanezcas atascado en uno de los siete patrones de pensamiento trampa que ya conoces. Quizás te quedes atascado en la *parálisis por análisis:* no puedes dejar de preocuparte, reviviendo la experiencia angustiosa, y eso te impide avanzar. La parte racional y verbal de tu cerebro (el lado izquierdo) está poco activa.

Como sabes, por lo general el subconsciente activa el lado *derecho* del cerebro. Pero la estimulación bilateral está subiendo al lado *izquierdo*. Es interesante saber que cuando activas el lado izquierdo del cerebro, esto ayuda a hacer que disminuya la actividad de un lado derecho excesivamente activo. La investigación con EEG halló que esto es lo que la estimulación bilateral hizo en los pacientes que estaban siendo tratados por TEPT.[5] En realidad estamos *equilibrando* tu cerebro para que puedas procesar cognitivamente y comprender lo que experimentaste, incluso si no eres consciente de estos cambios. Si has visto alguna película estereotípica sobre un veterano de guerra con TEPT, habrás visto a un hombre que experimenta *flashbacks* de Vietnam, que no está dispuesto a hablar de su experiencia y que tiene una tendencia a automedicarse con alcohol (eso es demasiado cerebro derecho y muy poco cerebro izquierdo). La buena noticia es que ese veterano de Vietnam (o cualquier superviviente de un trauma que experimenta *flashbacks* o síntomas sensoriales) tiene un cerebro que responde con más rapidez a las técnicas orientadas al subconsciente que los cerebros de las personas que no tienen esos síntomas.[6]

---

4. J. D. Bremner (1 de abril de 2007). «Functional Neuroimaging in Post-traumatic Stress Disorder», *Expert Review of Neurotherapeutics,* 7 (4): 393-405.
5. M. Pagani *et al.* (2012). «Neurobiological Correlates of EMDR Monitoring – An EEG Study», *PLOS One,* 7 (9): e45753.
6. E. Cardeña (2000). «Hypnosis in the Treatment of Trauma: A Promising, but Not Fully Supported, Efficacious Intervention», *International Journal of Clinical and Experimental Hypnosis,* 48 (2): 225-238.

Tras un breve período de activación del cerebro izquierdo, puedes pasar con relajación a la dominancia del hemisferio derecho para los siguientes pasos de la TVS. El hemisferio derecho es maravilloso cuando te ayudo a incorporar elementos de la visualización guiada y el ensayo cognitivo para ver cómo se desarrolla tu futuro. Una vez que tu cerebro ha «borrado» o «editado» los recuerdos de las partes emocional y sensorial de tu cerebro, es más fácil dejarlo atrás y seguir adelante. Me pregunto si te percatarás de otro fenómeno fantástico: después de la estimulación bilateral, tus ondas gamma aumentan (sí, para proporcionarte más momentos de revelación).[7] ¡Esa relación me ha enseñado algo! Ese negocio no era el adecuado para mí... estaba actuando movido por el miedo».

Entonces, en primer lugar, con la ayuda de las ondas cerebrales theta, el subconsciente descubre un recuerdo al que estás preparado para acceder. Luego, la estimulación bilateral te ayuda a entender tu experiencia (dando brevemente una mayor relevancia al lado lógico, racional, del cerebro). A continuación, es posible que te des cuenta de lo que debías aprender de esa mala relación o ese negocio que fracasó (con la ayuda de esas ondas cerebrales gamma). Por último, los pasos 4 al 7 vuelven a trasladar la actividad cerebral al lado derecho del cerebro mientras visualizas cómo se desarrolla tu mejor vida.

Cuando dispongas de treinta o cuarenta minutos, lee las instrucciones para el paso 1 en las siguientes páginas, grábate leyendo el guion correspondiente a «TVS para liberar» y luego escucha ese audio. Normalmente recomiendo practicar la TVS al final del día para que tener la posibilidad de permanecer en un estado mental de relajación o incluso quedarse dormido después de la práctica. Si utilizas la TVS durante el día, entonces usa el guion opcional para volver a estar alerta seguido de unos cuantos saltos en tijera, movimientos de los dedos de las manos y los pies, y luego sal a dar un paseo alrededor de la manzana si vas a conducir.

---

7. Pagani *et al.* «Neurobiological Correlates», e45753.

TVS PARA LIBERAR

Hagamos un breve repaso: la TVS consta de siete pasos, la mayoría de los cuales requieren tu permiso y tu participación. Ahora volverás a hacer el paso 1, ya que está específicamente relacionado con el soltar. Luego, los pasos 2 al 7 se desarrollarán como una práctica continua dentro del audio. He incluido el guion para soltar como una guía para las personas que se están formando en la TVS o para que lo memorices más adelante, cuando estés listo para personalizar tu propia práctica de la TVS.

Paso 1: considerar el consciente.
Paso 2: activar el subconsciente.
Paso 3: revisar el pasado.
Paso 4: mejorar el presente.
Paso 5: crear el futuro.
Paso 6: plantar positividad.
Paso 7: tender puentes.

SUELTA TANTAS VECES COMO LO NECESITES

Cada vez que te encuentres atascado o volviendo a los patrones de pensamiento trampa, practica este guion de la TVS para volver a conectar con tu cerebro subconsciente e incorporar más cambios en tu vida consciente cotidiana. De hecho, cuanto más actives tu cerebro subconsciente, más ayudará a tu cerebro consciente a llevar esos cambios a la acción. Dado que la TVS para liberar es fundamental para muchos problemas profundamente arraigados, te sugiero que utilices esta práctica al menos dos veces esta semana y que vuelvas a ella cada vez que experimentes algo que los vuelva a activar. En tan sólo dos semanas, es posible que notes que te has liberado de los patrones trampa que solían tenerte cautivo. A medida que tu vida continúe cambiando, habrá nuevos elementos estresantes que tendrás que soltar. Como médico con experiencia en la TVS, serás más experto en soltar la negatividad con rapidez. ¿No es agradable saberlo? Al igual que la meditación, la TVS hace que el cerebro y el cuerpo pasen del estado de «lucha o huida» al estado de «descansar y digerir». Así pues, practicarla con regularidad también tiene beneficios para la salud en general. He incluido el guion para dejar ir como una guía para los médicos que se están formando en la TVS y para las personas que desean memorizar el guion de la TVS para poder practicarla sin los audios guiados.

PASO 1: CONSIDERAR EL CONSCIENTE

En el capítulo 3 escribiste los tres patrones de pensamiento trampa que te más te impiden avanzar. Ahora, vuelve a esos patrones de pensamiento (*véase* pág. 73). En relación con alguna situación que quieres superar, ¿qué mantra trampa o negativo es el que más te impide avanzar? (consulta la página 74). Anótalo aquí:

Tipo de patrón de pensamiento trampa: ____________________

____

que, para mí, es un pensamiento algo semejante a: ____________

____

Ahora que tu cerebro consciente sabe lo que tiene que cambiar, permite que tu poderoso cerebro subconsciente decida cómo lo va a hacer.

PASOS DEL 2 AL 7 DE LA TVS PARA LIBERAR

Recordatorio: tú eres el observador de todo lo que se desarrolla aquí, así que recuerda que puedes usar esta técnica poco a poco. El cerebro subconsciente te mostrará tan sólo aquello que estás preparado para ver. El subconsciente siempre tiene el poder de bajar el volumen o minimizar el tamaño de cualquier cosa que te ayude a visualizar.

Cuando accedes a recuerdos, es posible que los sientas muy reales, pero el subconsciente en su constante misión de cuidar de tus mejores intereses sabrá si necesita distanciarte de alguna cosa que estés viendo, oyendo y experimentando. ¿No es agradable saber que siempre tienes el poder de centrarte como el observador de este proceso de sanación? Además, tienes el poder de silenciar la «película», minimizar la pantalla o cerrar del todo la escena en cualquier instante. ¿No es bueno saber que tienes el control en todo momento? Recuerda, tu subconsciente es el responsable de tu instinto y tu intuición, de manera que tiene un profundo sentido de lo que es adecuado para ti.

Ahora encuentra una postura cómoda para estar sentado. Estar relajado hace que este proceso sea más fácil y más profundo. Si la TVS hace que tengas sueño, entonces te quedarás dormido con facilidad más tarde. Para la práctica inicial, escuchar el audio «TVS para liberar» es la manera más fácil comenzar.

Te invito a que empieces simplemente dejando que tus ojos se cierren mientras te instalas en este espacio de sanación seguro y relajado. Mientras te instalas en este cómodo estado de relajación profunda, me pregunto qué parte de tu cuerpo sientes que está más relajada.

Ya sabes cómo activar el cerebro subconsciente... y lo volveremos a repasar en unos momentos. Deja que nuestro viaje comience ahora con un poco de atención plena. Invítate (sin juzgar nada) simplemente a observar lo que está en tu mente... aquí y ahora. ¿No es interesante observar tus pensamientos de esta manera? Incluso puede ser relajante y reparador. Observar tus pensamientos es una manera estupenda de iniciar este viaje del soltar.

Ahora, poco a poco, centra tu atención en los sonidos... mientras invitas a tus oídos a que se fijen en tres sonidos que estés oyendo aquí y ahora. Eso es. Podría ser reconfortante empezar con el sonido más fuerte que puedas percibir en este momento. Ahora, encuentra un sonido que no sea ni fuerte ni suave. Me pregunto cuál es el sonido más tenue que puedes oír... ¿Puedes escuchar tu respiración? Eso es. Perfecto.

Ahora invita a tus ojos a que se fijen en dos colores que puedas ver... incluso con los ojos cerrados. El primero está directamente delante de ti... y luego, al inspirar, ¿qué color puedes ver cerca de la coronilla de tu cabeza mientras haces rodar tus ojos hacia arriba, arriba, arriba?

En la siguiente exhalación, deja que tus ojos floten hacia abajo, abajo, abajo... y ahora deja que los ojos simplemente se relajen mientras cualquier tensión que pueda quedar se aleja flotando. Sí, eso es. Y ahora te invito a que realmente sientas una respiración. Deja que la respiración te respire. ¿Puedes sentir que la respiración te mece? ¿Puedes sentir el lugar en el que la respiración es de lo más placentera o de lo más relajante? Deja que esa sensación agradable o relajante se extienda por todo el cerebro y el cuerpo. Eso es. Perfecto.

Mientras sintonizas con tus sentidos en este momento presente, probablemente descubras que los juicios, el escrutinio y las defensas del consciente se empiezan a alejar. Y te acuerdas de que el subconsciente siempre está velando por ti; ve tu mayor potencial hoy y las posibilidades que puedes esperar con ilusión mañana. A lo largo de este proceso de sanación es posible que encuentres que las imágenes y los recuerdos son más intensos y reales cuando los ves a través de la lente del subconsciente. Te invito a que en este momento le envíes al subconsciente el mensaje de que hoy sólo vas a ver, oír y experimentar lo que estás preparado para ver, oír y experimentar. Llama al subconsciente ahora y pídele suavemente que te ayude de la manera que más lo necesites hoy. ¿No es agradable saber que tu subconsciente está actuando a tu favor y siempre sabe lo que necesitas sanar y desarrollar?

Tienes la sensación de que este viaje va a ser seguro y sanador. Visualiza doce escalones delante de ti. Perfecto. Cuando desciendas por cada uno de ellos, tendrás la sensación de que tu cuerpo realmente está descendiendo. Cuando eso ocurra, notarás también que tu mente está cada vez más relajada. Ahora te invito a que desciendas un escalón. Eso es.

12. ¿Qué pie está dando este primer paso? ¿Es el pie izquierdo... o es el derecho? Mientras sientes que tu cuerpo desciende, nota que te invade una pequeña (o gran) sensación de relajación. Eso es.

11. Ahora siente cómo el otro pie desciende un escalón más en la escalera. Deja que esta relajación profunda sane tu mente... o relaje tu cuerpo.

10. Simplemente permite que el cuerpo se tome todo el tiempo que necesite. Muchas personas perciben que su respiración se vuelve más lenta y relajada. Me pregunto si estás notando que tu respiración desciende a tu abdomen como lo hace cuando el subconsciente comienza a tomar el relevo. Eso indica que estás más relajado. Cuando la respiración se hace más lenta, la mente se calma.

9. El otro pie está dando el siguiente paso ahora, y me pregunto si puedes sentir realmente que tu cuerpo está descendiendo. Y mientras lo haces, te sientes más despreocupado, sereno y cómodo.

8. Quizás ahora estés notando, antes de lo que esperabas, que esta relajación puede ayudarte a soltar cualquier tensión que exista en tu cuerpo. Y cuando eso ocurre, tu mente puede soltar fácilmente cualquier remanente de pensamientos conscientes o preocupaciones. Eso es. Bien.

7. Ahora vas más profundo todavía. Es como si cada escalón que desciendes por la escalera te ayudara a estar dos o tres veces más relajado y descansado de lo que estabas en el escalón anterior. Y cuando eso ocurre, me pregunto si notas lo agradable que se siente. Perfecto.

6. Ya estás a medio camino. Eso es. Ahora sueltas un poco más. ¿No es una sensación relajante? Te mereces este descanso. Haces muchas cosas en tu vida diaria, ¿no es así? No hay nada que te moleste, no hay nada que tengas que hacer ahora.

5. Ya casi has llegado y es posible que notes que la mente incorpora esa cualidad relajada de «muñeco/a de trapo» que posiblemente estés sintiendo ahora en el cuerpo. Ya no tiene que hacer nada. No sé si ya habrás empezado a sentir como si aquí hubiera algo que estabas destinado/a a encontrar o si lo hallarás un poco más adelante. En cualquier caso, puede ser increíble tener este momento para descansar, relajarte y recargarte.

4. Sientes cómo el otro pie baja un escalón más y es posible que notes que un maravilloso estado como de ensoñación se apodera de ti (ahora o en algún momento a lo largo de este viaje). Y tienes la sensación de que todo lo que vas a experimentar va a ser sumamente sanador. ¿No es agradable saberlo?

3. Ya casi has llegado. Eso es. Lo estás haciendo muy bien… y acabas de empezar.

2. El penúltimo escalón. Perfecto. Al dar este paso te sientes dos, o quizás tres veces más sereno y relajado que en el paso anterior, como si estuvieras soñando.

1. Ahora estás notando... hasta dónde ha llegado la relajación en el cerebro y en el cuerpo. Tómate todo el tiempo que desees para disfrutar de la experiencia que estás sintiendo. Eso es. Muy bien.

Ahora que has sentido cómo tu cuerpo descendía por la escalera, es probable que hayas notado que el cerebro empezaba a ralentizarse hasta alcanzar un estado de relajación sanadora.

Dentro de unos instantes sentirás que el cuerpo comienza a flotar hacia arriba mientras tu consciencia empieza a expandirse y yo cuento del uno al siete. Mientras ocurren estas dos cosas (el cuerpo flotando y la consciencia expandiéndose) es posible que notes una sensación aún más profunda de paz y relajación.

Mientras el cuerpo flota, muchas personas también advierten que tienen más calor, como si estuvieran tomándose un baño caliente o flotando en el mar un día de verano. A medida que vayas practicando más, es posible que incluso sientas que pierdes el sentido temporal y espacial. Quizás incluso descubras que, si lo deseas, puedes crear una sensación de «salir» del cuerpo físico durante este momento de sanación que te has concedido. Si te sientes cómodo/a, quizás desees ver cómo tu consciencia sale del cuerpo físico como una experiencia momentánea extracorpórea. Tu consciencia regresará sin esfuerzo y con facilidad cuando termines esta práctica. De hecho, estarás más presente que antes.

Contando ahora:

1. El cuerpo flota.

2. La consciencia asciende y se expande, y ahora es más grande que el cuerpo.

3. El cuerpo se vuelve más liviano y está más caliente.

4. La consciencia está ascendiendo y expandiéndose aún más y ahora llena la habitación.

5. El cuerpo ahora no pesa casi nada.

6. La consciencia elevada y expandida está uniéndose con el universo.

7. Esto es muy profundo y relajado. Es perfecto.

Ahora te invito a que le pidas a tu subconsciente que te ayude dándote a una persona o una escena que te permita sentirte seguro/a..., querido/a... y cómodo/a. Me pregunto si esa persona o esa energía es un compañero o una compañera que quisieras llevar contigo en este viaje de sanación.

Si es una persona, quizás desees verla a tu lado. ¿Te gustaría ver a esa persona tomándote de la mano? Es muy agradable saber que no estás solo/a y es muy tranquilizador saber que tienes el control. Eso es. Si ves un sentimiento o algún tipo de energía en tu mente, quizás puedas sentir que tomas parte de esto y la coses alrededor del corazón o guardas un poco en un bolsillo. Eso es. Perfecto.

Ahora que tienes un compañero o una compañera, vamos a abrir ese software de edición. En unos instantes, el cerebro subconsciente presionará el botón de «retroceder». Pide al cerebro subconsciente que te muestre una escena que necesites ver de tu pasado. Puedes retroceder hasta una escena y, si es necesario, ir flotando hasta la primera vez que te sentiste así. Imagino que esto ayudará a encender un destello de comprensión, ese momento de revelación. Nota suavemente cómo estos sentimientos están relacionados con ese patrón de pensamiento trampa.

Si es algo simple como un pequeño accidente que preferirías olvidar, entonces vuelve a la escena misma. Pero en ocasiones se trata de algo más profundo... y es por eso que las situaciones nos afectan tanto. Si sientes que estás siendo abandonado/a en tu relación, ¿cuándo fue la primera vez que te sentiste así? Si un negocio fracasó y tuviste una actitud reactiva, me pregunto si hay algo en tu pasado que podría ayudarte a entender por qué. ¿Un negocio significa estabilidad para ti (y necesitabas crear estabilidad porque tu infancia fue muy inestable)? O quizás había algo en la persona con la que estabas haciendo negocios que te recordaba a alguien y no eras consciente de ello. O tal vez necesitas descubrir algo acerca de ti. No sé qué es lo que vas a descubrir. Sólo sé que tu subconsciente es inherentemente sabio. Pero eso ya lo sabes, ¿no? Y mientras atas cabos, es posible que eso haga que comprendas y seas consciente de la forma en que estos vínculos más profundos están relacionados con el pesimismo o con la parálisis por análisis... o cualquier otro patrón de pensamiento trampa que te impide llegar a ser la persona más sana, más feliz y más exitosa que puedes llegar a ser.

Primero, el subconsciente te ayudará a encontrar y marcar esta escena. Dentro de unos instantes, utilizarás algunos de los otros botones de ese software de edición que tienes (gracias a tu cerebro subconsciente).

Ahora, presiona el botón «retroceder» con tu cerebro subconsciente. Eso es... tómate todo el tiempo que necesites... ahora estás flotando hacia atrás en el tiempo... ayer... la semana pasada... el año pasado... hace dos años... hace dos décadas. Retrocede todo lo que necesites retroceder... hasta la primera vez que te sentiste atascado/a, triste, reactivo/a o resentido/a. La escena que estás destinado/a a ver hoy... la escena que quieres dejar ir... o la que te resultará reveladora para que puedas ver las cosas de una manera distinta. Eso es. ¿Has encontrado la escena?

Lo único que quiero que hagas es señalar la escena como lo haría un editor de una película de Hollywood. Marca el comienzo de esa escena y también el final. La escena podría durar treinta segundos... o, si lo deseas, podría ser un montaje de escenas que uniste creando una escena breve.

Antes de proyectar esa escena, quiero que consideres lo que sientes en los ojos. Es posible que hayas sentido algo que tiende a ocurrirle a los ojos de prácticamente todo el mundo cuando activa el cerebro subconsciente. Quizás no puedas sentirlo, pero si yo estuviera en la habitación contigo en estos momentos, sentado delante de ti, probablemente podría verlo. ¿Fuiste consciente de que tus ojos se movían de un lado al otro cuando activaste tu cerebro subconsciente?

Mientras cuento hacia atrás del tres al uno, quizás tus ojos se suelten un poco más. Vamos a intentarlo: tres... dos... uno. ¿Has sentido algo? Ahora sólo relájate, y cada vez que presiones play o uses la sala de edición en tu cerebro subconsciente, te invitaré a que muevas los ojos de un lado a otro (de izquierda a derecha) de esa manera.

En unos instantes, presionarás el botón play en la escena que has señalado mientras invitas a tus ojos a moverse de un lado a otro. Si llegas al final de la escena, puedes hacer que se repita y vuelva a empezar. Lo único que tienes que hacer en esta ocasión es volver a proyectar la escena. Tendrás la oportunidad de editarla en unos minutos. Recuerda: las esce-

nas que se proyectan a través de la lente del cerebro subconsciente se sienten como si fueran reales, pero recuerda que eres el observador de esa escena. Si te resulta demasiado intensa, siempre puedes bajar el volumen, minimizar o cerrar la pantalla del mismo modo que lo harías con un ordenador.

Ahora presiona play e invita a tus ojos a moverse en tres... dos... uno (izquierda-derecha-izquierda-derecha).

Ahora inspira mientras cuento hasta tres: uno, dos, tres. Espira mientras cuento hasta seis: uno, dos, tres, cuatro, cinco, seis. Muchas personas notan cierta tensión, pero al menos una o dos zonas del cuerpo se sienten relajadas. Ahora, mientras cuento del uno al cinco, el cerebro subconsciente extenderá esa relajación al resto de la mente, el cuerpo y el espíritu: uno, dos, tres, cuatro, cinco. Eso es. Perfecto.

En unos instantes, te voy a pedir que vuelvas a proyectar esa escena. En esta ocasión vas a ver una pantalla dividida.[8] *En el lado izquierdo, verás la misma escena que acabas de visualizar. En el lado derecho de la pantalla, el cerebro subconsciente va a resaltar algo que al cerebro consciente se le puede haber pasado por alto: lo que ya hiciste bien en esa escena.*

La mayoría de nosotros somos duros con nosotros mismos todo el tiempo, así que vamos a dejar que este generoso y amable cerebro subconsciente resalte lo que hiciste bien ese día o esos días. Si puedes ver lo que has hecho bien, entonces puedes ver que tu sanación ya ha comenzado. Si tuviste una respuesta reactiva con un socio en los negocios, puedes ver todas las ocasiones en las que te alejaste y mantuviste la calma. Si te sentiste abandonado/a en esa relación, puedes ver todas las ocasiones en las que cuidaste bien de ti mismo/a de una manera sana. Si hiciste algo para ayudarte, haz zoom a esas partes de la escena en la parte derecha de la pantalla. Haz una panorámica de esa escena a la que te gustaría prestar atención.

A continuación, mientras presionas play con la pantalla dividida, observa cómo se desarrolla la escena, mientras el lado izquierdo te muestra

---

8. La idea de la pantalla dividida se originó con el libro de Spiegels, Trance & Treatment. *American Psychiatric Publishing*, 2008.

la escena tal como la viste hace un momento y el lado derecho te muestra lo que hiciste bien. Si has llegado al final de la escena, simplemente empieza otra vez. Deja que tus ojos se muevan. Ahora, contamos: tres... dos... uno... (izquierda-derecha-izquierda-derecha).

Ahora inspira mientras cuento hasta tres: uno, dos, tres. Espira mientras cuento hasta seis: uno, dos, tres, cuatro, cinco, seis. Muchas personas advierten que puede existir tensión, pero al menos una o dos zonas del cuerpo se sienten relajadas. Ahora, mientras cuento del uno al cinco, el cerebro subconsciente extenderá esa relajación al resto de la mente, el cuerpo y el espíritu: uno, dos, tres, cuatro, cinco. Eso es. Perfecto.

Ahora deja que la pantalla dividida desaparezca. En esta ocasión, tu cerebro subconsciente va a permitirte acceder a todos los botones fantásticos por los que estarías dispuesto/a a pagar un monto adicional en uno de esos maravillosos programas de edición. Es hora de abrir ese software de edición. Ahora eres ese director de Hollywood. Me pregunto cómo le gustaría cambiar esa escena a tu cerebro subconsciente. ¿Te gustaría bajar el volumen? ¿Te gustaría crear un final distinto? Quizás sería bonito ver todas las cosas que hiciste bien. Me pregunto si podrías reducirla o ponerle un filtro en blanco y negro. ¿Hubo algo que no llegaste a decir? ¿Algo que te gustaría mencionar? ¿No es agradable saber que tienes la oportunidad de terminar tus asuntos inacabados? Es posible que no tengas que pensar demasiado, porque tu cerebro subconsciente ya sabe exactamente lo que tiene que hacer. Utiliza la creatividad de tu subconsciente para hacer cualquier cosa que quieras hacer. En unos instantes, el poder del cerebro subconsciente te empezará a liberar.

En esta ocasión, proyecta la escena y deja que el subconsciente la edite de la manera que desee. Presiona «eliminar» y «volver a grabar», ajusta el volumen o haz cualquier cosa que desees hacer. Una vez más, deja que los ojos se muevan de lado a lado mientras cuento: tres... dos... uno... (izquierda-derecha-izquierda-derecha).

Ahora inspira a mientras cuento hasta tres: uno, dos, tres. Espira mientras cuento hasta seis: uno, dos, tres, cuatro, cinco, seis. Muchas personas notan que puede existir tensión, pero al menos una o dos zonas del cuerpo se sienten relajadas. Ahora, mientras cuento del uno al cinco, el cerebro subconsciente extenderá esa relajación al resto de la mente, el cuerpo y el espíritu: uno, dos, tres, cuatro, cinco. Eso es. Perfecto.

Ahora, con gratitud por haberte ayudado a «despegar» ese recuerdo o comportamiento atascado de tu pasado, deja que el cerebro subconsciente avance hasta el presente. Ahora tu cerebro subconsciente está ayudándote a mejorar tu vida actual. Estás aquí. Ahora. En el presente. Me pregunto de qué manera el hecho de ver tu pasado de una nueva forma te ayudará a ver tu presente bajo una nueva luz, más optimista.

Ahora, mientras piensas en tu vida y en esa situación del presente con la que es posible que hayas tenido que lidiar antes, permite que tu cerebro subconsciente piense en ello una vez más. ¿No es interesante que el cerebro subconsciente tenga el poder de ver las cosas con un sentido de lo que es adecuado? Dado que acabas de liberar algo que te estaba impidiendo avanzar, tómate unos instantes para observar qué es lo que sientes que es diferente ahora. No sé si la diferencia será sutil o significativa, pero en algún momento vas a notar algo. ¿No es interesante que en este momento quizás seas capaz incluso de encontrar una o dos evidencias de que eres más fuerte de lo que creías? Después de todo, tarde o temprano, tras una experiencia difícil, las personas descubren que han crecido de alguna manera, ¿no es así? Entonces, ahora, el subconsciente te está ayudando a ser consciente de todo lo que está bien en tu vida. Quizás te sorprenda el hecho de que el subconsciente te esté ayudando a considerar tu vida actual a través de una lente orientada a la fortaleza y al crecimiento.

Me pregunto de qué manera todo lo que has vivido te ha convertido en la persona inherentemente valiosa, maravillosa y sabia que eres aquí y ahora. ¿No te parece que eso es tan gratificante que vale la pena hacer una pausa y pensar en ello? Ahora, piensa en el patrón de pensamiento trampa que escribiste en el paso 1. Me pregunto qué parte de esta experiencia ha soltado esa creencia. ¿El subconsciente ha transformado esa negatividad en optimismo? ¿El 10 o el 20 %, o incluso el 80 %, de ti ahora cree en algo mejor para ti? Mientras reflexionas sobre toda esta positividad, pídele a tu subconsciente que te ayude a escribir un mantra positivo. Me pregunto si será algo así como: «Estoy bien», «Soy innatamente valioso/a». O «Puedo de ser amado/a», «Estoy seguro/a de mí mismo/a, soy gentil y sé perdonar».

O «Mi vida está llena de un propósito divino». Es posible que encuentres tu mantra positivo al instante, o quizás te lleve unos minutos. Cuando lo encuentres, probablemente empezarás a sentirte un poco más tranquilo/a, o mucho más tranquilo/a. Y con una mayor paz llega la capacidad de cultivar un mayor placer. Eso es. Perfecto. Deja que esta energía positiva inunde todo tu ser y todas las células de tu cerebro y de tu cuerpo. Sí, ya eres innatamente adorable y valioso/a. Recuerda tus fortalezas y lo que hace que seas quien eres... y por qué estás aquí. Y quizás incluso exista una nueva esperanza para el futuro... ahora que tu pasado es un poco más agradable y tu presente es un poco más luminoso. En este momento, siente la parte de ti que es más adorable. Me pregunto si será tu bondad. O quizás tu corazón amoroso. ¿O serán tu compasión y tu gracia? ¿Estás orgulloso/a de tu fortaleza? Cualquier cosa que encuentres aquí, debes verla simplemente como una energía. Visualízate a ti mismo y la forma en que te manifiestas y utiliza esa fortaleza en tu vida cotidiana. Eso es. ¿No es increíble reconocer tu mérito en eso? Perfecto. Si esta fortaleza tuviera un lugar en tu cuerpo, ¿dónde estaría ubicada? Ahora, imagina que tienes un dial para tu fortaleza interna y, mientras cuento del uno al cinco, estás subiendo ese dial: uno, dos, tres, cuatro... cinco. Eso es. Perfecto.

Ahora, el subconsciente va a ayudarte a ir hacia adelante en tu vida y a utilizar el poder del ensayo. Muchas personas advierten que la sensación del tiempo cotidiano empieza a alejarse, de manera que todo lo que ves desarrollarse aquí, en unos segundos, puede parecer como si lo estuvieras viviendo a lo largo de horas. Si quisieras, podrías ver la siguiente increíble década de tu vida desarrollándose en un minuto. ¿Estarías dispuesto/a a experimentar y ver, en gran detalle, todo lo que te gustaría crear, cada palabra que desearías comunicar y cada cambio que te querrías realizar? De hecho, puedes ensayar cualquier cosa y todas las cosas que serán diferentes en tu increíble futuro. Visualiza cómo se desarrollan tus objetivos específicos, medibles, alcanzables, relevantes y urgentes. Eso es... Puedes verlos, ¿verdad?

¿No es increíble que ahora estés conectando lo que sientes en esta práctica con acciones cotidianas? Visualiza las microtareas que debes realizar para ayudar a que tus sueños se desarrollen. ¿Las ves? Eso es. Perfecto. Paso

a paso y día a día... ¿Y no es fascinante que el subconsciente pueda ayudarte a verlo todo de una forma tan realista? Y si puedes ver cómo ocurren esas cosas, entonces el subconsciente enviará mensajes, sin esfuerzo, al consciente en tu vida cotidiana. Eso es. Ahora lo estás viendo todo claramente.

Ahora, profundiza una vez más para que los mensajes positivos que estás a punto de escuchar se instalen en profundidad en el cerebro subconsciente. Profundiza mientras cuento atrás del tres al uno: tres... dos... uno... eso es. Has hecho muchísimo para cuidar de ti hoy, ¿no es así? Alineándote únicamente con aquellas partes de tu persona que son para tu mayor bienestar. Esas partes son tu ser más elevado, ¿no es así? Me pregunto si será mañana o el próximo martes por la tarde cuando notarás que algo ha cambiado. Ya te has liberado un poco más de tu pasado, ¿no es verdad? Es una sensación muy agradable, ¿no crees? Ahora revisa tu cerebro y tu cuerpo para ver qué es lo que ha desaparecido... y simplemente observa... qué es lo que ya te está ayudando y lo que continuará ayudándote a sentirte liberado/a de un recuerdo o una imagen que estaba bloqueando tu verdadero potencial y tu ser más auténtico. Esto será más notorio mañana... y al día siguiente... y un día más tarde. Me pregunto cuándo notarás el momento cumbre de lo que verdaderamente significa ser liberado. ¿Lo sentirás en tus pensamientos, o será un cambio en la forma en que te sientes? Será maravilloso cuando surja. Me pregunto si disfrutarás del yo sereno y seguro de sí mismo que empezará a surgir de una manera distinta... cada día, quizás antes de lo que esperas. Tanto si estás en tu oficina como si estás en casa, o fuera en el mundo, con toda probabilidad tendrás libertad en la forma en que te presentes, en la forma en que camines... porque has cambiado algo, ¿no es así? Sí, esta empoderadora sensación de libertad ya ha sido plantada... porque tú lo hiciste. Ahora, me pregunto qué día y a qué hora verás ese primer brote, evidenciado por un florecer.

Es posible que hayas tenido muchas revelaciones que han ayudado a liberarte. Ahora construyamos un puente que te permita conectar todo lo que has hecho aquí durante esta práctica, para que puedas llevártelo contigo a tu vida cotidiana.

En primer lugar, ¿cuáles son las tres mejores cosas que has obtenido? Quizás fueran lecciones o revelaciones. Me pregunto si fueron energías o sentimientos; incluso podrías visualizarlas como colores, si lo deseas. Ahora, haz que la mejor parte de lo que has obtenido descienda por tu brazo dominante hasta llegar a tu mano dominante. Reúne e intensifica la positividad, la libertad y la fortaleza en el dedo índice. Eso es. Ahora, frota la yema de ese dedo índice con el pulgar de la misma mano. ¿Puedes sentirlo? Ahí. Acabas de crear un botón. En tu vida cotidiana, cada vez que necesites un poco de lo que has creado, lo único que tienes que hacer es presionar ese botón. Todos los sentimientos, las lecciones o la libertad regresarán como un chorro. Las sustancias químicas que hacen que te sientas bien inundarán tu cerebro y tu cuerpo. ¿No es agradable saber que este botón está ahí para ti en todo momento?

En segundo lugar, reúne todas las cosas residuales de las que te quieres deshacer: resentimientos, negatividad, patrones de pensamiento trampa, la sensación de estar atascado/a. Ahora, visualiza un globo atado al dedo índice de tu mano no dominante. ¿Puedes sentirlo? Visualiza que ese globo estalla cuando lo llenas con el «aire caliente» de las cosas que no son beneficiosas para ti. Muchas personas incluso pueden advertir que ese dedo empieza a levantarse por sí solo. ¿No es interesante? Una última cosa... ¿Hay algo más que te gustaría poner en ese globo? Eso es. Ahora frota ese pulgar contra tu dedo índice no dominante para desatar el globo. En tu mente, visualiza que el globo se aleja flotando y se va muy muy lejos. ¿Puedes ver cómo se vuelve más pequeño? Ahora es diminuto. Síguelo hasta que haya desaparecido. Y siempre que notes cualquiera de esas «cosas» que no te sirven, lo único que debes hacer es ponerlas dentro de este globo que está atado a tu dedo índice de la mano no dominante. Luego frótalo con tu pulgar para deshacer el nudo... y déjalo ir. Eres libre.

GUION OPCIONAL PARA VOLVER A ESTAR ALERTA

1. Siente que estás cada vez más alerta mientras te visualizas subiendo por esa escalera.

2. Cada vez que subes un escalón, estás más despierto/a. Notas cómo tu consciencia regresa a tu cuerpo.

3. Quizás podrías mover los dedos de las manos y los pies… mientras vas ascendiendo por la escalera.

4. Eso es. Alerta y activado/a.

5. El doble de energizado que en el piso anterior.

6. Sientes que estás en tu cuerpo y, mientras lo haces, te encuentras recargado con un nuevo tipo de entusiasmo.

7. Arriba y alerta, alerta y despierto/a. Eso es.

8. Renovado/a, recargado/a y revigorizado/a.

9. Alerta y activado… moviendo los dedos de las manos y de los pies un poco más.

10. Sientes que tu cuerpo asciende… y ahora que tu consciencia ha regresado completamente a tu cuerpo.

11. Ya casi has llegado.

12. Abres los ojos y, cuando lo haces, te sientes completamente revitalizado/a, descansado/a y recargado/a.

CAPÍTULO 8

TVS para estresarte menos y vencer tus miedos

Por alguna razón, existe un mito en el que incluso algunos profesionales en mi campo todavía creen: que únicamente la terapia cognitivo-conductual (TCC) funciona para vencer las fobias y el estrés. ¿Sabías que tu subconsciente funciona igual de bien? Tu cerebro subconsciente puede transformar el miedo y el estrés. Una investigación de dieciocho estudios clínicos controlados de la ansiedad generalizada, las fobias y otros trastornos de ansiedad halló que las técnicas basadas en el cerebro subconsciente trataron con eficacia estos problemas y fueron tan efectivas como la TCC.[1]

Entonces, ¿qué ocurre cuando combinas el cerebro subconsciente con la TCC? La respuesta es la siguiente: el subconsciente potencia a la buena y anticuada TCC. Como sabes, la TVS empieza considerando al consciente en el paso 1 y luego activa el subconsciente en el paso 2. Combinando el poder de ambos, la TVS ayuda a la mayoría de las personas a hacer maravillas cuando se trata de vencer miedos y estresarse menos.

1. E. Flammer (2006). «Die Wirksamkeit von Hypnotherapie bei Angststörungen», *Hypnose – Zeitschrift für Hypnose und Hypnotherapie*, 1 (1): 2.

LOS HÉROES QUE NECESITAS

Consideremos esto en términos de una película de superhéroes (también conocida como «tu cerebro conquista el miedo y el estrés»). La TCC es como Superman: tradicional, fiable y auténtico, un superhéroe nada complicado (el hombre estereotípico) que salva al mundo. Los hospitales universitarios adoran este método directo y fácil de entender (aunque seco, dirían algunos).

Tu subconsciente es como Natasha Romanoff, la Viuda Negra interpretada por Scarlett Johansson. Es compleja, una mujer que no necesita ser salvada por un hombre musculoso. De hecho, puede cuidar de sí misma. Su reputación, como la de los métodos basados en el subconsciente, es un poco... pintoresca. Algunos incluso dirían que produce controversia. La gente no sabe qué pensar de ella. ¿De dónde es? ¿Cómo es? ¿Puede uno confiar en ella? ¡Es tan misteriosa!

La buena noticia es que no tienes que elegir a Superman o Natasha. Ambos superhéroes pueden ayudarte a vencer tus miedos y a que te estreses menos. Deja que Superman (tu consciente) y Natasha (tu subconsciente) trabajen juntos. Ellos lograrán mucho más trabajando en equipo.

Me pregunto qué obstáculo te ayudarán a superar en tu cerebro. ¿Te gustaría superar ese miedo a los gatos? ¿Te gustaría desear subirte a ese avión? Superman y Natasha te ayudarán. De hecho, esos dos superhéroes viven dentro de tu cerebro. Son parte de ti. ¿No te parece reconfortante?

Si estresarte menos te parece una buena idea, Natasha puede convertir la voz de tu jefe (ese que hace que sientas verdadero pavor) en una señal para que tu cuerpo se relaje. Cuando adviertas que está ocurriendo, quizás pienses: «¡Qué extraño! ¿Cómo es que el subconsciente ha transformado esa voz en algo que me recuerda a mi propia fuente interior de paciencia y gracia, y hace que fluya por todo mi cuerpo?».

Natasha sabe cómo acceder a la farmacia interna de tu cerebro que contiene las sustancias químicas que hacen que te sientas bien. Xanax y Paxil no son la única manera de hacer que tu cerebro produzca más GABA (un relajante) y serotonina (que mejora tu estado de ánimo). Si quieres, el subconsciente puede inundarte, en cualquier momento, con esas sustancias químicas que hacen que uno se sienta bien, sin los efectos secundarios de los medicamentos. ¿No te alegras de que Natasha esté en tu equipo?

LA BIOLOGÍA DEL ESTRÉS Y EL MIEDO

Cuando se trata de reducir el estrés y vencer tus miedos, Superman y Natasha te rescatan de una amígdala hiperactiva. Esta parte del cerebro es lo que el notable investigador del estrés, el Dr. Bessel van der Kolk, llama el «detector de humo» del cerebro. La amígdala, parte de tu centro emocional, te alerta del peligro, tanto si éste es real como si es percibido. En los cerebros que tienden al estrés, la ansiedad y las fobias, ese detector de humo no se activa sólo cuando hay un incendio. Lo hace cada vez que pones una rebanada de pan en la tostadora. Es demasiado sensible. En una ocasión quemaste una tostada y tu cocina se llenó de humo y asustaste a los vecinos. Ahora cualquier tostada representa un peligro de incendio. El resultado: aumento de las hormonas del estrés, ataques de pánico y miedos. Si has leído mi libro *Heal Your Drained Brain*, entenderás que esto también hace que tu riesgo de padecer un infarto, una apoplejía e hipertensión se dispara. También conoces las estrategias integradoras que recomiendo para estresarte menos y vencer las fobias, como alimentos que alivian el estrés y analizar tus niveles de neurotransmisores para determinar por qué tienes tanto estrés o miedo. (Para más detalles sobre este tema, consulta www.drmikedow.com o mi página de Facebook). Hablaré más de este tema en otros capítulos, pero combinar estas cosas con la TVS potencia esas prácticas.

Utilizaremos un guion de la TVS que incorpore lo mejor de las técnicas del consciente y el subconsciente para reducir la sensibilidad de tu amígdala hiperactiva. He ayudado a cientos de personas a hacer esto con TCC en mi consulta privada. La TCC tradicional utilizaría la terapia de exposición, dando pequeños pasos: 1) imagina un gato; 2) mira la foto de un gato; 3) mira un gato real, y así sucesivamente. Yo te ayudaría a respirar con cada experiencia y, con el tiempo, tu amígdala dejaría de activarse una y otra vez. Este proceso, ciertamente, no es divertido e implica mucho tiempo. Es maravilloso descubrir que cuando potencias técnicas similares con el subconsciente el proceso es más rápido y más fácil.

Un estudio dividió en tres grupos a unas personas que habían estado expuestas recientemente a altos niveles de estrés. El grupo A recibió una terapia de apoyo. El grupo B recibió una buena TCC anticuada y comprobada. Y el grupo C recibió TCC acompañada de hipnosis. Al final de seis sesiones, el grupo C fue el que más había mejorado.[2] Una investigación de dieciocho estudios llegó a una conclusión similar: la TCC reforzada con el cerebro subconsciente es superior a la TCC por sí sola.[3]

Otro cambio biológico increíble que sólo el cerebro subconsciente puede lograr está relacionado con la forma en que interpretamos la información. Tus cinco sentidos envían información a tu cerebro derecho aquí y ahora (la información ascendente). Ves un gato y tus ojos envían esa información a tu corteza visual. Luego, tu corteza visual la envía por la cadena. Datos sobre este objeto, su color y su forma ascienden por el cerebro. Al mismo tiempo, tu cerebro está filtrando datos sensoriales a través de su base de datos de conocimientos derivados de las experiencias. Este procesamiento descendente crea el marco y el filtro para la forma en que interpretas esa información ascendente. El objeto, el color y la forma entran (ascendente). Y tú aprendiste lo que era un gato en tu infancia (descendente). Se podría decir que la consciencia es lo que ocurre cuando esas dos señales colisionan en el cerebro. En ese momento de impacto, te dices a ti mismo: «¡Ajá! Eso es un gato atigrado».

Sin embargo, si tu amígdala ha almacenado un recuerdo estresante, o una emoción relacionados con un gato, entonces tu procesamiento

---

2. R. A. Bryant *et al.* (2005). «The Additive Benefit of Hypnosis and Cognitive-Behavioral Therapy in Treating Acute Stress Disorder», *Journal of Consulting and Clinical Psychology,* 73 (2): 334.
3. Kirsch *et al.* «Hypnosis as an Adjunct», 214.

descendente podría hacer que veas a un peligroso león listo para saltar y matarte a zarpazos. Como afirma la colaboradora del *The New York Times*, Sandra Blakeslee, «lo que ves no es siempre lo que hay, porque lo que ves depende de un marco construido por la experiencia que está listo para interpretar la información en bruto».[4]

Ésta es la magia del cerebro subconsciente: tiene el poder de cambiar el procesamiento descendente en lo relacionado con el estrés y el miedo. A través del procesamiento descendente, el cerebro subconsciente puede ayudarte a *desaprender* lo que es un gato. Como sabes, el cerebro simplemente ignorará la información ascendente que no reconozca. Hay demasiada información que llega del mundo exterior como para que pueda prestar atención a todo. La carga emocional ayuda al cerebro a archivar recuerdos o desecharlos por ser irrelevantes. En el caso que nos ocupa: ¿recuerdas dónde estabas el 11 de septiembre de 2001? Y ahora, ¿recuerdas lo que desayunaste hace dos lunes? Entonces, aunque ciertos recuerdos e imágenes (por ejemplo, el 11 de septiembre, el gato al que temes) se grabaron profundamente, otros fueron desechados. Recuerda: el cerebro está clasificando y está dando prioridad a las cosas que piensa que podrían hacerte daño. El cerebro subconsciente es tan poderoso que, si aprendes a utilizar este poder único a través de la TVS, puede ayudarte a ignorar cualquier cosa que no te sirva.

También puedes afectar al cerebro de maneras más sutiles en la TVS. En lugar de simplemente hacer que algunos objetos desaparezcan, remiéndalos. En un estado activado por el cerebro subconsciente, escuchas, «Los cuadrados siempre son rojos». Más tarde, te muestro un cuadrado azul y un minuto después te pregunto: «¿De qué color era el cuadrado?». Muchas personas dicen: «Rojo». Ahora bien, ¿a quién le importa de qué color es un cuadrado? Pero me pregunto si te gustaría creer que *los gatos son siempre lindos y tiernos, que los aviones son seguros y tranquilos o que el sonido de los motores de un jet te recuerda la dulce voz*

4. Blakeslee, «Brain Under Hypnosis».

de tu madre. ¿Estás empezando a entender cómo te pueden ayudar a vencer los miedos estos procesos?

Cuando activamos tu subconsciente, éste también puede crear todo tipo de ilusiones, y la TVS puede ayudarte a utilizar esas ilusiones para que trabajen a tu favor. Entonces, si crees o esperas que los gatos sean tranquilos y reconfortantes, cuando tus ojos vean a un gato, tu cerebro interpretará la información de otra manera. Eso fue lo que hizo el estudio del que he hablado en el capítulo 2. A los participantes se les dijo: «Muy pronto estarás jugando a un juego de ordenador dentro de un escáner cerebral. Cada vez que escuches mi voz en el interfono, te darás cuenta inmediatamente de que van a aparecer unos símbolos sin significado en medio de la pantalla. Te parecerá que son caracteres en un idioma extranjero que no conoces y no intentarás atribuirles ningún significado».[5]

Los participantes no jugaron al juego dentro del escáner cerebral hasta muchos días más tarde. Eso significa que las sugestiones que se habían plantado en el subconsciente se habían instalado. Efectivamente, los participantes reaccionaron como si no supieran leer en inglés.[6] El test de Stroop y un escáner cerebral verificaron la magia (la ciencia) del cerebro subconsciente. Y si la sugestión de no poder leer en inglés pudo permanecer durante días en los cerebros de esas personas, imagina cómo podría ayudarte la TVS a lidiar con el estrés y las fobias de una manera que pocos métodos podrían hacerlo.

¿No sería relajante jugar con el procesamiento descendente en tu cerebro tal como lo hicieron los participantes en ese estudio? Quizás te gustaría no percatarte de la existencia de los gatos. ¿Por qué no podrían ser totalmente invisibles para ti? O tal vez tengas una jefa que no se está llevando el galardón de gerente del año. De hecho, es posible que te recuerde a Miranda Priestly en *El diablo viste de Prada*. Sin embargo, necesitas aferrarte a ese empleo por el seguro médico que te proporciona.

---

5. Raz, Fan y Posner, «Hypnotic Suggestion Reduces Conflict», 9978-9983.
6. El inglés era la lengua materna de los participantes. *(N. de la T.)*

¿No sería bonito poder programar tu cerebro dirigiéndolo al procesamiento descendente para que llegue a creer que cualquier comentario malintencionado es un idioma extranjero que no puedes entender? O podríamos elegir proporcionarte una amnesia selectiva para que sólo recuerdes los mensajes de tu jefa que necesitas escuchar, pero olvides al instante todos sus comentarios desagradables. Si cuando viajas lo que te estresa es tu miedo a los aviones, ¿te gustaría sufrir una pérdida auditiva selectiva de manera que el ruido de los motores del jet sea simplemente un ruido de fondo que apenas percibes?

La TVS funciona como una especie de realidad virtual. Engaña al cerebro para que piense que ya ha hecho aquello que temía hacer.

Ya sabes que el subconsciente puede distorsionar la realidad y los recuerdos. La TVS en este capítulo activará el cerebro subconsciente y luego lo impulsará a imaginar que estás con un gato o volando en un avión (y sentirás que realmente está ocurriendo). Cuando tienes una experiencia subconsciente que se siente real, el cerebro (y su amígdala) afirma: «Ah, supongo que puedo hacer esto». La TVS funciona como una especie de realidad virtual. Engaña al cerebro para que piense que ya ha hecho aquello que temía hacer. La TVS también integra técnicas de respiración alentando con suavidad la respiración diafragmática y una respiración de exhalación dominante, y esto le enseña al cerebro que puede estar tranquilo mientras «ve» un gato, o «escucha» el motor de un avión.

TRANQUILO, SERENO Y DESPREOCUPADO

Imagina por un instante que he plantado positividad en lo más profundo de tu subconsciente para que venzas tus miedos y reduzcas el estrés. ¿Este proceso de sanación te resultaría más fácil si te sugiriera que esto es así?

¿No sería interesante también que te sugiriera que el subconsciente continuará trabajando en esos temas para ti? Curiosamente, la gente que practica la TVS con regularidad suele explicar que la sanación continúa en sus sueños, el patio de juegos del subconsciente. No es necesario que hagas ningún esfuerzo consciente.

Ayuda para el insomnio

¿El insomnio es el origen de tu estrés? ¿O viceversa? Consulta el apéndice A, donde encontrarás reflexiones y una práctica de TVS adicional específicamente para ayudarte a conseguir dormir lo suficiente y tener un sueño reparador.

Si lo deseas, incluso podrías llevar esto al siguiente nivel. En algún momento, sería esclarecedor activar tu subconsciente y, luego, cuando estés preparado, los ojos, para que se abran y mires fijamente a una tableta que tenga listos para ti una serie de vídeos de gatos en YouTube. O que te pongas unas gafas que conviertan tu teléfono en un aparato de realidad virtual y hagan lo mismo. Ciertamente, también puedes usar las gafas que vienen con el aparato de AVE y ver los gatos con el poder de tu mente. La belleza de hacer que aparezcan tus propias imágenes es que sólo tú sabes exactamente qué aspecto tenía el gato que viste cuando tenías siete años en casa de tu tía, de manera que solamente tú puedes encoger a ese gato aterrador con esa terrible piel atigrada y convertirlo en un gatito diminuto y tímido con el poder del subconsciente. Esta experiencia potenciada subconscientemente es alucinante… y, dicho sea de paso, bastante fácil. Cuando todo haya terminado, habrás engañado a tu cerebro haciéndole creer que has pasado un día entero con cien gatos. Y en algún momento en el futuro, cuando un gato real entre en tu vida, quizás ni siquiera te des cuenta de que está ahí, o tal vez sientas que una sensación de calma se apodera de ti.

Quizás el subconsciente decida continuar lentamente la terapia de exposición en tus sueños… y me pregunto si los gatos empezarán a transformarse en unos seres amables y adorables. ¿Quién quiere ir a más horas de terapia cuando tiene todo ese tiempo adicional durante las noches para sanar sus miedos?

¿O quizás el subconsciente encontrará súbitamente una asociación que se te había escapado? ¿Te revelará un sueño que la razón por la que temías a los gatos era fruto de una experiencia en tu infancia que habías olvidado? Quizás la voz de tu jefa te recuerde a alguien que te hizo daño, pero no eras consciente de ello. Cuando puedes comprender el origen de un miedo, puedes entender tu experiencia. Como aprendiste en el capítulo anterior, ése es el lado izquierdo del cerebro que está bajando el volumen del lado derecho, que es hiperactivo. Entonces, el aumento de ondas gamma permite que los momentos de revelación conviertan a los jadeos de miedo en suspiros de alivio.

También es posible que el origen de tu miedo no sea un recuerdo olvidado de tu infancia, sino quizás un miedo de tus antepasados, adquirido a través de la herencia epigenética. En el año 2014, unos neurocientíficos en Emory realizaron un fascinante estudio en el que combinaron flores de cerezo con descargas eléctricas en los ratones. Hicieron que esos ratones procrearan. Cuando las crías fueron expuestas a las flores de cerezo, sintieron miedo y ansiedad (a pesar de que sólo sus padres habían aprendido a asociar ese agradable aroma con una situación desagradable). Cuando los investigadores examinaron a la siguiente generación (los «nietos» de los ratones originales), esa generación también sentía miedo y ansiedad cuando se la exponía al aroma de las flores de cerezo.[7]

Si le temes a algo porque tus padres o abuelos aprendieron que era aterrador, ¿podría la TVS ayudarte a retroceder esa cinta hasta tu infancia más temprana? Quizás recuerdes una historia olvidada que te contó tu madre cuando eras una niña pequeña o un niño pequeño.

¿Te gustaría que el sonido de ese jet despegando te recordara a tu creencia de que todo en este mundo tiene sentido de una forma gran-

---

7. B. Dias y K. Ressler (2014). «Parental Olfactory Experience Influences Behavior and Neural Structure in Subsequent Generations», *Nature Neuroscience*, 17: 89-96.

diosa? Alguna parte de ti ya lo sabe, ¿no es así? Después de todo, ahora sabes que tu subconsciente ha estado conspirando a tu favor. Quizás estés empezando a ver que el universo hace lo mismo.

Es posible que la voz de tu jefa te recuerde tu verdadera gracia. En algún momento, probablemente te acordarás de que las personas más difíciles de querer son las que más amor necesitan. En tu profesión, ¿recuerdas por qué haces lo que haces? Quizás trabajes un poco más en ese otro empleo adicional que tienes a tiempo parcial, para que algún día pueda convertirse en tu trabajo a tiempo completo. No estoy seguro de cuál será la respuesta definitiva para ti... sólo tú y tu subconsciente conocen esa respuesta. Pero averiguarlo te resultará muy satisfactorio.

Ciertamente, te ayudaré a construir un puente para llevar esta experiencia a tu vida cotidiana. Tendrás una imagen o un sonido que activará la farmacia interna de tu cerebro siempre que necesites una dosis de GABA para relajarte. Eso sería agradable, ¿no crees? Podrías tener un gotero incorporado en tu dedo que suministra Xanax... y tú sin saberlo. (También podría ser un gotero de morfina. Continuaremos con el tema en el capítulo sobre el dolor).

TVS PARA ESTRESARTE MENOS Y VENCER TUS MIEDOS

Activar el cerebro subconsciente es tan sencillo como cambiar tu modo de «lucha o huida» a tu modo «descansar y digerir», lo cual lo convierte en una herramienta increíble para transformar el estrés en serenidad. Cuando dispongas de entre treinta y cuarenta minutos, lee las instrucciones para el paso 1 y luego escucha el audio «TVS para estresarte menos y vencer tus miedos» (en la pág. 152 encontrarás el guion para poder grabar tu propio audio para practicar esta TVS). Yo recomiendo practicar la TVS al final del día para que puedas permanecer en un estado mental relajado o incluso quedarte dormido después de la práctica. Especialmente cuando se trata de estresarte menos y vencer tus miedos, ¿por qué no dejar que esta práctica acabe con un sueño nocturno reparador?

Ahora volverás al paso 1 como una práctica independiente relacionada específicamente con el estrés y el miedo. Luego, los pasos del 2 al 7 los realizarás como una única práctica continua, mientras la serenidad se apodera de ti.

Paso 1: considerar el consciente.
Paso 2: activar el subconsciente.
Paso 3: revisar el pasado.
Paso 4: mejorar el presente.
Paso 5: crear el futuro.
Paso 6: plantar positividad.
Paso 7: tender puentes.

El estrés y el miedo compiten por tu atención todos los días, y a veces en cuanto te incorporas en tu cama o tus pies tocan el suelo. ¿No sería agradable adelantarte a esas situaciones? Podríamos utilizar la práctica de la TVS como un tónico preventivo para el estrés durante las mañanas si le dedicas al menos treinta minutos. O después de un día especialmente estresante puedes utilizarla durante la noche. Pronto verás lo fácil y natural que te resultará permanecer tranquilo.

PASO 1: CONSIDERAR EL CONSCIENTE

En el capítulo 3, anotaste los tres patrones de pensamiento trampa que más te molestan. Ahora, regresa a esos patrones de pensamiento (*véase* pág. 73). En lo relacionado con el estrés y el miedo, ¿qué mantra trampa o negativo te produce mayor ansiedad, estrés o miedo? Escríbelo aquí:

Tipo de patrón de pensamiento trampa: ____________________

____

que, para mí, es un pensamiento algo semejante a: ____________

____

Ahora que tu cerebro consciente sabe lo que tiene que cambiar, permite que tu poderoso cerebro subconsciente vea cómo va a hacerlo.

PASOS DEL 2 AL 7: ESTRESARTE MENOS Y VENCER EL MIEDO

He incluido este guion de la TVS para que vuelvas a él cuando estés en un nivel avanzado, para que puedas practicar sin los audios guiados. Además, es un modelo para los médicos que se están formando en la TVS. Sentado o acostado en una posición cómoda, escucha tu audio «TVS para estresarte menos y vencer tus miedos».

Te invito a que inicies esta práctica dejando que tus ojos se cierren mientras te instalas... mientras el cuerpo encuentra la posición más cómoda para descansar. Y mientras te instalas, realiza cualquier ajuste de último momento que desees, descansando en este relajante estado de serenidad pura... Me pregunto si puedes centrar tu atención al lugar del cuerpo que en el que sientas que estás más relajado/a. Ya sabes cómo activar el subconsciente, que siempre ha estado aquí conspirando a tu favor, así que comencemos este viaje ahora con un poco de atención plena. Con mucha facilidad, invítate a simplemente observar lo que está en tu mente aquí y ahora.

Con una gran tranquilidad, invítate tan sólo a observar lo que está en tu mente aquí y ahora. En lugar de juzgar tus pensamientos, aferrarte a ellos, reaccionar frente a ellos o ser uno/a con ellos, puedes dejar que pasen de largo flotando. ¿No es interesante que cuando observas tus pensamientos de esta manera, esta «observación de pensamientos» puede hacer que empieces a sentirte relajado/a? Ya has empezado a transformar los pensamientos que solían bloquear una sensación de serenidad en una práctica que la favorece. En el futuro, es probable que descubras que esta apacible observación de los pensamientos puede convertirse en un gran lugar para iniciar tu experiencia de encontrar más paz cada día en tu vida cotidiana. ¿No sería agradable? Los mismos pensamientos que solían hacer que entraras en barrena pueden ser utilizados para liberarte.

Ahora, centra tu atención en el sentido del oído. Invita a los oídos a que se fijen en tres sonidos que estés escuchando aquí y ahora. Eso es. Po-

dría ser interesante empezar por el sonido más fuerte que puedas percibir en este momento. A continuación, encuentra un sonido que no sea ni fuerte ni suave, un sonido medio. Ahora me pregunto cuál es el sonido más suave que puedes escuchar... ¿puedes oír tu respiración? Eso es. Perfecto.

Después, invita a tus ojos a que se fijen en dos colores que puedas ver en la parte posterior de tus párpados. El primero está directamente delante de ti... y luego, con la siguiente inhalación, ¿qué color puedes ver cerca de tu coronilla cuando haces rodar tus ojos hacia arriba, arriba, arriba?

En la siguiente exhalación, deja que los ojos floten hacia abajo, abajo, abajo... y luego simplemente permite que se relajen para que cualquier tensión residual se aleje flotando. Sí, eso es. Y ahora te invito a que sientas una respiración. Deja que la respiración te respire. ¿Puedes sentir cómo la respiración te mece? ¿Puedes sentir el lugar en el que la respiración es más relajante? Deja que esa sensación agradable o relajante se extienda por todo el cerebro y el cuerpo. Eso es. Perfecto.

Mientras sintonizas con tus sentidos, arraigado/a en este momento presente, es posible que descubras que los juicios, el escrutinio y las defensas del consciente se empiezan a alejar flotando. Y te acuerdas de que el subconsciente siempre está velando por ti; ve tu mayor potencial hoy y las posibilidades que puedes esperar con ilusión mañana. A lo largo de este proceso de sanación, probablemente encontrarás que las imágenes y los recuerdos son más intensos y reales cuando los ves a través de la lente del subconsciente.

Y también es agradable recordar que eres el observador de todo lo que ocurre aquí, ¿no es así? Recuerda que siempre tienes el poder de minimizar o cerrar una pantalla. O, si lo deseas, poner el volumen en silencio... Todas las cosas que ahora sabes cómo hacer. ¿No es agradable saber que tienes el control en todo momento, aquí, en esta práctica? La mayoría de las personas afirma que esta mayor sensación de control permanece con ellas incluso cuando esta práctica ha concluido.

Te invito a que envíes un mensaje a tu subconsciente ahora mismo diciéndole que hoy sólo vas a ver, escuchar y experimentar lo que estás preparado para ver, escuchar y experimentar. Llama a tu subconsciente ahora mismo y pídele suavemente que te ayude de la manera en que más lo necesites hoy.

¿No es agradable saber que tu subconsciente está conspirando a tu favor y siempre sabe lo que necesitas para sanar? Sabe qué pequeño paso estás preparado para dar hoy, y quizás también qué paso darás mañana. O tal vez dé ese paso por ti esta noche mientras sueñas. Y sentirás que todo ello es fácil y que no requiere ningún esfuerzo.

En unos instantes, utilizarás el poder de tu mente para ver y sentir que estás bajando por una escalera mecánica con doce plantas. Visualízate en la parte superior de la escalera mecánica… Eso es. Puedes verla, ¿verdad? ¿De qué color es? Ya tienes la sensación de que este viaje será relajante y cómodo.

Visualízate bajando por esta escalera ahora y siéntelo.

12. Estás empezando a sentir que te invade una profunda sensación de relajación. Eso es.

11. Mientras sientes que vas descendiendo por la escalera mecánica, en cada piso estás el doble de relajado/a que en el anterior.

10. Simplemente deja que el cuerpo se tome todo el tiempo que necesite. Muchas personas advierten que su respiración resulta más lenta y más relajada. Me pregunto si puedes notar que tu respiración está descendiendo a tu vientre, como lo hace cuando el subconsciente comienza a tomar el control. Es una señal de que estás más relajado/a. Cuando la respiración se torna más lenta, la mente se calma.

9. Me pregunto si puedes sentir verdaderamente la sensación de que el cuerpo está descendiendo… de forma continua y con serenidad. Y, mientras lo haces, estás cada vez más tranquilo/a, relajado/a y cómodo/a.

8. Quizás ahora notes que esta relajación puede ayudarte a liberar cualquier tensión que exista en tu cuerpo. Cuando eso ocurre, tu mente deja ir fácilmente cualquier remanente de pensamientos conscientes o preocupaciones. Eso es. Bien.

7. Ahora estás más relajado/a. Es como si cada piso por el que pasa esta escalera eléctrica te ayudara a estar dos o incluso tres veces más relajado/a y cómodo/a que antes. Y cuando eso ocurre, me pregunto si notarás lo agradable que se siente. Perfecto.

6. Ya estás a mitad de camino. Así es. Ahora liberas un poco más. ¿No consideras que es una sensación agradable? Te mereces este descanso. Después de todo, haces mucho en tu vida cotidiana, ¿no es así?

5. Ya casi has llegado, y es posible que notes que la mente incorpora la misma cualidad de «muñeco de trapo» que puedes sentir en el cuerpo ahora. Tu mente ya no tiene que hacer nada. Me pregunto si ya has empezado a sentir como si hubiera algo que deberías soltar hoy. En cualquier caso, puede ser increíble simplemente disponer de este tiempo para descansar y relajarte.

4. Ahora, al sentir que desciendes hacia el siguiente piso, es posible que notes que un maravilloso estado de ensueño se apodera de ti (ahora o en algún momento durante este viaje).

3. Ya casi has llegado. Eso es. Lo estás haciendo muy bien... y apenas has comenzado.

2. Estás deslizándote hacia abajo y ahora te encuentras en el penúltimo piso. Perfecto. Te sientes dos o incluso tres veces más tranquilo/a, adormilado o relajado en este piso que en el anterior.

1. Ahora observa... ¿en qué parte del cerebro o del cuerpo te sientes más relajado? Si lo deseas, puedes dejar que esa relajación se extienda al resto de tu cuerpo, especialmente al lugar donde más lo necesitas. Tómate el tiempo que quieras para disfrutar de este tipo de experiencia que estás sintiendo ahora mismo. Eso es. Muy bien.

Ahora que has sentido cómo el cuerpo descendía por la escalera mecánica, probablemente has notado que el cerebro ha empezado a ralentizarse y a entrar en un estado de relajación sanadora.

En unos instantes sentirás que el cuerpo comienza a flotar hacia arriba al mismo tiempo que tu consciencia se empieza a expandir mientras cuento del uno al siete. Mientras estas dos cosas ocurren (el cuerpo flota y la consciencia se expande), es posible que notes una sensación incluso más profunda de paz y relajación.

Mientras el cuerpo flota, muchas personas advierten también que se sienten con calor, como si estuvieran tomando un baño caliente o flotando en el océano un día de verano. Y con que más lo practiques, más perderás la sensación del tiempo y el espacio. Quizás incluso descubras que, si lo deseas, puedes crear la sensación de «dejar» el cuerpo físico durante este tiempo de sanación que te has otorgado. Si te resulta cómodo, podrías ver cómo tu consciencia sale del cuerpo físico como una especie de experiencia momentánea extracorpórea. Tu consciencia regresará sin esfuerzo al final de esta práctica... o en el momento que tú lo desees.

Contando ahora:

1. El cuerpo flota.

2. La consciencia asciende y se expande, y ahora es más grande que el cuerpo.

3. El cuerpo se vuelve más liviano y siente más calor.

4. La consciencia está ascendiendo y expandiéndose aún más y ahora llena la estancia.

5. El cuerpo ahora no pesa casi nada.

6. La consciencia elevada y expandida está uniéndose con el universo.

7. Es profundo y relajado. Perfecto.

Ahora te invito a que le pidas a tu subconsciente que te ayude visualizando a una persona o una escena que te ayude a sentirte seguro/a..., tranquilo/a... y relajado/a. ¿Llevarás contigo a una persona o una energía en este viaje de sanación?

Si es una persona, quizás desees verla a tu lado. ¿Te gustaría ver a esa persona tomándote de la mano? Es muy agradable saber que no estás solo/a y es muy tranquilizador saber que tienes el control. Eso es. Si un sentimiento o algún tipo de energía pasa por tu mente, quizás puedas sentir que tomas una parte de esto y la coses alrededor del corazón o guardas un poco en un bolsillo. Eso es. Perfecto.

Ahora me gustaría que imaginaras que ves un lienzo en blanco delante de ti. Quizás este lienzo represente la pantalla en la que tu subconsciente proyecta tus sueños, como una pantalla de cine al aire libre. En unos instantes voy a pedirte que proyectes una imagen en esa pantalla.

Recuerda que tu subconsciente también está cuidando de ti, de manera que no te mostrará nada que no estés preparado/a para ver. Puedes usar este mismo guion diez veces, y en cada ocasión es posible que te muestre un poco más. ¿No es tranquilizador? Se trata de tu subconsciente cuidando de ti… tu propia madre interior de tu niño interior. Esta experiencia va a ayudarte a estresarte menos y a encontrar la serenidad.

Los factores estresantes actuales suelen ser el resultado de los recuerdos del pasado. Algo o alguien te estresa y no sabes por qué. ¿A quién te recuerda esa persona? ¿Por qué te afecta? ¿Es un recuerdo en particular o es simplemente algo más profundo acerca de quién eres?… ¿Algo acerca de a quién respondes y por qué? ¿Por qué le temes tanto a esto o aquello, o a cualquier tipo de situación que te asusta? Probablemente tu cerebro haya asociado un recuerdo con el miedo. Ah, eso es. Fue el gato viejo de tu tía… Por eso tienes miedo a los gatos en la actualidad.

O quizás, sólo quizás, ese miedo sea algo que le ocurrió a uno de tus antepasados. Después de todo, ahora sabes que el miedo puede estar codificado y puedes haberlo heredado. Después de todo, de ahí vienen nuestros miedos instintivos, ¿no es así? Y si hubiera una llave para abrir esa puerta para verlo, estaría aquí, a través del subconsciente. Por lo tanto, si crees que puedes ver los miedos de tus antepasados, entonces podrías ver incluso eso, si lo desearas.

Ahora le voy a pedir a tu subconsciente que retroceda la cinta todo lo que lo necesites (hasta la primera vez que te sentiste así). Delante de ti está ese lienzo en blanco. En unos instantes voy a contar del tres al uno… y luego vas a escuchar cómo chasqueo los dedos… Cuando oigas ese chasquido, tu subconsciente va a proyectar la raíz de tu estrés, ansiedad o miedo: la primera vez que te sentiste así… o al menos tanto como estés preparado para ver hoy. En algunos casos, el origen puede ser bastante simple. En otros, puede ser complejo. Con una actitud abierta, simplemente deja que tu subconsciente encuentre la escena o las imágenes.

Tres… dos… uno. (Chasquido)

¿Qué ves en tu pantalla?

¿Ves la raíz de tu estrés, miedo o ansiedad, o simplemente te estás acordando de algo que ya sabías acerca de ti? Para la mayoría de las personas, el simple hecho de conocer el origen de su miedo o del estrés, por sí solo, ya

es tranquilizador. ¿Tuviste un pequeño (o quizás significativo) momento de revelación?

Ahora, la mayoría de la gente experimenta un movimiento ocular de lado a lado mientras se relaja durante la práctica de la TVS. Mientras cuento hacia atrás del tres al uno, deja que tus ojos se relajen. Los ojos se moverán un poco más de izquierda a derecha. Y, en esta ocasión, proyecta la escena o las escenas que encontraste, de principio a fin… y si llegas hasta el final, simplemente haz que vuelva a empezar otra vez. Estás presionando el botón play y dejando que tus ojos se muevan ahora mientras cuento tres… dos… uno.

Ahora inspira mientras cuento tres: uno, dos, tres. Espira mientras cuento seis: uno, dos, tres, cuatro, cinco, seis. Muchas personas notan cierta tensión, pero al menos una o dos zonas del cuerpo están relajadas. Ahora, mientras cuento del uno al cinco, el cerebro subconsciente extenderá esa relajación al resto de la mente, el cuerpo y el espíritu: uno, dos, tres, cuatro, cinco. Eso es. Perfecto.

En esta ocasión, te invito a que repases la misma escena. Pero ahora simplemente fíjate en todo lo que hiciste para manejar el estrés bastante bien. Mientras lanzas esa misma escena en el lienzo en blanco de tu mente, debes ver todas las cosas que hiciste para ayudarte a sentirte a salvo y seguro/a. ¿No es agradable pensar en lo que ya estás haciendo bien? En este estado relajado y cómodo, es posible que también adviertas que tu respiración está empezando a migrar hacia el vientre y se está haciendo más lenta y constante, lo cual es una señal de que te encuentras en un maravilloso estado al que denominamos «descansar y digerir». Observa en qué parte de tu cuerpo sientes la mayor serenidad. ¿No es maravilloso saber que ya estás asociando un estado de serenidad con esas imágenes?

Entonces, en unos instantes, cuando presiones el botón play, harás dos cosas. En primer lugar, visualiza esta escena: cómo manejaste el estrés de una forma sumamente adecuada. En segundo lugar, observa en qué partes de tu cuerpo te sientes más relajado/a. Presionando el botón play, e invitando a tus ojos a moverse de lado a lado, comienza la cuenta de tres… dos… uno (izquierda-derecha-izquierda- derecha).

Ahora inspira mientras cuento hasta tres: uno, dos, tres. Espira mientras cuento hasta seis: uno, dos, tres, cuatro, cinco, seis. Muchas personas notan cierta tensión, pero al menos una o dos zonas del cuerpo se sienten relajadas. Ahora, mientras cuento del uno al cinco, el cerebro subconsciente extenderá esa relajación al resto de la mente, el cuerpo y el espíritu: uno, dos, tres, cuatro, cinco. Eso es. Perfecto.

Y ahora es el momento de imaginar que tienes acceso a un software de edición avanzado y a unos cables que sólo el subconsciente puede tocar. Me pregunto qué le gustaría a tu cerebro subconsciente hacerle a esa escena. Imagina que está accediendo a ese panel en este momento y visualizando que todas esas cosas están ocurriendo aquí y ahora. ¿Estás transformando al gato que parecía grande y atemorizador en un personaje de cómic diminuto y feliz? ¿O estás bajando el volumen en una escena de tu pasado? ¿Te gustaría convertir en unos sonidos graciosos esos ruidos fuertes que tu cerebro inicialmente codificó como «miedo»? En este momento, ¿cómo estás reprogramando tu cerebro? Quizás te gustaría desaprender una asociación para no fijarte en las cosas que te causan estrés o miedo. ¿O te gustaría decirle al cerebro que esa cosa que pensabas que era desagradable en realidad es agradable? En cualquier caso, es bastante interesante ver cuántas cosas puedes cambiar por medio del cerebro subconsciente. Puedes utilizar la creatividad de tu subconsciente para hacer cualquier cosa que desees. Él sabe cómo cuidar mejor de ti. En unos instantes, el poder del cerebro subconsciente comenzará a liberarte. Y, una vez más, observa (en este estado maravillosamente relajado) en qué parte de tu cuerpo te sientes más relajado/a. Eso es. Perfecto.

En esta ocasión, vuelve a proyectar esa película. Y deja que el subconsciente edite la escena de la forma que desee. Edita la escena. Ese lienzo está delante de ti, y tu subconsciente es el artista (del mismo modo que el lienzo en blanco de los sueños que ves cada noche). Una vez más, deja que tus ojos se muevan de lado a lado mientras presionas play... y ahora también edita, borra, pon en silencio o lo que desees, mientras cuento tres... dos... uno (tonos de audio izquierda-derecha-izquierda-derecha).

Ahora inspira mientras cuento hasta tres: uno, dos, tres. Espira mientras cuento hasta seis: uno, dos, tres, cuatro, cinco, seis. Muchas personas notan cierta tensión, pero al menos una o dos zonas del cuerpo se sienten relajadas. Ahora, mientras cuento del uno al cinco, el cerebro subconsciente extenderá esa relajación al resto de la mente, el cuerpo y el espíritu: uno, dos, tres, cuatro, cinco. Eso es. Perfecto.

Y ahora deja que el cerebro subconsciente avance hasta el presente. ¿No es interesante que el cerebro subconsciente ya haya empezado a liberarte? ¿Fue la forma en que te ayudó a atar cabos, o fue la manera en que te ayudó a ver que ya estabas manejando tu vida bastante bien? ¿Qué fue para ti?

Tómate unos minutos para observar qué es lo que sientes diferente ahora. No sé si la diferencia será sutil o significativa, pero notarás algo en este momento o mañana por la tarde. ¿No es interesante que en este momento incluso puedas ser capaz de encontrar una o dos pruebas de que eres más fuerte, más tranquilo/a y más valiente de lo que creías?

Y, en este momento, es como si estuvieras flotando en una nube. Sabes aquí y ahora, en este estado relajado, tranquilo, seguro, valiente y cómodo, que eres mucho más fuerte de lo que creías. La evitación que habías estado utilizando antes para lidiar con tus miedos o con tu estrés era simplemente un mecanismo de afrontamiento, ¿no es cierto? La evitación sólo es necesaria como una manera de mantenerte a salvo cuando no tienes ninguna otra forma de manejar tu miedo... pero ahora sabes cómo hacerlo, ¿verdad? Has cambiado. Puedes sentirlo, ¿no es así? Y has utilizado la fuerza que te permite pasar a través de él, no alrededor de él. Y al hacerlo, te estás liberando.

Ahora, aquí y en este instante... mientras reflexionas acerca de quién eres hoy, me pregunto qué situación o momento te ayudará a recordar lo fuerte que eres. Lo ves, ¿verdad? Y cuando encuentres ese recuerdo que te hace recordar tu fuerza, entonces la evitación y el miedo que habías estado utilizando se empezarán a evaporar. ¿No es increíble? Cuando recuerdas lo capaz y lo valiente que eres, ya no necesitas tener miedo, ¿no es así? Me pregunto qué recuerdo te ha mostrado tu subconsciente en este momento que te está ayudando a acceder a tu fuerza y tu valentía inherentes.

Ahora, piensa en ese patrón de pensamiento trampa o mantra negativo que escribiste en el paso 1. Me pregunto qué parte de esta experiencia ha aflojado tu creencia (¿el subconsciente ha transformado en optimismo ese pesimismo y su forma de pensar catastrófica, que siempre espera lo peor?). En este punto de la práctica, la mayoría de las personas encuentra que ya empieza a considerar lo probable más que lo posible (y esto hace maravillas cuando se trata de liberarnos del miedo). ¿No es agradable saberlo? Quizás solía haber un mantra. ¿Solías ir por la vida con un mantra que era algo así como «No estoy bien»? Llegado este punto, estás empezando a darte cuenta de que sí, estás bien… y estarás aún mejor en el futuro. Ahora, imagina un dial de serenidad. Visualízate subiendo ese dial. Hasta arriba… desde cinco a seis y a siete. Hasta llegar a diez. Eso es. ¿Acaso esto no te ayuda a sentirte muy relajado/a? ¿Muy sereno/a?

Y ahora, mientras avanzas la cinta en tu imaginación, visualízate en el futuro. Con la seguridad que te ha dado todo lo que ya has hecho, visualízate dando un pequeño paso en tu vida (algo que te ayudará a vencer el miedo, a ser incluso más libre). El poder del subconsciente te ayuda a ver esto como si estuviera ocurriendo aquí y ahora. Y cuando eso es así, es como si tu mente de Jedi engañara a tu cerebro haciéndolo creer que ya has conquistado tus miedos. Si lo deseas, incluso podrías potenciar este paso con fotos o vídeos (dejando que tus ojos floten y se abran sólo un poco durante esta parte de la TVS si hay una fobia que estás conquistando). Haz que tu cerebro crea que está entrando en contacto con ese gato o con cualquier otra cosa que desees conquistar. Sabes que puedes hacerlo ahora, ¿verdad? O simplemente puedes dejar que tu subconsciente cree la realidad virtual en la que eres una persona serena, segura de sí misma y valiente frente a eso que temes, o que lidia con facilidad con eso que solía causarte estrés. Eso es. Perfecto.

¿Qué pequeño paso viene después de eso? Visualízalo ahora. Si se trata de estresarte menos… ¿qué es lo que harás de una forma un poco distinta en el futuro para estresarte menos? ¿La voz de tu jefa te recordará toda la paciencia y gracia que ya sabes que tienes? Me pregunto si esa clase de yoga se convertirá en una prioridad. Me pregunto si simplemente no percibirás aquello que antes te causaba estrés. ¿Has reprogramado algo y lo has clasificado como otra cosa y ahora se encuentra bajo un paraguas que dice «estas cosas son agradables»? Cuando clasificas las cosas de una

manera distinta, eso también te da la oportunidad de tener experiencias positivas en el futuro, de manera que las visualizaciones que acabas de ver se convierten en una realidad. Además, debes reconocer un poco tu mérito por todas las cosas que haces para cuidar de ti, como esta práctica que estás realizando hoy. Y cuando lo hagas, lleva suavemente tu atención hacia la parte de tu cuerpo en la que sientes la mayor relajación.

¿Y no es bonito saber que el cerebro subconsciente siempre estará buscando oportunidades para continuar esta sanación? Me pregunto si continuará mostrándote en tus sueños las cosas que podrías hacer de una manera distinta. Muchas personas tienen un sueño de lo más agradable después de haber clasificado de una forma diferente los objetos que antes les parecían desagradables, convirtiéndolos en objetos agradables. Eso es gracioso. ¿De dónde viene ese sueño? ¿Te mostrará el subconsciente todas las oportunidades para crear cambios en tu vida cotidiana (desde practicar la TVS con más frecuencia hasta practicar la meditación, hacer más ejercicio o comer más alimentos que equilibren el cerebro? Es maravilloso darse cuenta de que hay muchas cosas que puedes cambiar.

En unos instantes, habrás profundizado esta relajación una vez más, de manera que las semillas de positividad estarán plantadas en tu subconsciente. Ahora estás haciendo más profunda esta maravillosa sensación de estar relajado/a y cómodo en tres... dos... uno. Eso es.

Reflexiona sobre el hecho de que hoy ya has hecho mucho para sanar, ¿no es así? Será interesante observar si los cambios que sientes serán inmediatos cuando esta práctica haya llegado a su fin o si los percibirás el martes que viene por la tarde. Habrá un momento en el que se te presentará una imagen o una voz, y aquí y ahora te invito a que convides a tu subconsciente a que combine esa imagen o esa voz con las partes más relajantes de la práctica de hoy. En el futuro, será muy interesante ver cómo esa imagen o ese sonido te recordará instantáneamente esta sensación relajante. Será como si ahora fuera una señal para que tu cerebro libere su farmacia interior de sustancias químicas relajantes; tu propio Xanax, por así decirlo. Y me pregunto qué sentimiento o fortaleza tuya también se emparejarán con esta imagen, este sonido o esta experiencia. ¿Te recordará tu valentía? ¿O tu paciencia y tu gracia? Si tu subconsciente piensa que es lo mejor para ti, es posible que incluso decida hacer que aquello que no necesitas sea totalmente irreconocible, invisible, silencioso u olvidado inmediatamente después de que lo veas, o lo escuches... ¿No sería interesante? Cualquier comentario que antes te impedía tener una sensación de paz y tranquilidad, ahora, súbitamente, será como si te hablaran en una lengua extranjera... entonces será como si sólo pudieras oír a esa persona cuando te dice palabras de amabilidad.

Si hay algo que solía causarte miedo, pero es algo a lo que podrías ser totalmente ciego o sordo, podrías elegir no volver a percibir ese objeto... o cambiarlo. Me pregunto si este objeto conocido se convertirá de repente en algo extraño que nunca antes habías visto o encontrado, como si estuvieras en otro continente (estás saludando a este ser maravilloso y peludo por primera vez). ¿No sería interesante tener un nuevo comienzo? Quizás ese sonido se vuelva silencioso, o pierdas ese tipo de audición... manteniendo tu sentido del oído sólo para todos los sonidos que necesitas percibir para mantenerte verdaderamente a salvo. ¿Tu cerebro seguirá oyendo las verdaderas alarmas de humo? Sí. ¿Oirá los sonidos o se volverá sensible a las señales que hacen que tu hiperactivo detector de humo interior se active? No. ¿No sería eso sumamente tranquilizador?

En cualquier caso, sé que tu subconsciente es probable que ya sepa cuál es la mejor manera de cuidar de ti... ¿No es agradable saberlo? Hoy has encontrado aquí algo sanador que te ayudará. Me pregunto qué ha sido eso aquí, hoy, para ti y para tu cerebro. Ya has plantado mucho en términos de serenidad sanadora y consuelo. Me pregunto qué día o en qué momento notarás verdaderamente que esta sanación ha prosperado.

Ahora es el momento de construir un puente para que puedas llevar todo lo que has obtenido de esta práctica a tu vida real, cotidiana. Siempre que necesites recordar algo de lo que has descubierto aquí, o todo, tendrás una manera de hacerlo. La primera parte de la construcción de este puente incluye un botón.

En primer lugar, deseo que encuentres las tres mejores cosas que has obtenido. Quizás fueran lecciones o revelaciones. Me pregunto si fueron energías o sentimientos; incluso podrías visualizarlos como colores, si lo deseas. Ahora, haz que la mejor parte de lo que has obtenido descienda por tu brazo dominante hasta llegar a tu mano dominante. Reúne e intensifica la positividad, la libertad y la fortaleza en el dedo índice. Eso es. Ahora, frota la yema de ese dedo índice con el pulgar de la misma mano. ¿Puedes sentirlo? Ahí. Acabas de crear un botón. En tu vida cotidiana, cada vez que necesites un poco de lo que has creado aquí, lo único que tienes que hacer es presionar ese botón. Todos los sentimientos, las lecciones o la libertad regresarán como un chorro. Si entras en contacto con algo estresante y necesitas una pequeña dosis adicional de las sustancias químicas del cerebro que alivian el estrés, lo único que tienes que hacer es presionar ese botón. ¿No es agradable saber que ese botón está ahí para ti en todo momento?

En segundo lugar, reúne todas las cosas residuales de las que te quieres deshacer: resentimientos, negatividad, patrones de pensamiento trampa, la sensación de estar atascado/a. Ahora, visualiza un globo atado al dedo índice de tu mano no dominante. ¿Puedes sentirlo? Visualiza que ese globo estalla cuando lo llenas con el «aire caliente» de las cosas que no son beneficiosas para ti. Muchas personas incluso pueden notar que ese dedo empieza a levantarse por sí solo. ¿No es interesante? Una última cosa aquí… ¿Hay una última pizca de estrés o de miedo que te gustaría enviar a ese globo? Eso es.

Ahora, frota ese pulgar contra tu dedo índice no dominante para desatar el globo de tu dedo. En tu mente, visualiza que ese globo se aleja flotando y se va muy muy lejos. ¿Puedes ver cómo se vuelve más pequeño? Ahora es diminuto. Síguelo hasta que desaparezca.

Siempre que adviertas que este estrés, miedo o tensión empiece a entrar en tu vida real, lo único que tienes que hacer es ponerlo dentro de este globo que está atado al dedo índice de tu mano no dominante. Luego, frota tu pulgar para desatar la cuerda… y deja que todo se vaya. En todo momento, tienes el poder de liberarte.

GUION OPCIONAL PARA VOLVER A ESTAR ALERTA

Ahora, visualízate ascendiendo por esa escalera mecánica. Estarás el doble de alerta y despierto/a a medida que vayas subiendo a cada piso.

Recuperarás tu estado de vigilia normal mientras tu consciencia regresa completamente a tu cuerpo. Eso es.

1. Siente que ahora estás cada vez más alerta mientras te visualizas ascendiendo por esa escalera.

2. Cada vez que subas un escalón, estarás más despierto/a. Adviertes que tu consciencia está regresando a tu cuerpo.

3. Quizás podrías mover los dedos de las manos y los pies... mientras vas ascendiendo por la escalera.

4. Eso es. Alerta y activado/a.

5. Estás el doble de energizado y despierto que en el piso anterior.

6. Te estás deslizando hacia arriba.

7. Realmente sientes una mayor sensación de energía y que tu consciencia retorna a tu cuerpo.

8. Eso es.

9. Alerta y activado/a... y moviendo los dedos de las manos y de los pies un poco más.

10. Sientes cómo tu cuerpo asciende.

11. Ya casi has llegado.

12. Abres los ojos. Y, cuando lo haces, te sientes completamente renovado/a, descansado/a y relajado/a.

Para asegurarte de que estás completamente consciente otra vez, mira a tu alrededor en la estancia y nombra en voz alta diez cosas que veas, escucha música que tenga mucha energía o da veinticinco saltos.

CAPÍTULO 9

TVS para mejorar tu estado de ánimo

Probablemente es fácil entender que la TVS puede deshacer la asociación de algo que has aprendido, como ver un gato y el miedo. Pero el estado de ánimo... parecería que está más programado, ¿no es verdad? Naciste con una tendencia, genéticamente influida, a tener unos estados de ánimo, y eso no se puede cambiar. ¿O sí? Si escuchas todos los anuncios publicitarios de antidepresivos de la televisión (los cuales, dicho sea de paso, es ilegal anunciar en todos los países, excepto Nueva Zelanda), eso es lo que quieren hacerte creer. Esas empresas farmacéuticas saben mucho acerca del comportamiento humano y cómo hacer que tu cerebro piense que estás deprimido y necesitas ese medicamento. Tienes baja la serotonina y la última pastilla que han sacado a la venta es justo lo que precisas. Y quizás tengan razón. La depresión *es* dolorosa, ¿no es verdad? Quizás *sí* te has estado sintiendo más dolorido últimamente. Tal vez necesites esa pastilla.

¿No te parece interesante que los anuncios publicitarios de medicamentos te hablen de una manera similar a las frases que oyes durante la TVS? Pero hay una diferencia evidente. El lenguaje, las imágenes e incluso el nombre feliz de la nueva pastilla del día (por ejemplo, Brintellix, Viibryd, Cymbalta) conecta con la sugestionabilidad inherente del cerebro para convencerte de que precisas la última maravillosa pastilla «feliz» porque no estás bien. Por otro lado, la TVS te ayuda a acceder a tu propia fuente interior de recursos y fortalezas (porque estás *mejor* de lo que estás dispuesto a reconocer).

Entonces, ¿puede la TVS ayudar a mejorar tu estado de ánimo? Sí, la TVS es una herramienta poderosa para ayudar a convertirte en una persona más optimista, al tiempo que te ayuda a mejorar tu estado de ánimo. Lo que empieza siendo una sugestión se convierte en un impulso científicamente válido. Cuando comiences a escuchar el audio que grabarás para la TVS para este capítulo, será como si te estuvieras poniendo unas gafas de color de rosa. Esas gafas te ayudarán a filtrar la información que tu cerebro recibe del mundo exterior. Tu cerebro determina si filtras la información a través de una lente que te hace ver el vaso medio lleno o medio vacío. Me imagino que ya tienes una idea de qué lente prefiere tu cerebro, ¿no es así?

Dondequiera que estés en ese espectro hoy, la TVS tiene el poder de hacer que mañana seas una persona que ve el vaso medio lleno. ¿No te gustaría parecerte un poco más a esa amiga que siempre ve el lado positivo de las cosas? Ya sabes, el tipo de persona que está alegre pase lo que pase. La buena noticia es que esa persona feliz está dentro de tu cerebro subconsciente.

LA CIENCIA DE LA TVS: MEJORAR EL ESTADO DE ÁNIMO

Es verdad que tu genética juega algún papel en el «punto de partida» de tu estado de ánimo. No obstante, el punto de partida de tu estado de ánimo normalmente es natural *y* aprendido. Las experiencias de la vida activan tus tendencias genéticas. Mientras que los genes cargan el revólver, tu situación, tus elecciones y la vida cotidiana son las que aprietan el gatillo. Por lo tanto, tus genes son expresados (o también se podría decir que son «activados») de ciertas maneras.

Piensa en un par de gemelas idénticas que, a lo largo de su infancia, siempre han visto el vaso medio lleno. Luego, la gemela A experimenta dificultades económicas, una ruptura sentimental difícil y la pérdida de un empleo a los veinte años. La gemela B, no. La gemela A podría padecer una depresión porque las situaciones difíciles activaron el gen asociado a la depresión.

Cada episodio depresivo que una persona experimenta aumenta su riesgo de tener problemas de estado de ánimo en el futuro. Eso tiene sentido, ¿no es así? Cuando estás de mal humor, es más probable que evites todas las actividades que están relacionadas con el bienestar: hacer ejercicio, comer bien, socializar, e incluso hacer la cama. Y, entonces, se inicia una espiral descendente. El tren fuera de control del mal humor conduce a más mal humor.

En ocasiones los sentimientos son información. Te dicen: tienes que realizar un cambio en tu vida. Es hora de que te traslades a otra ciudad o encuentres una nueva carrera. Pero cuando te quedas atascado en patrones de comportamiento poco saludables, entonces esos sentimientos ya no son fiables. Es como si empezaras a ver el mundo entero a través de unas gafas sucias. Comienzas a sentirte desanimado. Empiezas a perder la esperanza de volver a ver el mundo con claridad. Esto crea un circuito de retroalimentación negativa en el cerebro, el cual puede llevarte a tener incluso más malos humores.

La gemela A podría experimentar problemas de estado de ánimo durante años y convertirse en una persona que siempre ve el vaso medio vacío. Hoy ve el mundo a través de una lente de «nada me sale bien». Por otro lado, la gemela B continúa siendo una persona que ve el vaso medio lleno; sigue usando esa lente de «el universo conspira a mi favor». El cerebro busca pruebas que corroboren cualquiera de esos dos mantras; este sesgo confirmatorio es tu tendencia a interpretar las situaciones de una forma que te proporciona evidencias de tu sistema de creencias existente.

Pon a prueba tu sesgo confirmatorio ahora. Mira a tu alrededor de la estancia mientras pronuncias la palabra *rojo* para ti mismo. ¿Ves cómo tu ojo se fija en el color rojo, a pesar de que los colores en la habitación no han cambiado? Éste es un ejemplo simple, pero el sesgo confirmatorio es lo que suele hacer que lleguemos a conclusiones precipitadas. La TVS te ayuda a cambiar la lente para que puedas usar el tipo de sesgo confirmatorio de la gemela B: buscar lo que *está bien*. Es como Lasik para tu cerebro.

Ahora vuelve a la página 74. ¿Cuál es tu mantra negativo? ¿Qué evidencias encuentra tu cerebro para apoyarlo? Lo increíble es que la

TVS tiene el poder de ayudar a *ambas* gemelas. La gemela B recibe incluso más optimismo y positividad y una mejora en su estado de ánimo. Y lo que puede hacer la TVS por la gemela A es realmente asombroso: puede ayudarla a volver a ser una persona que ve el vaso medio lleno. Puede hacer un corto circuito en ese tren fuera de control de malos humores, de conversación interna negativa y de comportamientos poco saludables. La TVS sienta las bases para que tu cerebro vuelva a recuperar el rumbo, creando un nuevo sesgo confirmatorio. Transforma ese patrón de pensamiento trampa, reprograma tu mantra y hace que tu comportamiento sea más saludable.

> **Recordatorio**
>
> Este libro contiene una TVS autoguiada como una herramienta para mejorar el estado de ánimo. Esto no es un sustitutivo del tratamiento hospitalario o intensivo ambulatorio cuando existe una enfermedad mental severa. Recuerda: la TVS también puede ser utilizada con un proveedor como parte de un plan de tratamiento integrador.

¿Recuerdas también el truco mental del cerebro subconsciente del Jedi en el último capítulo: la capacidad de cambiar el procesamiento descendente? ¿No sería agradable simplemente *no percibir* aquello que activa el mal humor? ¿Y si pudiera convertir los comentarios que arruinan el momento presente en palabras sin sentido, de manera que sólo pudieras entender los elogios? Sería como si te volvieras completamente sordo a los comentarios negativos de la gente. Quizás también te gustaría que plante positividad para que, cuando te sientas un poco desanimado, puedas, fácilmente y sin esfuerzo, asistir a tu clase de yoga, comer berza orgánica y pasar el rato con personas que te aporten cosas buenas. Si lo deseas, incluso puedo sugerir que cuidarás mejor de ti cuando recibas una respuesta dura o malas noticias. De esa manera, después de unos minutos, el estado de ánimo poco ideal simplemente desaparece... y puedes ver el sol otra vez.

PERO ¿Y QUE OCURRE SI HAY DEPRESIÓN?

Ya sabes que la anticuada y comprobada TCC es más efectiva para tratar la ansiedad, el miedo y el estrés cuando se potencia con el cerebro subconsciente. La buena noticia es que esto también ha sido comprobado con la depresión. Un estudio reciente demostró que las técnicas basadas en el subconsciente con TCC ayudaron a mejorar el estado de ánimo de los participantes, ayudándoles a sentirse más esperanzados. Este estudio dividió a los ochenta y cuatro participantes diagnosticados con depresión en dos grupos. El grupo 1 fue tratado con la buena y anticuada TCC. El grupo 2 recibió la TCC *con* técnicas que utilizan el cerebro subconsciente. Aunque ambos grupos mejoraron, el grupo 2 experimentó una mayor mejoría en el estado de ánimo y en la esperanza.[1] Ésta es una gran noticia para la gemela A, porque puede ayudarla a interrumpir la espiral descendente de malos humores... y elecciones poco saludables... y una visión pesimista...

La TCC en sí misma funciona bastante bien para ayudar a las personas a mejorar su estado de ánimo y a tener una visión más optimista. Yo recomiendo combinar ambas prácticas para tratar la depresión (lo cual, por supuesto, es lo que harás al practicar la TVS). El libro clásico de Martin Seligman, *Aprenda optimismo*, funciona apuntando a tres patrones de pensamiento trampa que afectan a los pesimistas y a las personas con declives en su estado de ánimo. Éstas tienden a ser trampas distintas de las de las personas con ansiedad (es decir, parálisis por análisis y polarización). Uno de los principios fundamentales en *Aprenda optimismo* consiste en cambiar los patrones de pensamiento trampa a través de los procesos que el cerebro consciente gobierna.

---

1. A. Alladin y A. Alibhai (2007). «Cognitive Hypnotherapy for Depression: An Empirical Investigation», *International Journal of Clinical and Experimental Hypnosis,* 55 (2): 147-166.

Estos son:

1. **Permanencia:** los optimistas creen que los hechos negativos son *temporales*, mientras que las cosas buenas ocurren por motivos permanentes. Los pesimistas creen lo contrario: que los cielos grises están aquí para quedarse y que los arcoíris son fugaces.
2. **Generalización:** los optimistas no dejan que una mala experiencia afecte a todas las áreas de sus vidas. Los optimistas consideran que las experiencias negativas de la vida son específicas. Los pesimistas hacen lo contrario: consideran que las experiencias negativas son globales. No dejes que un poco de tierra embarre todo el estanque.
3. **Personalización:** los optimistas atribuyen los sucesos malos a causas que no tienen nada que ver con ellos y reconocen su mérito cuando ocurren cosas buenas. Los pesimistas hacen lo contrario: se culpan por las cosas que salen mal y no reconocen su mérito cuando salen bien.

Cambiar estos patrones de pensamiento trampa a través del cerebro consciente ciertamente funciona. Apunta al *pensamiento* y luego toma la decisión consciente de cambiar tu *experiencia,* lo cual cambia el pensamiento *y* la forma en que te sientes. Ésa es la esencia de la TCC, y yo utilizo estas estrategias con mis pacientes todo el tiempo.

Cualquier pensamiento que no te anime comience a disiparse como la niebla que se aleja por un prado durante la mañana.

Pero ¿no sería agradable poder hacer que esos cambios arraiguen más profundamente? Eso es lo que la TVS puede ayudarte a hacer, utilizando el cerebro consciente *y* el poder del subconsciente. ¿No sería bonito que súbitamente te convirtieras en una persona optimista? ¿Te gustaría que te recordaran que cualquier cielo gris pronto dará lugar a un día soleado? O quizás necesites que te planten un poco de positividad para que puedas participar sin esfuerzo en actividades que te hagan feliz, incluso cuando algo no salió como tú esperabas. Me pregunto si te gustaría que te recordaran lo *capaz* y *seguro de ti mismo* que eres... para que cualquier pensamiento que no te anime comience a disiparse como la niebla que se aleja por un prado durante la mañana.

UN TRÍO ESTUPENDO

Examinemos brevemente cómo el cerebro consciente y el cerebro subconsciente trabajan para levantarte el ánimo. La TCC funciona señalando lo que estás haciendo «mal», tus «errores» en tu forma de pensar. Luego te ayuda a que les respondas a las grabaciones negativas en tu mente. Eso es realmente bueno porque ese desagradable comité ahora tiene a alguien que lo está confrontando. Otra estrategia comprobada que uso con frecuencia es la atención plena (*mindfulness*). El protocolo basado en la evidencia de la terapia cognitiva basada en la atención plena (TCBAP) trata la depresión llevando a la persona a un lugar en el que no juzga y tiene una mente abierta. En lugar de responder a los pensamientos negativos, la atención plena te ayuda simplemente a dejar que pasen flotando. Yo soy un gran admirador de la meditación de atención plena y la TCBAP.

Es curioso que esas dos herramientas utilicen también diferentes ondas cerebrales para crear cambios. La TCC está usando el pensamiento consciente y, por lo tanto, ondas cerebrales beta y alfa. La atención plena ayuda a ralentizar de manera consciente el cerebro mediante la meditación, creando cambios sobre todo con ondas cerebrales alfa. La TVS profundiza incluso más, ralentizando el cerebro y llevándolo a un estado dominado por las ondas theta, donde el cambio profundo es posible de una forma única.

Como ya sabes, la TVS contiene elementos de la TCC y de la atención plena. Ésta no es una manera polarizada de ver cuál funciona. Es un modo de integrar todas estas herramientas basadas en la evidencia. El primer paso también incluye una breve visión general de lo que estás haciendo «mal». Pero al cerebro subconsciente le gusta lo positivo y lo que haces «bien» en lugar de lo que haces mal. ¿No es agradable concentrar la mayor parte de tu energía en intensificar lo positivo, sin centrarte tanto en lo negativo?

En lugar de responder a esas grabaciones negativas que escuchas en tu cabeza o aprender a dejar que pasen de largo flotando, ¿qué te parecería si pudieras impedir que esos viejos recuerdos aparezcan? Como ya sabes, las ondas theta del cerebro subconsciente te permiten acceder a los botones de editar, borrar y silenciar tus recuerdos. Es como poner en silencio una película aburrida y luego imaginar que tu yo más gracioso está narrando la escena. Eso cambia por completo el tono. E incluso mejor: podrías grabar una nueva cinta nueva y optimista predeterminada para escucharla en tu cerebro.

¿De dónde vienen los recuerdos negativos y desagradables? En ocasiones es la voz de tu padre o la del matón en el patio de recreo. Otras veces es posible que esa grabación no tenga nada que ver con tu pasado. Podría ser el resultado de la pura biología. A veces, un neurotransmisor como el glutamato, la dopamina, la serotonina o el GABA (o incluso una mezcla de las sustancias químicas mencionadas) tiene niveles demasiado bajos. Pero ¿puede ser por tu dieta? Después de todo, las vitaminas del grupo B y los probióticos ayudan a fabricar todos esos mensajeros químicos que hacen que uno se sienta bien. ¿Hacer más ejercicio ayudaría? ¿Te gustaría que fuera algo natural y fácil para ti? Los estudios han demostrado que el ejercicio físico puede ser incluso más poderoso que los antidepresivos de venta con receta. Un estudio de personas diagnosticadas con depresión severa las dividió en tres grupos: uno hizo ejercicio, el otro tomó el antidepresivo Zoloft y el tercero hizo ambas cosas. Después de cuatro meses, los tres grupos tuvieron prácticamente los mismos resultados, pero el grupo de la combinación tuvo un resultado un poco mejor. Sin embargo, después de diez meses, la diferencia fue clara: sólo el 8 % de los que hacían ejercicio volvieron a la depresión. A los grupos que tomaban el medicamento no les fue tan bien: el 31 % del grupo de combinación y el 38 % del grupo que sólo tomaba Zoloft continuaron teniendo problemas con su estado de ánimo.[2] Si la TVS puede ayudarte a hacer que puedas ejercitarte sin esfuerzo y con facilidad, entonces eso quiere decir que es incluso más potente que el Zoloft para ayudar a mejorar tu estado de ánimo.

Al utilizar la TVS como parte de una estrategia holística e integradora, te recomiendo que te hagas una prueba para detectar deficiencias de neurotransmisores y poder hacer un cambio en tu estilo de vida. Si necesitas más vitaminas del grupo B para aumentar la serotonina, entonces la TVS puede ayudarte a ingerir alimentos más saludables que sean ricos en nutrientes beneficiosos para el cerebro. Es por eso que la TVS es tan poderosa para ayudar a las personas a crear cambios sin esfuerzo. Puedes conocer más sobre estos análisis para detectar deficiencias de neurotransmisores y otras estrategias integradoras en mi página web, www.drmikedw.com

TVS PARA MEJORAR TU ESTADO DE ÁNIMO

Las circunstancias y las relaciones cambian todos los días y pueden tener un impacto en tu estado de ánimo. Entonces, tanto si estás lidiando con la tristeza ocasional o la depresión, vale la pena que practiques con regularidad la TVS para mejorar tu estado de ánimo. Especialmente si tu depresión está muy arraigada, usa esta TVS junto con visitas a un profesional de la salud cualificado. Esta pareja poderosa te ayudará a eliminar la negatividad de largo plazo y los patrones de pensamiento trampa.

En esta ocasión, los siete pasos de la TVS te ayudarán a mejorar tu estado de ánimo. Vuelve a realizar el paso 1 como una práctica individual, ya que se relaciona específicamente con los declives en el estado de ánimo. Luego, los pasos 2 al 7 serán una práctica continua que permitirá que te inunde un sereno sentimiento de satisfacción.

---

2. M. Babyak et al. (2000). «Exercise Treatment for Major Depression: Maintenance of Therapeutic Benefit at 10 Months», *Psychosomatic Medicine,* 62 (5): 633-638.

Paso 1: considerar el consciente.
Paso 2: activar el subconsciente.
Paso 3: revisar el pasado.
Paso 4: mejorar el presente.
Paso 5: crear el futuro.
Paso 6: plantar positividad.
Paso 7: tender puentes.

PASO 1: CONSIDERAR EL CONSCIENTE

Piensa en esos tres patrones de pensamiento trampa que anotaste en la página 73. Con respecto a los declives en tu estado de ánimo, ¿hay algún patrón de pensamiento trampa en particular que esté ligado a ellos? ¿Es un patrón de pensamiento que te impide ir a esa clase de yoga o comer boniatos? Quizás cuando revises los patrones de pensamiento de la página 44, reconozcas una nueva trampa que está vinculada a tus declives en tu estado de ánimo. Como sabes, la permanencia, la generalización y la personalización bloquean la felicidad.

Anota ese patrón de pensamiento trampa aquí:

Tipo de patrón de pensamiento trampa: ____________________

____

que, para mí, es un pensamiento algo semejante a: ____________

____

Ahora que tu cerebro consciente sabe lo que tiene que cambiar, permite que tu poderoso cerebro subconsciente vea cómo va a hacerlo.

PASOS DEL 2 AL 7 DE LA TVS PARA MEJORAR TU ESTADO DE ÁNIMO

Un poco más abajo encontrarás el guion para esta TVS. Grábate leyéndolo en voz alta. Sentado o acostado una posición cómoda, escucha el audio para mejorar tu estado de ánimo y luchar contra la depresión.

Te invito a que inicies esta práctica dejando que tus ojos se cierren mientras te instalas... mientras el cuerpo encuentra la posición más cómoda para relajarse y recargarse. Y mientras te instalas, haz cualquier ajuste de último momento que desees, descansando en este estado relajante y satisfactorio... Me pregunto si puedes llevar tu atención al lugar del cuerpo en el que sientas que estás más relajado/a. Ya sabes cómo activar el subconsciente, que siempre ha estado aquí conspirando a tu favor, así que comencemos este viaje ahora con un poco de atención plena. Con mucha facilidad, invítate a observar lo que está en tu mente aquí y ahora.

Ya sabes cómo activar el cerebro subconsciente... y en unos instantes volveremos a realizar este proceso.

Si lo deseas, podrías imaginar que cada uno de tus pensamientos o sentimientos son como nubes que ves flotando encima de ti. Y ¿no es bonito simplemente observar cada nube... y luego dejar que pase de largo flotando? Saluda a cada nube con un suave «Te veo». ¿No es agradable que no tengas que hacer nada con esa nube? Puedes limitarte a percibirla. Puedes simplemente observarla. Después de todo, no hay nada que te pueda molestar y nada que tengas que hacer en este estado relajado. Me pregunto cuándo advertirás que la siguiente nube está flotando en dirección a ti. Momento a momento. Nube a nube.

Muchas personas afirman que, con el tiempo, esto las ayuda a desarrollar una nueva relación con sus pensamientos y sentimientos... lo cual permite que se sientan un poco mejor. A otras esto las ayuda a sentirse mucho mejor. En realidad no importa cuánto mejor te sientas... no hay necesidad de cuantificarlo. Después de todo, este nuevo espacio es en realidad un espacio en el que todos los juicios (incluyendo la forma que tiene el cerebro consciente de evaluar los pensamientos o los sentimientos) se alejan flotando como estas nubes. ¿No es agradable? Si esto te resulta relajante o te recarga, entonces, siempre que lo desees, tu cerebro subconsciente puede imaginar que los pensamientos y los sentimientos son nubes.

Quizás también te hayas dado cuenta de que las nubes en realidad se parecen mucho a los pensamientos y a los sentimientos, ¿no es así? Al igual que las nubes, los pensamientos y los sentimientos van y vienen. Y de la misma manera en que tu cerebro siempre está recordando y olvidando en cualquier momento dado (de manera que puede olvidar esto para recordar aquello), el cerebro también tiene que hacer sitio a nuevas experiencias, nuevos pensamientos y nuevos sentimientos… Está pensando y sintiendo de esta manera mientras experimenta esto. En unos instantes, estará pensando y sintiendo de otra manera cuando experimente eso.

No estoy seguro de qué aspecto tienen tus nubes en este momento, pero lo que sí sé es que el cielo nunca está exactamente igual. Ésa es la belleza de este cielo siempre cambiante y de todas estas nubes. ¿Ves muchas nubes en tu cielo en este momento… o sólo unas pocas? Me pregunto si puedes observar algunas de las nubes oscuras que ves con la misma apertura con que observas las nubes blancas y esponjosas. Me pregunto qué aspecto tiene tu cielo aquí y ahora. ¿No es bonito recordar que, cuando ves una nube de tormenta, oscura y amenazadora, eso también significa que pronto habrá un arcoíris… o un sol radiante… o cielos despejados? Después de todo, eso es lo que ocurre tras una tormenta, ¿no es así? En este momento no tienes que hacer nada, excepto observar tus nubes y fijarte en ellas… sin que nada te moleste… y sin nada que hacer.

Ahora centra tu atención en el sentido del oído. Invita a tus oídos a que perciban tres sonidos que estés oyendo aquí y ahora. Eso es. Podría ser interesante comenzar con el sonido más fuerte que puedas percibir en este momento. Y ahora encuentra un ruido que no sea ni fuerte ni suave, sino mediano. Ahora me pregunto cuál es el sonido más suave que puedes oír… ¿Puedes escuchar tu respiración? Eso es. Perfecto.

Y ahora invita a tus ojos a que se fijen en dos colores que puedas ver en la parte posterior de tus párpados. El primero está directamente delante de ti… y, luego, en la siguiente inhalación, ¿qué color puedes ver cerca de la coronilla cuando haces rodar tus ojos hacia arriba, arriba, arriba?

En la siguiente exhalación, deja que tus ojos floten hacia abajo, abajo, abajo… dejando que cualquier tensión residual simplemente se aleje flotando mientras dejas que tus ojos se relajen. Sí, eso es. Y ahora te invito a que realmente sientas una respiración. Dejando que la respiración te respire. ¿Dónde sientes que la respiración es más placentera? ¿Dónde sientes que está más cálida? ¿Puedes sentir que tus orificios nasales se calientan dos grados? ¿O que tus pulmones se contraen dos milímetros? Eso es. Eso es.

Perfecto. Simplemente deja que cualquier sensación agradable que sientas se extienda por todo tu cuerpo. Eso es...

Te invito a que llames al subconsciente y le pidas que te ayude a cambiar de la manera que más lo necesites hoy. ¿Te gustaría tener una actitud más optimista en tu forma de ver las cosas, o tu subconsciente sabe que sería mejor crear cambios positivos en tu forma de vivir tu vida cotidiana (o te gustaría hacer ambas cosas)? ¿No es agradable saber que concederte este tiempo es una manera de decir: «Merezco esto... Soy valioso/a», lo cual, ciertamente, es algo que tu subconsciente ya sabe.

En unos instantes, te invitaré a que uses el poder de tu imaginación para ver y sentir que desciendes doce pisos en un ascensor. ¿Puedes verlo frente a ti? Eso es. ¿Qué tipo de ascensor es? ¿Es antiguo o moderno? O, si lo deseas, puedes transformar tu «ascensor» en una nube flotante a la que te vas a subir... y quizás esa nube te va a ayudar a flotar suavemente hacia abajo, hacia un estado incluso más profundo de agradable relajación. Quizás incluso encuentres una sensación de propósito en este proceso de sanación.

Ahora visualízate e imagínate subiendo a ese ascensor. ¿Puedes verte presionando el número uno?

12. Estás empezando a sentir que te invade una profunda sensación de relajación. Eso es.

11. Mientras adviertes que vas descendiendo, en cada piso estarás el doble de relajado/a que en el piso anterior.

10. Simplemente deja que el cuerpo se tome todo el tiempo que necesite. Perfecto.

9. Me pregunto si puedes sentir la sensación de estar flotando hacia abajo.

8. Quizás ahora notes cómo esta relajación puede ayudarte a liberar cualquier tensión en tu cuerpo. Eso es.

7. Es como si cada piso que desciendes te ayudara a estar dos o incluso tres veces más relajado/a y cómodo/a que en el piso anterior. Perfecto.

6. Ya estás a mitad camino. Eso es. Estás soltando un poco más. ¿No es una sensación agradable?

5. Ya casi has llegado, y es posible que notes que la mente incorpora la misma cualidad de «muñeco de trapo» que puedes estar sintiendo en el cuerpo ahora.

4. Al sentir que vas descendiendo hacia el siguiente piso, es posible que adviertas que un maravilloso estado como de ensueño se apodera de ti (ahora o en algún momento de este viaje).

3. Ya casi has llegado. Eso es. Lo estás haciendo muy bien... y apenas has comenzado.

2. Éste es el penúltimo piso. Perfecto. En este paso te sientes dos, o incluso tres veces, más tranquilo, relajado, o como si estuvieras en un sueño, que en el piso anterior.

1. Ahora observa... ¿en qué parte del cerebro o del cuerpo te sientes más relajado? Si lo deseas, puedes dejar que esa relajación se extienda por el resto de tu cuerpo, especialmente al lugar donde más lo necesitas. Tómate el tiempo que quieras para disfrutar de este tipo de experiencia que estás sintiendo ahora mismo. Eso es. Muy bien.

Ahora que has sentido cómo el cuerpo descendía todos esos pisos, probablemente habrás notado que el cerebro ha empezado a ralentizarse y a entrar en un estado de relajación sanadora.

En unos instantes sentirás que el cuerpo comienza a flotar hacia arriba mientras tu consciencia se empieza a expandir y yo cuento del uno al siete. Mientras estas dos cosas ocurren (el cuerpo flota y la consciencia se expande) es posible que adviertas una sensación incluso más profunda de paz y relajación.

Mientras el cuerpo flota, muchas personas sienten también calor, como si se estuvieran tomando un baño caliente o flotando en el océano un día de verano. Y a medida que vayas practicando más, incluso advertirás que pierdes la sensación temporal y espacial. Quizás incluso descubras que, si lo deseas, puedes crear la sensación de «salir» del cuerpo físico durante este tiempo de sanación que te has concedido. Si te resulta cómodo, podrías ver cómo tu consciencia sale del cuerpo físico como una especie de experiencia momentánea extracorpórea. Tu consciencia regresará fácilmente al cuerpo al final de esta práctica o en el momento en que tú lo desees.

Ahora contamos:

El cuerpo flota.

La consciencia asciende y se expande de manera que ahora es más grande que el cuerpo.

El cuerpo se torna más liviano y más cálido.

La consciencia se eleva y se expande aún más, de manera que llena la estancia.

Ahora el cuerpo está casi ingrávido.

La consciencia está tan elevada y expandida que ahora se está uniendo al universo.

Es muy profundo y relajado. Es perfecto.

Ahora te invito a que le pidas a tu subconsciente que te ayude. Estás accediendo a un recuerdo y flotando hacia atrás, hacia una época en la que te sentías muy contento/a, realmente satisfecho/a. No sé si tu sensación de felicidad será como una paz silenciosa o si se asemejará a la alegría... Tu subconsciente ya sabe cuál es el tipo de energía que más necesitas en este momento. Y me pregunto si puedes ver, saborear y oler todo esto (como si estuviera ocurriendo en este instante). Sumérgete en ese recuerdo agradable. Me pregunto: ¿Hay alguien ahí contigo? ¿Alguna parte de ti sabe que eres inherentemente valioso/a y lo bastante bueno en este momento? ¿Esa persona te ayuda a recordar esto... o has accedido a la creencia olvidada dentro de ti?

No sé qué tipo de recuerdo o emoción sientes en este momento... y en realidad no importa. Lo que importa es que recuerdes que tienes la capacidad de sentirte contento/a (de sentir alegría, de sentir placer). ¿No es así? Si quieres, puedes llevarte contigo un poco de esta energía o emoción a lo largo de tu viaje. Visualiza y siente que estás metiéndola en tu bolsillo, o si lo que te levanta el ánimo es una persona, imagina que estás introduciendo una cadena con un medallón con la foto y las palabras de esa persona. O, si lo deseas, te invito a que simplemente dejes que este sentimiento inunde todas las células de tu cuerpo. Eso es. Perfecto. Lo estás haciendo muy bien.

En unos instantes, le pediré a tu subconsciente que encuentre el origen de cualquier voz negativa que haya en tu mente. Ésas son las grabaciones negativas que te impiden alcanzar tu verdadero potencial... que te mantienen separado de tu yo más feliz, más sano y más elevado. Ahora, deja que tu subconsciente flote hacia atrás (como una nube que se mueve por el cielo del tiempo). Un día, una semana, un mes, un año y luego otro año... hasta regresar a la primera vez que te sentiste así. Para algunas personas, las grabaciones negativas que suenan dentro de sus cabezas son la voz de otra persona. ¿Quién te está diciendo que no vales lo suficiente? Para otros, será un sentimiento, una época en la que recuerdan haberse sentido así. ¿Recuerdas la primera vez que te sentiste realmente triste... quizás un poco más triste que otras personas, o diferente? Y mientras flotas hacia atrás, recordarás que tu subconsciente está aquí para cuidar de ti. Tranquilízate sabiendo que, si el recuerdo es demasiado intenso, puedes flotar alejándote un poco de él (como una nube que flota alejándose un poco de una pantalla). Ahora que has descubierto parte del origen de esta grabación negativa dentro de tu mente, le pediremos al subconsciente que nos ayude a cambiarla... dentro de unos minutos.

En unos instantes, te pediré que proyectes la escena o las escenas que encontraste, de principio a fin. Sólo que en esta ocasión me gustaría que imaginaras que estás examinando la escena a través de unas gafas de color de rosa... y me pregunto de qué manera va a cambiar esto las grabaciones que hay dentro de tu mente. Y mientras rechazas, borras o silencias cualquier voz que no te resulte útil, el volumen de tu propia conversación interna positiva subirá su volumen. Mientras la grabación que suena dentro de tu mente se torna más serena, segura y valiente, me pregunto qué otra cosa cambiará en la escena. ¿Expresarás más tu punto de vista... y dirás algo distinto a alguien en esta escena? ¿A la versión más sabia de ti le gustaría decirle algo a esta persona más joven? ¿Te volverás sordo/a a la voz que no te sirve, mientras la voz que te anima se vuelve más fuerte? ¿Vas a reformular lo que está ocurriendo de un modo que sea más sereno, más proactivo? Me pregunto qué harás de una manera distinta esta vez.

Ciertamente, todo el mundo experimenta situaciones que no son las ideales y que no puede controlar del todo... Lo que sí puedes controlar es tu forma de manejarlas... o el modo en que te hablas a ti mismo/a. Si puedes cambiar la grabación que está dentro de tu mente, entonces en realidad te estás empoderando para hacer frente a cualquier situación. ¿No es maravilloso? Y como ya no te tomas a las personas o a las experiencias de una forma tan personal, éstas pasan de largo... flotando como una nube.

Cambiemos esa grabación ahora mismo... presionando play en esta nueva versión más positiva de la escena mientras cambias la forma en que te hablas... e invitando a tus ojos a que se muevan de lado a lado un poco más mientras cuento tres... dos... uno... (izquierda-derecha-izquierda-derecha).

Ahora inspira mientras cuento hasta tres: uno, dos, tres. Espira mientras cuento hasta seis: uno, dos, tres, cuatro, cinco, seis. Me pregunto si has encontrado una nueva grabación en esa escena. Para la mayoría de las personas, la nueva grabación es alguna versión de «Sí valgo lo suficiente» o «Puedo hacerlo». Mientras cuento del uno al cinco, podrías dejar que este nuevo optimismo inunde todas las células de tu cerebro, de tu cuerpo y de tu espíritu. Mientras lo haces, ¿puedes sentir que este nuevo optimismo está siendo reprogramado? Ahora sube el dial: uno, dos, tres, cuatro, cinco. Eso es. Perfecto.

En unos instantes, te voy a pedir que vuelvas a ver esa escena, o escenas, una vez más. En esta ocasión, cuando la veas, te invito a que compruebes cómo la nueva grabación optimista que suena dentro de tu mente cambia lo que habrías hecho... Visualiza cómo se desarrolla todo en esta escena editada. Cuando cambias la cinta, cambias la forma en que te sientes, y cuando cambias la forma en que te sientes, cambias la forma en que actúas. Y ¿no es interesante que esta nueva forma de estar en el mundo tenga un efecto multiplicador? Después de todo, las personas que toman decisiones desde un lugar de seguridad en sí mismas tienden a crear más abundancia. ¿Esta nueva grabación de «Sí valgo lo suficiente» te permite mantener la seguridad en ti mismo/a... y no reaccionar frente a los matones en la escena? O quizás el sentimiento de «Puedo hacer esto» te permita continuar cuidando de ti (incluso cuando no recibiste el apoyo que merecías de otras personas). ¿No es agradable saber que hay muchas maneras en las que puedes cuidarte? Y, de hecho, esta abundancia se convierte en más pensamientos positivos... y esos pensamientos positivos se transforman en sentimientos positivos: más placer, más satisfacción, más alegría, y así sucesivamente. ¿No es maravilloso que ya hayas comenzado a crear un cambio profundo... tan sólo editando esas grabaciones que estaban dentro de tu mente?

Entonces, te invito a que, en unos instantes, presiones el botón play en esa misma escena. Y me pregunto cómo esta nueva grabación positiva dentro de tu mente va a cambiar tu forma de actuar... en esta escena y en cualquier otra de la vida que venga a continuación. Ahora, deja que tus ojos se muevan de lado a lado mientras presionas el botón play... viendo cómo la conversación interna positiva crea acciones positivas en tres... dos... uno... (izquierda-derecha-izquierda- derecha).

Eso es. Perfecto. Ahora, inspira mientras cuento hasta tres: uno, dos, tres. Espira mientras cuento hasta seis: uno, dos, tres, cuatro, cinco, seis. Simplemente observa en qué lugar de tu cuerpo te sientes más a gusto o energizado/a. ¿Dónde puedes sentir que esta nueva grabación está estableciendo una diferencia, haciendo que te sientas mucho mejor? Toma ese sentimiento, súbele la intensidad y ahora extiéndelo por todo tu cuerpo mientras cuento del uno al cinco: uno, dos, tres, cuatro, cinco. Eso es. Perfecto.

Ahora invito a tu cerebro subconsciente a que te ayude a flotar hacia adelante hasta el presente. Te invito a que veas otra escena. Eres tú en tu vida actual. Me pregunto si las gafas rosadas te ayudaron a cambiar algo o si simplemente has comprendido mejor el origen de esa vieja voz que has dejado ir. Ciertamente, la nueva grabación que programaste en tu yo del pasado todavía está aquí con tu yo del presente. Y entonces me gustaría que vieras todas las maneras en que esta nueva grabación positiva te ayuda a que te sientas mejor... y hagas las cosas de una manera distinta. Sí. Eso es.

Contempla todas la maneras en que tu nuevo yo optimista cambiará tu presente. Me pregunto si empezarás a notar que cualquier comentario que antes te hubiera afectado de manera negativa ahora lo ves como una serie de palabras sin sentido. Es casi como si el subconsciente supiera exactamente cómo ignorar los comentarios que no le sirven a tu yo más elevado. Además, empieza a ser muy consciente de los comentarios que te ayudarán a mejorar tu estado de ánimo. ¿No sería maravilloso que ésos fueran los únicos comentarios que recordaras, de manera que la positividad y el optimismo se pegaran a ti como su tuvieran un pegamento muy fuerte... mientas que los comentarios cortantes simplemente pasaran de largo como una nube que flota? Quizás recuerdes que cualquier persona que es antipática en realidad está necesitada de amor... Y de ahora en adelante, los comentarios o situaciones que solían afectarte serán un recordatorio de tu paciencia y de tu gracia. ¿No sería increíble? Será interesante ver cómo cualquier situación poco agradable ahora se convierte en un activador de todas las actividades sanadoras que ya sabes cómo realizar. Quizás te decantes por el yoga o ingieras más verduras o te ofrezcas a ayudar a otros (lo que tú consideres que es una actividad sana para ti). No sé qué harás, pero tu subconsciente sabe exactamente qué es lo que ayudará a mejorar tu estado de ánimo. Me pregunto cuándo advertirás que estás realizando esa actividad con más frecuencia.

Ahora te invito a que imagines otra cosa. En tu mente, imagina que ves tres diales delante de ti. El primero se llama Esperanza. El segundo, Optimismo. Y el tercero, Seguridad en ti mismo/a. Cada uno está marcado del 1 al 10. Simplemente fíjate dónde está cada uno de tus diales en este momento. ¿No es interesante que tu subconsciente pueda ver dónde están esos diales en este instante? ¿El trabajo que ya has realizado ya ha hecho que tus diales suban un poco?

¿Y no sería agradable subir esos diales un poco más? ¿No es emocionante saber que tienes el poder de subirlos... y que el subconsciente tiene acceso a ellos? Algunas personas los suben hasta el 10; otras simplemente los suben una o dos marcas por el momento. Mientras subes estos diales, me pregunto qué cambiará para ti.

Mientras subes el dial de la esperanza, quizás tengas un momento de revelación: verás que las nubes oscuras dan paso a un cielo despejado. ¿Esto te ayudará a saber que las cosas buenas ocurren por motivos permanentes y que las cosas negativas se alejan con facilidad... como nubes que flotan en el cielo? Cuando subes el dial del optimismo, ¿te resulta más fácil continuar haciendo cosas que incluyan cuidar de ti, incluso los días en los que algo no va bien, de manera que tu estanque de felicidad se mantiene limpio... incluso cuando hay una gota de barro? Y cuando subas el dial de la seguridad en ti mismo/a, me pregunto si empezarás a reconocer todas las cosas que haces bien... mientras que los hechos que no salen como tú querías se alejan flotando. Puedes subir estos diales tanto como quieras, del 3 al 4... y luego del 4 al 6... y después del 6 al 8... o, si estás preparado, puedes subirlo directamente hasta el 10. Visualízate subiendo estos diales ahora, y mientras lo haces, observa los cambios (en la forma en que te hablas a ti mismo/a, en el modo en que te sientes y en cómo actúas) en tu vida cotidiana. Eso es. Perfecto.

Y ahora que has subido estos diales, empezarás a advertir que la forma en que te tratas empieza a cambiar. Me pregunto cuán diferente te verán (en las cenas y en el trabajo). ¿Puedes sentir una mayor seguridad en ti mismo/a en tu voz? ¿O la gente notará que simplemente se te ve más feliz? ¿Y eso se debe a que estás sonriendo un poco más o porque en realidad perciben que estás más feliz? No estoy seguro de cómo se manifestarán en tu vida los cambios que ya has realizado, pero sé que esos cambios se verán en algún momento. Para algunas personas, el cambio es inmediato. Para otras, ocurrirá una experiencia en sus vidas... quizás el próximo miércoles a las tres de la tarde. Y notarás que reaccionas de una forma mucho más positiva. ¿No es interesante?

Ahora, en tu imaginación... simplemente flota hacia tu futuro. ¿Puedes ver que esta nueva grabación está ayudándote a crear abundancia? Me pregunto cómo te está ayudando a alcanzar todos esos objetivos. Mientras te ves en un futuro más prometedor, te invito también a que ahora veas de una forma vívida las pequeñas tareas que necesitas realizar para llegar ahí. Cambiar la grabación es sólo el comienzo... porque la nueva cinta te ayudará a crear impulso y acción todos los días. ¿No es emocionante? ¿Puedes visualizarte despertándote más temprano y dedicando cierto tiempo a tu cuidado? Visualiza que esto está ocurriendo... aquí y ahora. O quizás puedas visualizarte tomando la iniciativa para planificar más eventos sociales con amigos. Puedes verlo, ¿verdad? Me pregunto si tu cerebro subconsciente estará ayudándote a verte haciendo ejercicio... y disfrutando con ello... y haciéndolo sin esfuerzo. Tu subconsciente y tu yo más verdadero saben qué actividades o qué cambios son buenos para ti.

En este momento, tu cerebro subconsciente está analizando metas más grandes y está mostrándote los pequeños pasos que dará cada día. Como ya sabes, el edificio más grande se construye ladrillo a ladrillo. Entonces, mientras te visualizas en tu futuro ahora, visualiza cada ladrillo. Cada mañana.

Cada día. Cada año. ¿No es interesante que mientras descompones tus objetivos en pequeños ladrillos, empiezas a sentir que son alcanzables? ¿No es agradable saber que ahora que has visto cómo ocurría, has utilizado un truco mental del Jedi para convencer al cerebro de que eso puede suceder... porque ya has visto cómo acontecía? La propensión del cerebro a confirmar lo que sabe que es verdad cambiará tu modo de ver las cosas. Me pregunto cuándo empezarás a buscar y encontrar pruebas de que tienes la capacidad y el coraje para crear cualquier cosa que veas. Eso es. Perfecto.

En unos instantes, haré que profundices en este estado una vez más para que podamos plantar las semillas de positividad en el subconsciente. Ahora estarás profundizando en esta maravillosa sensación de estar seguro/a de ti mismo y sentirte cómodo/a en tres... dos... uno... Eso es. Me pregunto si notarás cuánto has hecho ya. ¿No es agradable sentir eso (y reconocer tu mérito por ello)? ¿O es más emocionante que tu cerebro vaya a notar tan sólo la evidencia de que vales lo suficiente... o que eres lo bastante capaz? Mira cómo ha cambiado ya esa grabación. Cuando regreses a tu vida cotidiana, advertirás que esta nueva cinta está grabada. No sé si lo verás de inmediato o en unos días, pero habrá algo que te ayudará a que seas consciente de que ahora eres más optimista y más abierto. Incluso es posible que sientas que tu forma de ver las cosas ha cambiado por completo... como si ahora estuvieses viendo el mundo a través de esas nuevas gafas color de rosa que te has puesto hoy. ¿Te gustaría dejártelas puestas? Será interesante ver cuán rápidamente saldrás de un momento difícil. La mayoría de las personas encuentran algunas evidencias de que ha ocurrido algo profundo en cuanto esta práctica llega a su fin. Otras lo notarán poco a poco, en el transcurso de unos días o unas semanas. Me pregunto cómo te afectará este cambio. Y cuando notes eso, te darás cuenta de que las semillas del cambio han sido plantadas porque tú las plantaste, y están empezando a florecer.

Y ahora es el momento de construir un puente para que puedas conducir a tu vida real, cotidiana, todo lo que has obtenido de esta práctica. Siempre que necesites recordar algo que has descubierto aquí, tendrás la manera de hacerlo. La primera parte de la construcción de este puente incluye un botón.

En primer lugar, me gustaría que encontraras las tres mejores cosas que has obtenido aquí. Quizás fueran lecciones, momentos de revelación o percepciones. Me pregunto si fueron energías o sentimientos de autoestima (incluso podrías visualizarlos como colores, si lo deseas). Ahora, envía la mejor parte de lo que has obtenido por tu brazo dominante hasta tu mano dominante. Reúne e intensifica el sentimiento de serenidad o valentía en el dedo índice de tu mano dominante. Eso es. Ahora, frota la yema de ese dedo índice con el pulgar de la misma mano. ¿Puedes sentirlo? Eso es. Acabas de construir un botón para ti. En tu vida real, cotidiana, cada vez que necesites un poco de lo que has creado aquí... lo único que tienes que hacer es presionar ese botón. Todos los sentimientos, las lecciones o la libertad retornarán como una inundación. Si entras en contacto con algo que está intentando hacer que te vengas abajo, lo único que tienes que hacer es presionar ese botón. Ese botón liberará una pequeña dosis de la excitante dopamina o de la serena y segura serotonina. Después de todo, tu cerebro tiene una farmacia interna de sustancias químicas que hacen que te sientas bien. ¿No es agradable saber que este botón está aquí... para proporcionarte sustancias químicas que mejoran tu estado de ánimo o para hacer que recuerdes tu fortaleza inherente cuando lo desees?

En segundo lugar, reúne cualquier cosa residual de la que quieras liberarte, cualquier sentimiento gris, o las cosas que te hayas tomado de una forma personal, o el pesimismo, que haya quedado. Ahora te invito a que visualices que hay un globo atado a tu dedo índice no dominante. ¿Puedes sentirlo? Visualiza ese globo inflándose mientras lo llenas con ese «aire caliente» que antes alimentaba tus declives de estado de ánimo. Muchas personas notan incluso que su dedo empieza a levantarse un poco. ¿No es interesante? Sólo una última cosa: fíjate en si queda algo de tristeza, depresión o miedo que te gustaría enviar a ese globo. Eso es. Y ahora frota ese pulgar contra el dedo índice de tu mano no dominante (que desatará la cuerda del globo de tu dedo). En tu mente, visualiza que ese globo se aleja flotando muy muy lejos... quizás incluso sientas que ese dedo vuelve a descender flotando. ¿Puedes visualizar al globo haciéndose más pequeño? ¿Y ahora diminuto? Síguelo hasta que haya desaparecido. Y, en el futuro, siempre que necesites liberarte de la negatividad, lo único que tienes que hacer es introducirla en este globo que está atado al dedo índice de tu mano no dominante. Luego frota con el pulgar para desatar la cuerda... y déjalo ir. En cada momento tienes el poder de liberarte.

GUION OPCIONAL PARA VOLVER A ESTAR ALERTA

Ahora, visualízate subiendo a ese ascensor o nube que te llevará de vuelta a tu vida. Estarás el doble de alerta y despierto/a y regresarás a tu vida cotidiana, en el estado de vigilia. Sentirás que tu consciencia retorna a tu cuerpo.

Siente cómo ahora estás cada vez más alerta.

Mientras asciendes, estás cada vez más despierto/a... e incluso emocionado/a por todo lo que te espera en el futuro. Sientes cómo tu consciencia está retornando a tu cuerpo.

Quizás podrías mover los dedos de las manos y de los pies, y mientras lo haces, te sientes cada vez más despierto/a.

Eso es. Despierto/a y activado/a.

En cada piso estás el doble de energizado/a y despierto/a que en la planta anterior.

Asciendes un piso más y te sientes renovado/a.

En realidad sientes que toda la energía regresa a tu mente y a tu cuerpo.

Eso es. Muy presente y vivo/a.

Alerta y activado/a... y moviendo los dedos de las manos y de los pies un poco más.

Sientes que tu cuerpo asciende.

Ya casi estás ahí.

Abre los ojos. Y cuando lo hagas, siéntete emocionado por esa vida que vas a crear.

Para asegurarte de que estás por completo consciente otra vez, mira a tu alrededor en la estancia y nombra diez cosas que puedas ver, da un paseo alrededor de la manzana, escucha música animada o realiza veinte saltos de tijera.

CAPÍTULO 10

TVS para los hábitos y para una vida más saludable

Quizás hayas oído hablar de personas que han utilizado su cerebro subconsciente para dejar de fumar después de haberse fumado un paquete de cigarrillos al día. En un estudio reciente, por ejemplo, separaron al azar a unos fumadores en dos grupos: uno recibiría ocho sesiones de hipnosis y el otro ningún tratamiento. Seis meses más tarde, el 40 % de las personas que habían recibido la hipnosis había dejado de fumar, frente al 0 % del grupo que no recibió ningún tratamiento.[1] ¿Te sorprendería descubrir que tú también puedes utilizar el poder de tu cerebro subconsciente para liberarte de todo tipo de hábitos o para crear otros nuevos? No importa si tu vicio es fumar un paquete de Marlboro al día o comer medio litro de helado de menta con chips de chocolate todas las noches, la TVS puede ayudarte a dejar de fumar, a estar sobrio o a adelgazar. O quizás desees adoptar hábitos saludables, pero te cuesta mantenerlos. ¿Te gustaría ser constante con el ejercicio físico o con los omega-3 para la salud cerebral? ¿Por qué no dejar que el cerebro subconsciente trabaje por ti?

Si examinamos cómo se forman los hábitos, reconocerás que tanto el cerebro consciente como el subconsciente están implicados. Prime-

---

1. G. Elkins *et al.* (2006). «Intensive Hypnotherapy for Smoking Cessation: A Prospective Study», *International Journal of Clinical and Experimental Hypnosis,* 54 (3): 303-315.

ro, algún tipo de beneficio te motiva de manera consciente a realizar un cambio o a crear una disciplina: usar hilo dental para tener unas encías más sanas, hidratarte bien para tener una piel más limpia o adelgazar por medio de la dieta y el ejercicio físico. Si repites sistemáticamente la nueva práctica durante el tiempo suficiente, por lo general durante unas cuatro semanas, la repetición formará nuevas vías en tu cerebro. Entonces, lo que empezó siendo un esfuerzo consciente se convierte en un esfuerzo subconsciente que ocurre en piloto automático.

Estos mismos mecanismos funcionan con los hábitos poco saludables. Las dos causas más comunes son lidiar con el estrés y buscar sensaciones. Morderse las uñas es un ejemplo de una forma de lidiar con el estrés. Otros ejemplos incluyen arrancarse el pelo, quitarse costras y morder bolígrafos. Considera a una mujer que empezó a morderse las uñas durante su divorcio. Se muerde las uñas en un intento desesperado de lidiar con el estrés y la ansiedad. El estrés puede cesar, pero el acto repetitivo de morderse las uñas se convierte en un hábito. Ahora, ante la primera señal de ansiedad o estrés, empieza a mordisquearse los dedos. Podrías estar canalizando esa energía ansiosa en una clase de *kickboxing* o tejiendo una prenda nueva para tu nieto.

Por otro lado, una persona con hábitos problemáticos como la ludopatía, las drogas y el sexo busca sensaciones. Y, a menudo, el cerebro de estas personas procesa la dopamina de una manera distinta al cerebro de quienes evitan las sensaciones. Entonces, la emoción que alguien siente ante una ganancia ocasional en una máquina tragaperras le ayuda a sentirse normal cuando su nivel de dopamina se dispara y el individuo se siente mejor (durante uno o dos minutos). Luego vuelve a poner todas sus ganancias (y después un poco más) en la máquina. En poco tiempo ha perdido el dinero con el que debía pagar su alquiler. La ironía es que, a la larga, el hábito del juego en realidad hace que sus niveles de dopamina disminuyan, y su cerebro acaba desarrollando una tolerancia, lo cual significa que cada vez necesitará más dopamina para sentirse normal.

Los hábitos malsanos simplemente son una manera en que las personas consiguen algo que su cerebro necesita. En estos dos tipos de individuos adictos a sus hábitos se produce una espiral descendente. Saben que deberían dejarlos, y quieren hacerlo, pero no pueden. Han repetido el comportamiento con tanta frecuencia que ahora está enraizado en sus cerebros. Ambos grupos están intercambiando el consuelo a corto plazo por consecuencias a largo plazo. Siempre que intentan detenerse, el síndrome de abstinencia hace que se sientan peor. Están atrapados.

Dado que el cerebro consciente tiende a analizar los hábitos poco saludables de una forma matemática, se relaciona con el patrón de pensamiento trampa de parálisis por análisis, que crea preocupación y hace que las hormonas del estrés aumenten. Luego, cuando uno retorna a ese hábito en un esfuerzo por sentirse mejor... se regaña conscientemente en cuanto la actividad ha terminado. Uno piensa: «¿Por qué hice eso?» «¿Y si no soy capaz de dejar de hacerlo jamás?».

Como sabes, el cerebro subconsciente funciona de una forma por completo distinta. La TVS puede mejorar el presente cuando te das cuenta de cuántas cosas en tu vida están *bien* (no *mal*). No se preocupa pensando «¿y si ocurriera tal cosa...?», ni se queda absorta en el pasado. SE pregunta qué oportunidades crearás para ti en el futuro. En lugar de masticar la destrozada tapa de tu bolígrafo mientras piensas en cuánto tiempo llevas atrapado en este trabajo sin salida, tu cerebro subconsciente te ayuda a visualizar la magia que crearás en tu nueva carrera y a ver todos los pasos que tienes que dar para llegar hasta ahí. Tus dedos no están haciendo girar ese bolígrafo con tensión. Están cumplimentando tu solicitud para ese programa de escritura.

Ver el futuro es fundamental para cualquiera que esté cultivando hábitos más sanos. ¿Por qué? Porque todos necesitamos que nos recuerden que cualquier malestar a corto plazo que podemos estar experimentando (dicho sea de paso, el subconsciente te puede ayudar con esto también; *véase* el capítulo 11 sobre el dolor) nos compensa porque tendremos salud y felicidad a largo plazo. Utiliza el poder de la visualización guiada potenciada con el subconsciente y sentirás como si el futuro se estuviera desarrollando realmente aquí y ahora.

Construye tu éxito

¿Quieres concentrarte en tus metas de una forma más clara y eficaz? ¿Necesitas ayuda para tener éxito en el trabajo o en casa? Consulta el apéndice B, donde encontrarás una práctica de la TVS que hará que tengas más éxito en los negocios.

ESTAR CONSCIENTE

Antes de crear un futuro de hábitos saludables, tenemos que averiguar de dónde provienen las deficiencias que puedan existir. Algunas personas no procesan ciertas vitaminas del grupo B de la forma correcta. Y las vitaminas del grupo B son necesarias como «activadoras» para producir neurotransmisores. Ayudan a producir serotonina, que es un neurotransmisor que ayuda con el estrés. Y también dopamina, la cual puede ayudar a hacer que te sientas entusiasmado. Puedes conocer más acerca de los análisis para ver los niveles de vitaminas y las deficiencias de neurotransmisores en mi página web (www.drmikedow.com). Es parte de un modelo de tratamiento holístico que la TVS puede respaldar.

Pero abordar las deficiencias es sólo una parte de la solución. Una estrategia probada y comprobada para dejar un hábito consiste en eliminar conscientemente los desencadenantes. Esto podría significar borrar de tu móvil el número de teléfono de un amigo tóxico, no tener galletas en casa o evitar sentarte delante de la televisión con las manos vacías (si eso significa que empezarás a morderte las uñas o encenderás un cigarrillo). He utilizado estas estrategias útiles con miles de pacientes en mi consulta privada. Pero ¿te gustaría llevar esa estrategia un paso más allá? En lugar de tener que hacer un esfuerzo consciente para evitar a ciertas personas, situaciones y objetos, ¿qué te parecería que el subconsciente pudiera hacer que desaparecieran por completo?

Para hacerlo, debemos reconfigurar el cerebro. La TVS te permite convertirte en un electricista experto en tu cerebro para tener acceso a los circuitos que alimentan los malos hábitos. Provoca un cortocircuito en las conexiones que no te están sirviendo, reemplaza los fusibles quemados y construye una nueva red que te ayude a crear una vida feliz y saludable.

Dado que el subconsciente tiene la capacidad de jugar con el procesamiento descendente de tu cerebro, es como si estuvieras convirtiendo tu cableado de un sistema americano a un sistema europeo (de manera que tus «enchufes» ya no encajan en las «tomas de corriente». Como sabes, lo que da forma al procesamiento descendente son las cosas que experimentas. A través de este marco experiencial, tu cerebro filtra toda la información ascendente que llega del mundo exterior. El procesamiento descendente simplemente puede descartar la información que no encaja. Esto puede aplicarse a los hábitos mientras engañas a tu cerebro al estilo Jedi haciéndole creer que no sabe lo que es esa caja rectangular, rayada, de color rojo y blanco en la tienda, y mucho menos a qué sabe. Esa comida que está saboteando tus mejores esfuerzos por llevar una vida saludable se convierte en un objeto extraño.

Si comer galletas se ha convertido en tu manera favorita de lidiar con un trabajo estresante, ¿te gustaría ser indiferente al olor proveniente de esa panadería que está cerca de tu oficina? Si fumar marihuana a diario está haciendo que tu cerebro esté nublado, ¿qué te parecería dejar de reconocer ese olor húmedo al pasar frente al apartamento de tu vecino? Eso sería bueno, ¿no crees? Me pregunto si, con el tiempo, utilizar la TVS podría salvarte la vida. Después de todo, menos azúcar y menos carbohidratos significan una menor probabilidad de sufrir derrames cerebrales y problemas cardiovasculares.

PRUEBA PARA DEJAR UN HÁBITO

Si estás tratando de dejar el hábito de toda una vida de fumador o acabar con ese deseo profundamente arraigado de devorar un helado a diario, es poco probable que una sola sesión de hipnosis por sí sola solucione tu problema. Los estudios han mostrado que la manera más eficaz de ayudar a alguien a dejar un hábito es combinar herramientas efectivas. Es por eso que la TVS incluye herramientas basadas en la TCC y planta en tu subconsciente la sugestión de que puedes seguir yendo a esas reuniones de los doce pasos que tanto te ayudan. E incluso es posible que vuelvas a disfrutar con ellas mientras tu cerebro subconsciente te ayuda a ver todas las maneras en que puedes servir a otras personas en el grupo, posiblemente construyendo una vida plagada de amistades espirituales. Quizás sería agradable sentir que una gran luz blanca de espiritualidad está creciendo dentro de ti.

En un estudio, dividieron a 286 fumadores en dos grupos. A ambos grupos les dieron parches de nicotina para que los utilizaran durante dos meses. El primer grupo recibió TCC, y el segundo, hipnosis. Aunque los dos tipos de terapia de combinación fueron efectivos, seis meses después, más personas del grupo que recibió parches de nicotina e hipnosis dijeron que no habían vuelto a fumar. Esto ocurrió también cuando habían transcurrido otros seis meses.[2]

La TVS empieza con la TCC y tiene elementos de hipnosis, visualización guiada y sugestiones que potenciarán cualquier tipo de terapia de reemplazo que funcione en tu caso (tanto si es incorporar medias maratones en tu vida mientras dejas los cigarrillos, como si es reemplazar las largas sesiones de Netflix con clases de zumba). Por lo tanto, la TVS aprovecha todas las estrategias comprobadas en lugar de probar sólo una para realizar un cambio importante en tu vida.

¿Tu hábito tiende a encontrarse en tu frigorífico o accedes a él a través de los restaurantes de comida rápida? Cuando se trata de adelgazar, mejorar la TCC con el cerebro subconsciente duplica los resultados. Un metanálisis de estudios comparó el número de kilos que los participantes perdieron con sólo la TCC con los kilos perdidos por los participantes que utilizaron la TCC acompañada de técnicas basadas en el subconsciente. Aunque ambos grupos perdieron peso, ¿no te parece fabuloso que el grupo que empleó ambas estrategias perdiera el

2. T. P. Carmody et al. (2008). «Hypnosis for Smoking Cessation: A Randomized Trial», *Nicotine & Tobacco Research,* 10 (5): 811-818.

doble de kilos? Y los participantes que accedieron al poder de su cerebro subconsciente experimentaron mayores beneficios a lo largo del tiempo.[3]

La TVS incluso puede ayudar a mantenerse sobrio a alguien con hábitos que ponen en peligro su vida. La TVS no reemplaza otros tratamientos; los mejora. Por ejemplo: 261 adictos y alcohólicos entraron en un programa de tratamiento hospitalario. Luego se los separó en tres grupos. Uno recibió entrenamiento en hipnosis; otro, un tratamiento basado en la TCC, y el tercero, se centró en la relajación. ¿Cuáles fueron los resultados? Los tres modelos con base empírica fueron igualmente efectivos: el 87 % se mantenía sobrio cuando les hicieron un seguimiento siete semanas después. Pero los participantes del grupo de hipnosis experimentaron algo que los otros grupos no. En el caso de los participantes que realmente practicaron la hipnosis por sí solos al menos cuatro veces por semana, su sensación de serenidad y autoestima aumentó, mientras que su impulsividad y sus sentimientos de ira disminuyeron.[4]

La TVS no reemplaza otros tratamientos; los mejora.

Imagina a unas personas viviendo unas vidas sensacionales y manteniéndose sobrias mientras asisten a las reuniones. Continúan practicando la TVS cuatro veces por semana. Tienen una mayor serenidad y autoestima. Son menos impulsivas. ¿No consideras que es más probable que se mantengan sobrias año tras año frente a aquellas que no incorporaron la TVS a su programa?

3. I. Kirsch (1996). «Hypnotic Enhancement of Cognitive-Behavioral Weight Loss Treatments: Another Meta-reanalysis», *Journal of Consulting and Clinical Psychology*, 64 (3): 517.
4. R. J. Pekala *et al.* (septiembre de 2011). «Self-Hypnosis Relapse Prevention Training with Chronic Drug/Alcohol Users: Effects on Self-Esteem, Affect, and Relapse», *American Journal of Clinical Hypnosis*, 46 (4): 281-297.

«TRANCE-FORMAR» TUS SENTIDOS

Tu subconsciente también puede llevar a cabo transformaciones en tus sentidos. En realidad, es bastante fácil que la TVS te ayude a percibir el azúcar como algo excesivamente dulce. Eso se debe a que, de todos los tipos de sensaciones que puedes crear con el subconsciente, la sutil variación del gusto y el olfato puede ser fácilmente distorsionada. Con un poco de práctica, tu subconsciente puede hacer que los refrescos dietéticos tengan un sabor desagradable (con un regusto a tierra y un olor que te recuerda a la orina seca). El agua mineral y las espinacas tendrán un sabor extrañamente dulce con unas cuantas sugestiones bien ubicadas. El subconsciente puede hacer que sientas el sabor o el olor de cosas que en realidad no están ahí.

Todo esto ocurre gracias a la capacidad del cerebro subconsciente de cambiar tu forma de percibir las sensaciones. Podrías hacer esto lenta y conscientemente. Por ejemplo, dos personas que siguen una dieta baja en sodio acabarán percibiendo que los alimentos procesados son demasiado salados (pero este proceso, por lo general, lleva un mes más o menos). Tu cerebro subconsciente puede conseguirlo en un instante reconfigurando el sistema de percepción del cerebro. Es como instalar un virus en tu propio ordenador para tu beneficio y protección.

¿Recuerdas el estudio del que hablé en el capítulo 2, en el que los participantes imaginaban que sus manos eran quemadas con sus cerebros conscientes y luego imaginaban lo mismo a través del subconsciente? Los escáneres cerebrales de esas personas mostraron que el subconsciente (pero no el consciente) iluminaba en las áreas del cerebro en las que ocurría la sensación, haciendo que sensaciones que no estaban ahí parecieran reales. Las personas de este grupo sintieron que sus manos eran escaldadas con un objeto caliente, aunque en realidad no estaba ocurriendo nada.

Aunque las sensaciones visuales son, de lejos, las más difíciles de crear a nivel subconsciente, las investigaciones demuestran que puede hacerse. Un experto en hipnosis utiliza un «test de Santa Claus» para crear alucinaciones visuales en sus pacientes. Por muy descabellado que pueda parecer, este médico les dice a sus pacientes que cuando salgan del estado impulsado por el subconsciente, verán al doctor vestido como Santa Claus por un instante (hasta que él diga «prueba»). Aproximadamente un 5 % de sus pacientes vio este fenómeno alucinatorio.[5] Un estudio reciente utilizó EEG para medir la actividad de las ondas cerebrales mientras estudiaba otras alucinaciones visuales. Se les dijo a los participantes, mientras estaban en un estado de hipnosis, que «los cuadrados son siempre rojos». Más tarde, cuando estaban conscientes, esta sugestión creó alucinaciones visuales y cambió su percepción del color.[6] ¿Qué nueva red de circuitos cerebrales crearás?

Quizás tengas curiosidad sobre cómo engañar a la farmacia interna del cerebro para que libere dopamina, serotonina, GABA y endorfinas como si ya tuvieras ese empleo de tus sueños o empezaras a adelgazar. Los cigarrillos y el azúcar no son el único camino para liberar hormonas que hagan que te sientas bien; tu cerebro puede enviarlas por sí solo. Y ¿no sería bonito probar un poco de lo bien que te sentirás, especialmente si el camino que te espera es largo? El camino para perder noventa kilos comienza con lo que ingieras esta noche, ¿no es así?

TVS PARA LOS HÁBITOS Y PARA UNA VIDA MÁS SALUDABLE

Dado que podemos plantar positividad en tu subconsciente, dejar atrás los viejos hábitos será bastante sencillo. Y adoptar nuevos hábitos puede ser incluso sorprendentemente agradable. Cualquier actividad saludable (desde asistir a una reunión de los doce pasos hasta socializar más con amigos o practicar la jardinería) puede empezar a resultarte muy fácil. Y recordarás cuánto disfrutas con esas actividades.

---

5. D. Gibbons (2000). *Applied Hypnosis and Hyperempiria*. Bloomington, IN: iUniverse.
6. M. Koivisto *et al.* (2013). «A Preconscious Neural Mechanism of Hypnotically Altered Colors: A Double Case Study», *PLOS ONE,* 8 (8): e70900.

Dejar atrás los viejos hábitos será bastante sencillo. Y adoptar nuevos hábitos puede ser incluso sorprendentemente agradable.

En esta ocasión, los siete pasos de la TVS te ayudarán a liberarte de los hábitos malsanos y dar la bienvenida a los saludables. Yo recomiendo usar esta práctica de la TVS al menos unas cuantas veces por semana durante un mes para ayudar a construir nuevas conexiones neuronales, neutralizar los desencadenantes y convertir la visión subconsciente de tu yo saludable en tu realidad cotidiana, consciente.

Ahora realizarás una vez más el paso 1 como una práctica individual que se relaciona específicamente con los hábitos. Luego, los pasos del 2 al 7 se hacen como una práctica continua, mientras te invade una sensación de libertad.

Paso 1: considerar el consciente.
Paso 2: activar el subconsciente.
Paso 3: revisar el pasado.
Paso 4: mejorar el presente.
Paso 5: crear el futuro.
Paso 6: plantar positividad.
Paso 7: tender puentes.

PASO 1: CONSIDERAR EL CONSCIENTE

Piensa en esos tres patrones de pensamiento trampa que anotaste en la página 73. Con respecto a cualquier hábito que te esté impidiendo tener una vida mejor, ¿existe algún patrón de pensamiento trampa que te impida mantener los hábitos saludables? ¿Hay alguno en particular que esté vinculado a un vicio y que te mantenga atado a ese paquete de cigarrillos o a ese helado de chocolate bañado en almíbar?

Al principio de este capítulo, aprendiste que los hábitos menos saludables están relacionados con el manejo del estrés o con la búsqueda de sensaciones. Los hábitos de manejo del estrés suelen estar vinculados a la ansiedad y a patrones de pensamiento trampa de parálisis por análisis o pensamiento polarizado. En ocasiones, la búsqueda de sensaciones está ligada a bajos niveles de dopamina y puede estar relacionada con la permanencia o el pesimismo. Quizás cuando revises los siete patrones de pensamiento trampa de la página 44 veas un patrón de pensamiento trampa distinto relacionado con tu hábito. Anota ese patrón de pensamiento trampa aquí:

> Tipo de patrón de pensamiento trampa relacionado con un hábito que quiero abandonar: ______________________________
> ____
>
> que, para mí, es un pensamiento algo semejante a: __________
> ____

Ahora que tu cerebro consciente sabe lo que tiene que cambiar, deja que tu poderoso cerebro subconsciente determine cómo hacerlo.

Podría resultarte útil considerar el momento en que aparecen tus hábitos cuando estés considerando programar la TVS. Si tiendes a fumar mucho a la hora del almuerzo, quizás podrías ir a tu coche al mediodía y utilizar la TVS en ese momento. Si ese bote de helado te llama a las nueve de la noche, entonces prueba hacer la TVS a las ocho. La TVS es una herramienta fantástica para utilizarla con la frecuencia que sea necesaria, y recuerda que puede combinarse de una manera muy útil con otras estrategias.

PASOS DEL 2 AL 7: TVS PARA LOS HÁBITOS Y PARA UNA VIDA MÁS SALUDABLE

He incluido este guion de la TVS tanto para que puedas grabar un audio mientras lo lees en voz alta como para que retornes a él cuando estés preparado para practicarla sin los audios guiados. Además, es un modelo para los médicos que se están formando en la TVS. Sentado o acostado en una posición cómoda, escucha el audio «TVS para los hábitos y para una vida más saludable» para acabar con los hábitos malsanos y crear hábitos sanos.

Te invito a que inicies esta práctica dejando que tus ojos se cierren mientras te instalas... mientras el cuerpo encuentra la posición más cómoda para descansar. Y mientras lo haces, realiza cualquier ajuste de último momento que desees, descansando en este estado relajante y agradable... Me pregunto si puedes centrar tu atención en el lugar del cuerpo que en el que sientas que estás más relajado/a. Ya sabes cómo activar el subconsciente, el cual siempre ha estado aquí trabajando a tu favor, así que comencemos este viaje ahora con un poco de atención plena. Con mucha facilidad, simplemente observa lo que está en tu mente aquí y ahora.

Y ahora utiliza el poder de tu mente para imaginarte que estás viendo un desfile... que se compone de tus pensamientos... tus sentimientos... tus impulsos de caer en cualquier hábito que no está en alineación con tu yo más sano y más elevado... ¿No es agradable observar cómo pasan flotando... sin tener que llevarlos a la acción? Si lo deseas, incluso podrías imaginar que este desfile está encabezado por un gran maestro que sale de tu cerebro, pasa por una senda que sale de tu oreja y se coloca justo delante de ti... pero tú lo observas desde la barrera... y sintiéndote muy relajado/a.

¿No es agradable saber que no tienes que unirte al desfile... sin importar adónde lo lleve el gran maestro? Me pregunto si esto hace que te sientas un poco orgulloso de ti mismo/a... o incluso, quizás, más relajado/a. Muchas personas consideran que es muy liberador saber que no tienen que llevar a la acción estos pensamientos... estos sentimientos... estos impulsos... sino que pueden limitarse a ver el desfile.

Me pregunto si te divierte, aunque sea un poco, lo tonto que en ocasiones puede resultar este desfile... como suelen serlo todos los desfiles. ¿Qué ves? ¿Las personas están ataviadas con unos disfraces ridículos?... ¿Hay animales salvajes? No sé qué es lo que ves exactamente en tu desfile... y en realidad no importa...

Lo que importa es si puedes aportar liviandad a la forma en que recibes a tu desfile. ¿Puedes sonreír un poco ahora? Porque el tren que tu cerebro subconsciente está a punto de mostrarte y los lugares a los que tu yo futuro puede llevarte son mucho más impresionantes, ¿no es así? Ahh, los lugares a los que vas a ir. ¿Te gustaría echar un vistazo? ¿Quién querría subirse a un tren rápido que conduce a ninguna parte cuando puede tener un billete de primera clase a Nápoles, Niza o Noruega?

Ahora, centra tu atención en los sonidos. Invita a tus oídos a que perciban tres sonidos que estés escuchando aquí y ahora. Eso es. Podría ser interesante comenzar con el sonido más fuerte que puedes percibir en este momento. Y ahora encuentra un sonido que no sea ni fuerte ni suave: un sonido medio. Ahora, me pregunto cuál es el sonido más suave que puedes oír… ¿Puedes escuchar tu respiración? Eso es. Perfecto.

A continuación, invita a tus ojos a que se fijen en dos colores que puedas ver en la parte posterior de tus párpados. El primero está directamente delante de ti… y luego, con la siguiente inhalación, ¿qué color puedes ver cerca de tu coronilla cuando haces rodar tus ojos hacia arriba, arriba, arriba?

En la siguiente exhalación, deja que los ojos floten hacia abajo, abajo, abajo… y luego simplemente deja que se relajen permitiendo que cualquier tensión residual se aleje flotando. Sí, eso es. Y ahora te invito a que sientas una respiración. Deja que la respiración te respire. ¿Puedes sentir cómo la respiración te mece? ¿Puedes sentir el lugar en el que la respiración es más relajante? Deja que esa sensación agradable o relajante se extienda por todo el cerebro y el cuerpo. Eso es. Perfecto.

Y ahora te invito a que des el siguiente paso pidiendo a tu subconsciente que te ayude como más lo necesites. ¿No es agradable saber que ya tienes en tu interior las herramientas para cambiar? Al concederte este tiempo, ya has mostrado que eres honesto/a, abierto/a y que tienes una buena disposición, ¿no es así? Me pregunto qué es lo que se manifestará para ti hoy… No sé si complementará todas las herramientas que ya usas o si te ayudará a encontrar algunas herramientas nuevas… pero lo que sí sé es que te ayudará a encontrar esa parte profunda de ti que sabe que estás bien… que tienes un valor innato… y que cuando empieces a disfrutar de las cosas simples, sentirás esta paz y este placer de una forma que estará alineada con tu yo más elevado.

En unos instantes, te invitaré a que utilices el poder de tu mente para ver y sentir que desciendes por doce escalones. ¿Puedes ver la escalera que está delante de ti? Me pregunto si ya sientes que te conducirán a ese lugar de paz y placer sostenibles. O quizás te lleven a una playa preciosa o a un lugar en el que estarás rodeado/a de una suave luz blanca y espiritual... una luz que una parte de ti sabe que se hará cada vez más fuerte con el tiempo. Visualiza esa escalera ahora. ¿De qué color es? ¿Es de madera o de metal? ¿Es una escalera en espiral o es una gran escalinata? Ahora visualízate de pie en la parte superior de la escalera (eso es) con la sensación de que este viaje será exactamente lo que necesitas hoy.

12. ¿Qué pie está dando el primer paso? ¿Es el pie izquierdo... o es el derecho? Mientras sientes que tu cuerpo desciende, advierte cómo te invade una pequeña (o gran) sensación de paz y placer. Eso es.

11. Ahora siente cómo el otro pie desciende un escalón más en la escalera. Deja que una sensación de relajación profunda... y una hermosa sensación de rendición... se apoderen de ti.

10. Bajas un escalón más, sintiendo que te invade una sensación de serenidad.

9. Te sientes el doble de relajado/a que en el escalón anterior.

8. Bajas un escalón más mientras la mente consciente deja ir las preocupaciones. Eso es. Bien.

7. Incluso más profundo ahora. Perfecto.

6. Ahora ya has bajado hasta la mitad de la escalera. Eso es.

5. Mientras desciendes un escalón más... concédete este tiempo para cuidar de ti.

4. Sientes que te invade una sensación aún más profunda de serenidad.

3. Ya casi has llegado. Eso es. Lo estás haciendo maravillosamente bien... y sólo acabas de empezar.

2. El penúltimo escalón. Te sientes un poco adormecido/a ahora...

1. El último paso... Mientras te concedes este tiempo para disfrutar de esta paz... este placer... ¿No es agradable saber que esas sustancias químicas que hacen que te sientas bien están aquí... dentro de ti? Y estás aquí y has cultivado esta sensación... liberando tu propia farmacia interior de sustancias químicas que hacen que te sientas bien... eso es... eso es... perfecto.

Ahora que has sentido cómo tu cuerpo descendía por esta escalera, probablemente habrás notado que el cerebro ha empezado a ralentizarse y a entrar en un estado de relajación sanadora. En unos instantes, sentirás que tu cuerpo empieza a flotar hacia arriba mientras tu consciente comienza a expandirse, mientras cuento del uno al siete. Mientras estas dos cosas ocurren (el cuerpo flota y tu consciencia se expande) es posible que notes una sensación incluso más profunda de paz y es posible que empieces a sentirte muy bien.

Cuando el cuerpo comienza a flotar, muchas personas advierten que sienten calor (como si estuvieras tomando un baño caliente o flotando en el mar un día de verano). A medida que vayas practicando más, es posible que incluso sientas que pierdes el sentido temporal y espacial. Si lo deseas, incluso puedes «dejar» el cuerpo físico durante esta breve práctica en este tiempo que te has concedido. Si te sientes cómodo/a haciéndolo, podrías ver a tu consciencia saliendo del cuerpo físico como una especie de experiencia momentánea extracorpórea. Si lo deseas, puedes ver a tu consciencia elevándose hacia el cielo… y regresando al cuerpo al final de la práctica o, si lo prefieres, en cualquier momento durante la práctica.

Contando ahora:

El cuerpo flota.

La consciencia se está elevando y expandiendo, de manera que ahora es más grande que el cuerpo.

El cuerpo se está volviendo cada vez más liviano y cálido.

La consciencia se está elevando y expandiendo incluso más, de manera que ahora abarca toda la estancia.

Ahora el cuerpo se está volviendo casi ingrávido.

La consciencia está tan elevada y expandida que está uniéndose al universo… Sientes que una luz blanca maravillosa está brillando a tu alrededor.

Esto es muy profundo y tan relajado. Es perfecto.

Ahora, te invito que visualices… en tu mente… a un guía… Que veas a esa persona que siempre hace que te sientas apoyado/a y querido/a. Podría ser tu madre, tu pareja, tu perro o tu patrocinador. No sé quién será esa persona para ti, pero sé que ésta es la imagen de una persona que te ayudará durante este viaje. Y cuando imagines a esa persona, encontrarás una sensación interior de serenidad en tu corazón. Eso es… puedes sentirlo, ¿no es así? Porque, pase lo que pase, nunca estás verdaderamente solo/a. Lo sabes, ¿no? ¿Puedes sentir la presencia de esa persona? ¿Puedes sentir ese amor que siempre estará contigo?

En unos instantes, le pediremos a tu subconsciente que retroceda hasta un momento de tu pasado... una época en la que utilizabas un hábito como una manera no muy adecuada para lidiar con todo lo que te estaba pasando. Me pregunto si era para lidiar con el estrés... porque estabas desesperado/a por sentir paz. O me pregunto si era para lidiar con el aburrimiento o la depresión... porque simplemente querías sentirte bien. En cualquier caso, es muy agradable saber que el subconsciente tiene el poder de reconfigurarse y de liberarte mientras crea nuevos circuitos, ¿no es así? Ahora voy a pedirle a tu subconsciente que retroceda en el tiempo tanto como lo necesites, hasta una época en la que utilizabas un hábito de una forma poco saludable. Como ésta es la primera vez que ves esta escena de tu pasado, simplemente deja que ocurra... limítate a ser un observador, como si estuvieras viendo un programa en la televisión. Me pregunto si el subconsciente te ayudará a que veas esta escena de una forma que, de alguna manera, te parezca nueva...

Mientras cuento atrás del tres al uno, tus ojos se relajarán y ahora se moverán un poco más de izquierda a derecha. Te invito a que muevas los ojos un poco más de un lado al otro (izquierda y derecha). Ahora presionas play en esa escena o esas escenas de tu pasado (tú y ese hábito que no estaba alineado con tu yo más sano, más feliz y más elevado...) y dejando que tus ojos se muevan un poco ahora de izquierda a derecha en tres... dos... uno (izquierda-derecha-izquierda-derecha).

Ahora inspira mientras cuento hasta tres: uno, dos, tres. Espira mientras cuento hasta seis: uno, dos, tres, cuatro, cinco, seis. Aunque puede existir un poco de tensión, me pregunto si puedes percibir el lugar en el que puedes sentirte cómodo/a... Después de todo, estás aquí ahora, cuidando de ti... y mientras cuento del uno al cinco, el cerebro subconsciente extenderá esta comodidad al resto de la mente, el cuerpo y el espíritu: uno, dos, tres, cuatro, cinco. Eso es. Perfecto.

En unos instantes, voy a pedirte que vuelvas a visualizar esa escena. En esta ocasión vas a ver una pantalla dividida. En el lado izquierdo, verás la misma escena que acabas de ver: ese cigarrillo, ese bote de helado, tú mordiéndote las uñas... o cualquiera que sea el hábito que te esté impidiendo tener la salud o la riqueza que te mereces. En el lado derecho de la pantalla el cerebro subconsciente va a resaltar algo que al cerebro consciente se le puede haber pasado por alto: las fortalezas que tienes en tu interior... y que siempre has tenido. Estabas utilizando un mecanismo de afrontamiento para lidiar con el estrés o para sentirte bien, pero ¿y si siempre fuiste lo bastante fuerte o bueno/a?

La mayoría de nosotros somos siempre muy duros con nosotros mismos. Deja que tu generoso y amable cerebro subconsciente destaque lo que está bien dentro de ti. Si puedes ver que ya has logrado mucho, puedes recordar tu valía inherente. Si puedes saber cuántas cosas has superado, entonces sabes que estarás bien. Y quizás incluso podrías ver qué era lo que estaba motivando el hábito que te estaba privando de tu yo más verdadero... si estabas tan estresado que recurrías a un cigarrillo o tan sólo tomabas esos caramelos salados. Me pregunto si tú... o la persona que trajiste a este viaje contigo... podéis encontrar alguna compasión por esa versión más joven de ti... por ese tú que ha estado teniendo dificultades, o ha estado triste o deprimido/a. Invita a tu subconsciente a que te muestre algo.

En unos instantes, verás una pantalla dividida. En el lado izquierdo, visualizarás la misma imagen que estabas viendo hace unos instantes... y en el lado derecho verás tu bondad inherente, tu valía inherente, y lo que necesitabas... con una sana dosis de compasión.

Ahora, presiona play en esa pantalla dividida y observa cómo se desarrolla la escena: en el lado izquierdo, la escena tal como la viste hace un momento, y, en el lado derecho, la misma escena desarrollándose con un poco más de amabilidad, seguridad o suavidad... Es esa parte de ti la que se da cuenta de que todo este tiempo has estado suficientemente relajado/a y has sido lo bastante bueno/a... mientras dejas que tus ojos se muevan ahora en tres... dos... uno... (izquierda-derecha-izquierda-derecha).

Ahora inspira mientras cuento hasta tres: uno, dos, tres. Espira mientras cuento hasta seis: uno, dos, tres, cuatro, cinco, seis. Y centra tu atención en un lugar en tu cuerpo en el que sientas un poco de serenidad... Eso es. Eso es. Perfecto.

Deja que desaparezca la pantalla dividida. Ahora ves una sola pantalla. En unos instantes, abrirás ese software avanzado de edición para que puedas ver esa película proyectada otra vez. Me pregunto qué le gustaría hacer al cerebro subconsciente en esa escena. ¿Qué te gustaría hacer para transformar los vicios en un triunfo? En esta ocasión, tienes el poder de presionar el botón «eliminar» en cualquier comportamiento, cualquier desencadenante, cualquier voz negativa (tanto si es la de otra persona como si es la tuya propia)… Cuando lo hagas, eso será sumamente empoderador, ¿no es así? Podrías ver a tu yo del pasado diciéndole sí a todas esas opciones saludables que te hacen bien. O quizás te gustaría deshacerte de esa escena por completo. Simplemente presiona «eliminar» si eso es lo que deseas. En unos instantes, el poder del cerebro subconsciente empezará a liberarte. Y, una vez más, observa (en este estado maravilloso de relajación) en qué parte de tu cuerpo te sientes más relajado.

Ahora presionas «play» en esta escena otra vez… pero también realizas cambios en ella, editándola o borrándola de una forma que apoya tu versión más saludable de ti, mientras dejas que tus ojos su muevan ahora en tres… dos… uno… (izquierda-derecha-izquierda-derecha).

Ahora inspira mientras cuento hasta tres: tres, dos, uno. Espira mientras cuento hasta seis: uno, dos, tres, cuatro, cinco, seis. ¿Qué has visto? ¿Qué has sentido? Ahora, mientras cuento del uno al cinco, imagina que el subconsciente está propagando este sentimiento a todas las partes del cerebro y del cuerpo… para que este sendero sea el nuevo modo de ser preestablecido. Después de todo, los hábitos son hábitos porque son conocidos… de modo que ahora debes ayudar al cerebro a familiarizarse con un nuevo estilo de vida… Muéstrale a tu cerebro algo mejor. Pruébalo. Visualízalo. Siéntelo. Crea el circuito. Eso es, uno… dos… tres… cuatro… cinco… Eso es. Perfecto.

Y ahora deja que el cerebro subconsciente avance hasta el presente. ¿No es interesante que el subconsciente ya haya comenzado a liberarte de tus hábitos (de aquellos que te impiden vivir la vida saludable e increíble que estás destinado/a a vivir)? Alguna parte de ti ya lo sabe… ¿Qué fue lo que hizo que te dieras cuenta de esto? ¿Fue la forma en que el cerebro subconsciente te ayudó a atar cabos, o la compasión hacia ti mismo/a?

Tómate unos minutos para observar qué es lo que sientes que ahora es diferente. No sé si la diferencia será sutil o significativa, pero notarás algo ahora mismo o mañana por la tarde. ¿No te parece interesante que en este momento quizás incluso puedas encontrar una o dos pruebas de que una nueva luz ya se ha encendido en algún lugar profundo de tu interior? Con honestidad, apertura y buena disposición, ya dispones de las herramientas para liberarte.

Y en este momento, sientes como si estuvieras flotando en una nube rosada... Una nube que está transmitiéndote paz y salud desde su interior. Y esta nube rosada es una nube duradera y permanecerá contigo para siempre... cambiando su color de rosado a morado y a blanco... También sabes (aquí y ahora) que eres mucho más fuerte de lo que creías. Ya no necesitas usar la evitación o la automedicación... porque ya tienes a tu disposición las herramientas y la farmacia interna de sustancias químicas que te hacen sentir bien... y una provisión infinita de formas para manifestar salud.

Ahora imagina que eres un hacker informático... y, cuando entras y abres el sistema operativo de tu cerebro, puedes ver esos programas que han creado las conexiones de tus hábitos. En unos instantes, vamos a eliminar esos hábitos negativos. A partir de ahora ya no los verás... y tus sentidos conspirarán únicamente para tu salud... en lugar de notar o reconocer los desencadenantes... Además, haremos lo contrario para cualquier cosa que esté alineada con tu yo más elevado. Aumentaremos la sensibilidad que tienes para cualquier oportunidad de crear salud para ti, de manera que tu cerebro será como un detector de humo hipersensible que se activa cada vez que enciendes el horno. Desconecta la alarma para los hábitos poco saludables; enciende la alarma para la salud. Eso es. Hackea tu propio sistema. Y cuando esta práctica haya acabado, olvida que lo has hecho... para que este proceso sea incluso más fácil.

Y ahora crucemos los cables para que tu sabor u olor favorito pero poco saludable se vuelva repugnante. Como un operador telefónico que conecta un cable con la línea equivocada, abre la caja de los sentidos de tu cerebro. ¿Puedes verla? Ahora, ¿puedes ver el cable para ese sentido que te provoca el antojo? ¿El olor de unas galletas recién horneadas? ¿Es ese pri-

mer trago de refresco light... y la forma en que sientes las burbujas en tu lengua? ¿El modo en que te encanta golpear el paquete de cigarrillos contra tu brazo o la palma de tu mano? Ahora, conecta ese sentido con el mismo sentido (olfato con olfato, gusto con gusto), pero pídele a tu subconsciente que encuentre algo en tu memoria sensorial que te resulte repulsivo. Si el olor de las galletas es tu desencadenante, quizás podrías pedirle a tu subconsciente que te informe de que ése es un olor a pescado podrido. Si el sabor del refresco es lo que anhelas, quizás tu subconsciente podría sustituirlo por un sabor a orina.... o cualquier cosa que tu subconsciente quiera crear... Y dado que el subconsciente es tan sugestionable, a partir de este momento, cada vez que te enfrentes a un desencadenante de tu hábito poco saludable, te acordarás de ese sabor u olor repulsivo... Me pregunto cuándo notarás este olor desagradable ahora que has plantado esta sugestión en el subconsciente. Será como tratar de no pensar en un elefante rosa cuando digo que no pienses en él... ahora que la idea está ahí. Y me pregunto cuándo notarás el leve olor a pelo quemado, carne u orina en ese refresco light, ese helado o ese cigarrillo. Después de todo, sabes que todos esos vicios son sustancias tóxicas, ¿no es así?

Entonces, quizás el subconsciente te esté ayudando a percibir las cosas como lo que realmente son... y los alimentos deliciosos, divinos y nutritivos que provienen de la naturaleza te sabrán mejor que nunca... y las actividades que son saludables o espiritualmente satisfactorias te resultarán fáciles de hacer. Después de todo, están alineadas con tu verdadera naturaleza de salud y sanación.

Y ahora el subconsciente te va a ayudar a avanzar en tu vida. Pruébate el nuevo yo, el yo saludable... porque lo que estás haciendo en realidad es cambiar unos céntimos de corto plazo por unos millones de largo plazo, ¿no es así? ¿No sería maravilloso ver el destino final? ¿Probarte esto? ¿Sentirlo? Tu yo futuro sereno y sano... Y puesto que el tiempo y el espacio empezarán a desvanecerse en los próximos minutos, también verás todo lo que debes hacer en las semanas, e incluso años, que vendrán. Visualiza todo desarrollándose paso a paso. Me pregunto si esos pasos incluyen más clases de spinning, más ensaladas o un patrocinador. Siente que está ocurriendo aquí y ahora. Veas lo que veas, esas metas específicas, medibles, alcanzables, relevantes y con un tiempo definido se desarrollarán (y eso permitirá que el cerebro consciente las cree). Y te tomarás las cosas un día a la vez. Eso es. Ahora lo ves todo con mucha claridad. ¿Podrías subir el dial de lo bien que se siente todo esto? Eso es. Y lo sano/a y feliz que estás... Sí... está bien... perfecto.

Ahora, profundiza en este estado una vez más para que los mensajes positivos que estás a punto de escuchar se instalen profundamente en tu cerebro subconsciente mientras cuento hacia atrás del tres al uno: tres... dos... uno... eso es. Hoy has hecho mucho por ti, ¿no es así? Para ser más feliz... para estar más sano/a... para conectar con ese yo más elevado. Si mantener tus problemas en secreto es malo, entonces estar aquí es cuidar de ti y ser rigurosamente honesto/a, ¿no es así? Y todos los cambios que ya has realizado empezarán a manifestarse de una forma simple y fácil. No sé si lo notarás en tu forma de hablar con los demás... o quizás en un cambio en ese desfile de pensamientos o impulsos. Me pregunto si mañana advertirás que algo ha cambiado, o si será el próximo martes por la tarde. Ya te has liberado un poco más de los vicios que te impedían avanzar, ¿no es así? ¿No es una sensación increíble notar dónde has empezado a hacer un cambio y que los nuevos comportamientos saludables comiencen a reemplazar a los viejos hábitos que te estaban impidiendo avanzar? Sí, tu yo más elevado se desplegará sin esfuerzo cada día y eso ayudará a tu yo futuro a ir a algunos lugares realmente fabulosos.

Ahora es el momento de construir un puente que te ayudará a conectar todo lo que has hecho durante esta práctica (para que puedas llevarlo contigo a tu vida cotidiana). La primera parte de la construcción del puente incluye un botón. Y me pregunto: ¿cuáles fueron las tres mejores lecciones, los tres mejores momentos de revelación, nuevas percepciones o sentimientos que experimentaste aquí? Visualízalos ahora... y envíalos al dedo índice de tu mano dominante. Y siente realmente que están creciendo (haciendo que aumenten ahora, creciendo y resplandeciendo con intensidad). ¿Eres consciente de ello? Eso es. Ahora frota la yema de ese dedo índice contra ese pulgar. Eso es. Acabas de crear un botón para ti. En tu vida real, cotidiana, cuando necesites un poco de lo que has creado aquí, lo único que tienes que hacer es presionar ese botón. Toda la paz, todos los sentimientos de bienestar, todos los momentos de revelación regresarán. ¿No es agradable tener dentro de ti lo necesario para sentirte «entusiasmado», por así decirlo, por la plenitud, la vida saludable, la amistad espiritual, el amor o la fe, en cualquier momento? Ésos son subidones naturales que serán duraderos… y que no hacen más que mejorar con el tiempo.

En segundo lugar, reúne cualquier cosa residual de la que quieras deshacerte: resentimiento e ira, negatividad y voces negativas. Ahora, visualiza un globo amarrado a tu dedo índice de la mano no dominante. ¿Puedes verlo? Visualiza que ese globo estalla cuando lo llenas con el «aire caliente» de los hábitos que no le están sirviendo a tu yo más elevado. Muchas personas incluso pueden notar que ese dedo empieza a levantarse por sí solo. ¿No es interesante? Una última cosa… Fíjate en si hay algo más que te gustaría poner en ese globo. Eso es. Ahora frota ese pulgar contra tu dedo índice no dominante para desatar el globo. En tu mente, visualiza que el globo se aleja flotando y se va muy muy lejos. ¿Puedes ver cómo se vuelve tan pequeño, tan diminuto? Síguelo hasta que haya desaparecido. Y siempre que notes cualquiera de esas «cosas» que no te sirven, lo único que debes hacer es ponerlas dentro de este globo que está atado a tu dedo índice de la mano no dominante. Luego frótalo con tu pulgar para deshacer el nudo… y déjalo ir. Eres libre.

Y ahora visualízate volviendo a subir por esa escalera que te trajo aquí, a este lugar de serenidad y sanación (sabiendo que puedes regresar todas las veces que quieras). Vas subiendo y, en cada escalón, estás el doble de despierto/a. Y mientras lo haces, vas recuperando tu estado de alerta cotidiano… mientras la consciencia regresa al cuerpo… con un renovado sentimiento de entusiasmo por crear ese yo futuro que viste.

Vas subiendo. Sientes que ahora empiezas a estar alerta.

Otro escalón hacia arriba. Estás más despierto/a y te sientes esperanzado.

Quizás podrías mover un poco los dedos de las manos y de los pies.

Eso es. Arriba y activado/a. Sintiendo que tu consciencia está retornando a tu cuerpo. Muy presente. Muy vivo/a.

Estás el doble de energizado/a y alerta que en el escalón anterior.

Subes otro escalón.

Estás despierto/a y alerta... y tu consciencia está completamente en tu cuerpo.

Eso es. Estás muy energizado/a.

Subes un escalón más y sientes que estás listo/a para crear ese yo futuro.

Sientes que tu cuerpo asciende.

Ya casi has llegado.

Abre los ojos. Estás despierto/a. Renovado/a.

Para asegurarte de que estás totalmente consciente, mira alrededor en la estancia y nombra en voz alta diez cosas que veas, sal a caminar alrededor de la manzana, escucha música animada o realiza veinticinco saltos de tijera.

CAPÍTULO 11

TVS para sanar tu cuerpo, el dolor y las patologías escurridizas

El cerebro subconsciente es verdaderamente poderoso. ¿Sabías que la hipnosis era el tipo de anestesia que solían emplear los médicos en India en el siglo XIX antes del descubrimiento del éter? La hipnosis fue una de las primeras formas de medicina cuerpo-mente. El cerebro subconsciente es tan poderoso en su potencial para aliviar el dolor que incluso era utilizado para la amputación de miembros.[1]

¿No es fascinante que el cerebro subconsciente tenga el poder de modificar los procesos del cuerpo? Puede reducir o eliminar la necesidad de tomar medicamentos. ¿Y si comentara que tu subconsciente puede decirle a tu cuerpo que sangre menos? Esto es cierto: si usara la TVS para sembrar positividad antes de una intervención quirúrgica y le dijera a tu subconsciente que ibas a sangrar menos durante la operación, tu cuerpo perdería menos sangre que el cuerpo de alguien que no utilizara la TVS. Eso fue lo que un estudio demostró.[2]

Me pregunto con qué objetivo físico podría ayudarte la TVS. ¿Te gustaría sanar tu cuerpo u optimizarlo? ¿Deseas mejorar tu sistema inmunitario? Tanto si luchas contra un cáncer en fase 4, como si te enfren-

---

1. Blakeslee. «Brain Under Hypnosis».
2. B. Enqvist et al. (1995). «Pre- and Perioperative Suggestion in Maxillofacial Surgery: Effects on Blood Loss and Recovery», *International Journal of Clinical and Experimental Hypnosis*, 43 (3): 284-294.

tas a una gripe estacional, puedes combinar la TVS con los tratamientos existentes o emplearla como un tónico preventivo.

Quizás quieras usar la TVS para ayudarte a lidiar con el dolor. ¿Sabías que tu cerebro subconsciente puede ayudarte de manera eficaz con cualquier cosa, desde el dolor más leve y temporal hasta el dolor severo y crónico? ¿No sería increíble poder aliviarte sin medicamentos?

Y si te han diagnosticado alguna afección difícil de controlar como migrañas, fibromialgia, SII, síndrome de fatiga crónica, síndrome de las piernas inquietas, vejiga hiperactiva, síndrome de la vejiga dolorosa, síndrome postratamiento de la enfermedad de Lyme, eczema, esclerosis múltiple o cualquier otra afección que: a) no responda muy bien a la medicina moderna, y/o b) sea exacerbada por el estrés, me imagino que te encantaría encontrar algo que te proporcione alivio.

PRIMERO, EL CEREBRO. DESPUÉS, EL CUERPO.

Probablemente comiences a comprender el poder absoluto del cerebro subconsciente cuando se concentra en la dirección de la sanación cuerpo-mente. Otros tratamientos, como la modificación del comportamiento, funcionan a un nivel superficial, ya que te ayudan a evitar los desencadenantes, y las pastillas para el dolor lo calman temporalmente. El subconsciente trabaja a un nivel mucho más profundo. Ése es el motivo por el cual utilizo la TVS para tratar el dolor, optimizar la función inmune y sanar los síndromes elusivos.

He descubierto que la TVS realmente destaca en las áreas en las que la medicina occidental moderna tiene poco o nada que ofrecer (porque la TVS suele funcionar con dolencias complejas que son gobernadas por el cerebro en las que las creencias y la esperanza son medicinas poderosas). Existe un gran número de medicamentos con receta a nuestra disposición, pero uno suele conseguir una pequeña mejoría con un alto coste y muchos efectos secundarios. (Además, algunas de esas mejorías pueden deberse simplemente al hecho de que tu cerebro subconsciente cree que los fármacos están funcionando; véanse los comentarios sobre el efecto placebo en el capítulo 1). Por otro lado, la TVS es una herramienta económica y libre de medicamentos que puedes utilizar tanto como lo desees. Está acompañada de una larga lista de beneficios (mejoría de la función inmunitaria, una sensación de paz, una mayor motivación para tener comportamientos saludables) en lugar de efectos secundarios. Después de que numerosos fármacos no les hayan dado respuestas, las personas que he tratado que tenían estas dolencias me han dicho a menudo que encuentran que la TVS es nada menos que milagrosa.

Ahora bien, quizás tú prefieras una anestesia moderna si necesitas someterte a una operación importante. Estupendo, yo también. (Por otro lado, he visto un vídeo de un paciente que tuvo una cirugía importante y sólo fue «anestesiado» con el poder de su cerebro subconsciente). Me pregunto si te interesaría utilizar tu cerebro subconsciente para necesitar menos anestesia y sentir menos dolor postoperatorio. Los estudios han demostrado el poder de las técnicas basadas en el cerebro subconsciente para acelerar la cicatrización posquirúrgica de las heridas[3] y para ayudar a los pacientes con cáncer a reducir las náuseas y los vómitos.[4]

En un estudio, separaron en dos grupos a unos pacientes que iban a someterse a una cirugía para la tiroides. Veinte pacientes fueron operados con anestesia general y los otros veinte recibieron hipnosedación, una combinación de hipnosis, anestesia local y una sedación ligera. El grupo que recibió la hipnosedación experimentó menos inflamación, menos dolor postoperatorio y menos fatiga postoperatoria que el grupo que recibió anestesia general.[5]

Kelly Painter, superviviente de cáncer de mama, tuvo que pasar por una prueba más nueva utilizando la hipnosedación en el MD Anderson Cancer Center para que su tumorectomía en 2017. Kelly relató

---

3. C. Ginandes *et al.* (2003). «Can Medical Hypnosis Accelerate Post-surgical Wound Healing? Results of a Clinical Trial», *American Journal of Clinical Hypnosis*, 45 (4): 333-351.
4. G. H. Montgomery et al. (2013). «Hypnosis for Cancer Care: Over 200 Years Young», CA: *A Cancer Journal for Clinicians,* 63 (1): 31-44.
5. M. Faymonville *et al.* (1999). «Hypnosedation: A Valuable Alternative to Traditional Anaesthetic Techniques», *Acta Chirurgica Belgica*, 99 (4): 141-146.

que «llevó un poco más de tiempo que una cirugía tradicional porque tuvieron que anestesiar el área con lidocaína. Pero aun así, entré en el quirófano a las ocho y media de la mañana y salí de la operación a las once y media, y del hospital a las doce y cuarto. En realidad nunca me sentí hipnotizada, y el dolor más intenso que sentí fue un pequeño pinchazo. Fue sobre todo sólo un poco de presión... Y no tuve que tomar ningún analgésico después».[6]

O consideras algo tan común como los dolores menstruales. Un estudio dividió en dos grupos al azar a cincuenta estudiantes de enfermería con cólicos dolorosos. Un grupo recibió ibuprofeno durante tres ciclos menstruales y luego ninguna medicación en los tres ciclos siguientes. El segundo grupo recibió hipnosis. No es sorprendente que el grupo que recibió el medicamento sólo experimentara alivio del dolor en los tres primeros ciclos, cuando tomó el ibuprofeno, pero ninguna reducción significativa del dolor en los tres ciclos siguientes. El grupo que recibió la hipnosis experimentó una reducción significativa del dolor durante los seis ciclos.[7] Recuerda que el ibuprofeno es uno de los medicamentos de venta libre que la FDA advirtió que podía aumentar el riesgo de padecer un infarto y accidentes cerebrovasculares (incluso en el uso a corto plazo). Pero este estudio muestra que existe una alternativa libre de riesgos y utiliza tu cerebro subconsciente.

VISUALIZACIÓN INTEGRADORA

Cuando se trata de cáncer, enfermedades autoinmunes, dolor crónico y dolencias escurridizas, darle a una persona muchos fármacos es como verter agua en un incendio de grasa. Por lo tanto, es importante integrar la TVS en un plan de tratamiento holístico. Como sabes, la TVS

---

6. C. DeMarco (13 de Julio de 2017). «Hypnosedation: Is It Possible to Have Surgery without General Anesthesia?», *MD Anderson Cancer Center,* www.mdanderson.org/publications/cancerwise/2017/07/hypnosedation--surgery-with out-general-anesthesia.html
7. M. Shah et al. (2014). «The Effect of Hypnosis on Dysmenorrhea», *International Journal of Clinical and Experimental Hypnosis,* 62 (2): 164-178.

incorpora varias estrategias, incluida la TCC, la atención plena, la hipnosis, la estimulación bilateral y la visualización guiada en una herramienta casera fácil de usar. Si tu bienestar está en juego, eso también puede significar hacer todo lo que puedas para mantenerlo. Eliminar el gluten o los productos lácteos. Limitar la exposición a toxinas, especialmente si las toxinas ambientales han desencadenado una enfermedad autoinmune. Combinar un suplemento de glutatión liposomal con la TVS es sólo un ejemplo de una estrategia que podía utilizarse para la desintoxicación. Si el cerebro está dañado por una lesión o una apoplejía, el hidrógeno puede ayudar al proceso de curación. Una sauna de infrarrojos lejanos es otra posibilidad basada en la evidencia y libre de medicamentos que suelo recomendar porque mejora la calidad de vida de los diabéticos,[8] y tan sólo ocho sesiones de sauna de infrarrojos libre de efectos secundarios también produjo una reducción significativa del dolor y la rigidez en personas que vivían con artritis reumatoide.[9] ¿No sería interesante realizar una sesión de TVS mientras estás en una sauna de infrarrojos lejanos?

Pruebas y herramientas

También recomiendo lo último en cuidados con base empírica, incluyendo las pruebas genéticas y un panel neurotransmisor, para determinar qué puede estar causando o exacerbando una afección escurridiza o el dolor crónico. Las pruebas genéticas son empoderadoras. Puedes haber heredado una incapacidad para convertir ciertos precursores de vitamina B en formas utilizables por el cerebro y el organismo. Sin ellas, es posible que tengas deficiencias de neurotransmisores que pueden afectar al dolor, la ansiedad y el estado de ánimo.

---

8. R. Beever (2010). «The Effects of Repeated Thermal Therapy on Quality of Life in Patients with Type II Diabetes Mellitus», *The Journal of Alternative and Complementary Medicine,* 16 (6): 677-681.
9. F. Oosterveld *et al.* (2009). «Infrared Sauna in Patients with Rheumatoid Arthritis and Ankylosing Spondylitis», *Clinical Rheumatology,* 28 (1): 29.

El arrastre audiovisual (AVE) también puede profundizar la TVS o ser utilizado como una herramienta individual para ayudar en ciertas dolencias escurridizas. Por ejemplo, una sesión de AVE con ondas beta rápidas puede ayudar a que una persona que está lidiando con el síndrome de fatiga crónica se sienta más energizada. Averigua más sobre el AVE en mi página web: www.drmikedow.com

Si te estás sometiendo a quimioterapia para un cáncer en fase 4, trabajando con un médico especializado en medicina funcional para descubrir el origen de tu enfermedad, o asistiendo a psicoterapia individual (tanto si el terapeuta tiene formación en TVS como si utiliza otro modelo de psicoterapia), es estupendo. La TVS es una herramienta que apoya a todas estas estrategias integradoras.

Entonces, veamos cómo la ciencia del sistema inmunitario, el dolor y las dolencias escurridizas, junto con el subconsciente, pueden combinarse para ayudarte a mejorar cualquiera de estas dolencias.

MEJORAR TU INMUNIDAD

Ya he mencionado a un grupo de personas que pueden usar la TVS para mejorar su sistema inmunitario: las que han sobrevivido al cáncer. (¿Te has fijado que en las palabras que he usado cuando he dicho «sobrevivido al cáncer»? Ya estoy empezando a hablarle a la forma poderosa e íntima en que tu cerebro subconsciente trabaja con tu sistema inmunitario). Pero no sólo los que prosperan después del cáncer pueden beneficiarse de una mejoría del sistema inmunitario.

El resfriado común, el herpes, el VIH, el VPH, el eczema, las rupturas sentimentales, perder tu trabajo, viajar, o simplemente el estrés de la vida cotidiana, afectan al sistema inmunitario. De hecho, no puedo pensar en nadie que no se pueda beneficiar de un sistema inmunitario más fuerte. ¿Y tú?

Nuestro mundo está cada vez más contaminado y la exposición a las toxinas puede «encender» genes de enfermedades autoinmunes, en las que tu organismo ataca a sus propios tejidos. Esclerosis múltiple, enfermedad de Hashimoto, lupus, psoriasis, artritis; la lista sigue y sigue. Según los Institutos Nacionales de la Salud (NIH), más de veintitrés millones de estadounidenses viven actualmente con una enfermedad autoinmune. Estas dolencias tienden a ser más comunes en las mujeres, posiblemente debido a la compleja interacción entre los estrógenos y la progesterona, y la forma en que esas hormonas interactúan con el sistema inmunitario. La exposición al amianto, la radiación, los disolventes y una dieta rica en gluten de los estadounidenses son todos culpables. E incluso más estadounidenses podrían tener «preautoinmunidad».[10] Un estudio realizado en 2012 halló que más de treinta millones de estadounidenses tiene autoanticuerpos, un marcador de enfermedad autoinmune, los cuales a menudo se pueden medir años antes de que aparezca la enfermedad autoinmune.[11] Sólo un ejemplo: la exposición al mercurio en el pescado produce un aumento de los autoanticuerpos en la sangre de las mujeres embarazadas y sus fetos.[12]

La mayoría de los fármacos para tratar las enfermedades autoinmunes cometen un error fundamental: tratan el sistema inmunitario y el cerebro como dos sistemas distintos e independientes y ven la enfermedad como un simple proceso de causa y efecto que debe ser curado (un modelo biológico). Por otro lado, la TVS cree en la coherencia: tu cerebro y tu sistema inmunitario en realidad están interconectados y están intentando servir a un propósito común.[13] La TVS funciona según el principio de que la enfermedad (la distancia del bienestar) es el resultado de sistemas complejos, interrelacionados, que han funciona-

---

10. «Autoimmune Diseases», *National Institute of Environmental Health Sciences*, 16 de julio de 2018, https://niehs.nih.gov/health/topics/conditions/autoimmune/index.cfm
11. L. S. Marchand et al. (2012). «Mesothelial Cell and Anti-nuclear Autoantibodies Associated with Pleural Abnormalities in an Asbestos Exposed Population of Libby MT», *Toxicology Letters,* 208 (2): 168-173.
12. J. F. Nyland et al. (2011). «Fetal and Maternal Immune Responses to Methylmercury Exposure: A Cross-Sectional Study», *Environmental Research,* 111 (4): 584-589.
13. R. J. Booth y K. R. Ashbridge (1993). «A Fresh Look at the Relationship between the Psyche and Immune System: Teleological Coherence and Harmony of Purpose», *Advances*, 9 (2): 4-23.

do mal y que sólo pueden ser sanados mediante un modelo bio-psico-social-espiritual y holístico de atención. El modelo biológico se asemeja a una persona que está intentando desmontar y volver a colocar el motor de un automóvil sólo con un martillo gigante del cinturón de herramientas del mecánico. El modelo bio-psico-social-espiritual es un equipo de mecánicos que trabaja para reconstruir ese motor con herramientas avanzadas y guiadas por ordenador.

Aunque todavía estamos en pañales en cuanto a la comprensión de las enfermedades autoinmunes, los investigadores creen que el cerebro y el sistema inmunitario se comunican a través de la vía límbico-hipotalámica-pituitaria.[14] Por lo tanto, si tu sistema inmunitario y tu cerebro trabajan juntos (aunque de una forma compleja), entonces quizás estén intentando ayudarte cuando perciben una amenaza: ese mercurio que ingeriste o esos gases que acabas de inhalar.

¿Cómo es posible que la forma en la que tu cuerpo te está ayudando sea mediante una horrible enfermedad autoinmune? Bueno, piensa en un oso que está hibernando: así es como sobrevive a un invierno terriblemente duro. En muchos sentidos, nuestro mundo se ha convertido justo en eso: un mundo duro, tóxico y estresante. Ahora veamos el caso de los seres humanos que han sido diagnosticados con el síndrome de fatiga crónica (SFC). Un estudio innovador realizado en 2016 halló que de los 612 metabolitos que los investigadores examinaron, el 80 % era inferior en las personas que tenían SFC. En esencia, sus cuerpos habían entrado en una forma humana de hibernación. Pero, a diferencia de los animales que hibernan, las personas con SFC tienen células que permanecen atrapadas en un estado de conservación de energía y no saben cómo volver a despertar.[15] Este importante estudio arroja luz sobre las enfermedades autoinmunes: tu cerebro y tu sistema inmunitario creen que están ayudándote. Identifican todas

---

14. M. S. Torem (2007). «Mind-Body Hypnotic Imagery in the Treatment of Auto-immune Disorders», *American Journal of Clinical Hypnosis,* 50 (2): 157-170.
15. R. K. Naviaux *et al.* (2016). «Metabolic Features of Chronic Fatigue Syndrome», *Proceedings of the National Academy of Sciences,* 113 (37): E5472-5480.

esas toxinas o un virus que está entrando: ¡Amenaza! ¡Protégete! Reaccionan con respuestas de *lucha o huida/inmovilidad*. Una respuesta saludable es *luchar* (atacar a los malos, salvar a los buenos). Si padeces una enfermedad autoinmune, tus células están confundidas. Imagina un equipo de fútbol americano que intercambia camisetas al azar. Ahora tu sistema inmunitario comienza a taclear a sus propios jugadores: está *luchando*. O, en el caso del SFC, tu sistema inmunitario exhibe una respuesta más de *huida/inmovilidad* y se apaga. La respuesta de *huida/inmovilidad* debería usarse cuando uno determina que perdería en una pelea contra ese tipo en el bar que es el doble de su tamaño. Es mejor que largarse o hacerse el muerto. Reserva tu energía para una pelea que sí ganarías. En el SFC, esta respuesta de *huida/inmovilidad* no es estratégica, porque cuando hay una pelea que tu sistema inmunitario podría ganar, no está por ninguna parte.

Entrada de la TVS. ¿Podría tu cerebro subconsciente ayudar con estas dolencias increíblemente elusivas y escurridizas? La buena noticia es que sí.

El estímulo al sistema inmunitario proporcionado por el cerebro subconsciente es tan poderoso que puede medirse en tu sangre. ¿Recuerdas ese estudio del que hablé en el capítulo 2? Separaron a unos estudiantes de medicina en dos grupos cuando se enfrentaban a sus exámenes. Uno aprendió a practicar la autohipnosis y el otro no. El grupo que activó el subconsciente experimentó una importante mejoría de la función inmune. Los análisis de sangre revelaron marcadas diferencias al medir dos marcadores de glóbulos blancos utilizados para evaluar la función inmune. Los marcadores descendieron para el grupo que no practicó la hipnosis, pero en el caso de los otros estudiantes, cuanto más usaban la hipnosis en casa, más subían sus marcadores de linfocitos T.[16] Imagínate cómo podría la TVS impulsar tu sistema inmunitario durante otra época estresante en tu vida, como,

16. J. K. Kiccolt-Glaser *et al.* (2001). «Hypnosis as a Modulator of Cellular Immune Dysregulation During Acute Stress», *Journal of Consulting and Clinical Psychology*, 69 (4): 674.

por ejemplo, durante un tratamiento de quimioterapia o la rutina diaria de un padre o una madre que trabaja.

La TVS le habla a un conjunto de sistemas complejo e interrelacionado que provocó los síntomas de las enfermedades autoinmunes. Tienes que entrar en profundidad y afectar a los sistemas y los circuitos. Tienes que decir a tus células lo que deben hacer. Por muy descabellado que pueda parecer, acuérdate del estudio del que he hablado: el cerebro subconsciente puede hacer que el cuerpo sangre menos, algo que el cerebro consciente es incapaz de hacer. Asimismo, la TVS puede lograr resultados extraordinarios. Y como un loco que habla a sus perros como si entendieran el castellano (yo soy ese hombre; llámame loco), tú puedes hablarles a tus células, tejidos, órganos y sistemas, y decirles que despierten, sanen, conserven las células buenas, ataquen a las malignas, o cualquier otra cosa que quieras que hagan. Un sistema inmunitario que es poco activo puede despertar, o uno que es hiperactivo puede ralentizarse.

Tú puedes hablarles a tus células, tejidos, órganos y sistemas, y decirles que despierten, sanen, conserven las células buenas, ataquen a las malignas, o cualquier otra cosa que quieras que hagan.

¿La prueba? Considera los siguientes resultados de estudios:

- En la actualidad, parecería tonto sugerir que la medicina cuerpo-mente puede librar a tu cuerpo de las antiestéticas verrugas, causadas por el virus conocido como VPH. Simplemente ve a la farmacia y compra un poco de ácido salicílico, un tratamiento eficaz. Un ensayo controlado aleatorio incluyó un grupo placebo que tomó ácido salicílico y un grupo experimental que utilizó la hipnosis para el tratamiento de las verrugas. La hipnosis se concentró en imágenes que sugerían que las verrugas experimentarían un hormigueo, se calentarían, se encogerían y se disolverían. Después de seis semanas, la hipnosis fue el tratamiento más efectivo para hacer que las verrugas desaparecieran.[17]

- En un estudio sobre la piel, 38 participantes que tenían picor en zonas de la piel (algo similar a lo que se podría ver en una persona con eczema, el cual, dicho sea de paso, fue clasificado como una enfermedad autoinmune en 2014[18]) fueron sometidos a una sesión que combinó hipnosis, estrategias cognitivo-conductuales, imaginación y visualización. De los 38 participantes, 32 pudieron reducir el tamaño de las zonas de la piel con prurito.[19]
- Otro estudio con pacientes con artritis reumatoide (AR) los dividió en tres grupos. Uno obtuvo la hipnosis: le «hablaron» a la enfermedad subyacente y al sistema inmunitario a través del cerebro subconsciente. Un segundo grupo aprendió técnicas de relajación. Y el tercer grupo no recibió ningún tratamiento. Cuando midieron sus leucocitos, los investigadores descubrieron que el grupo de la hipnosis superó a los otros grupos, y el impulso que recibió su sistema inmunitario y la reducción del dolor en las articulaciones, la hinchazón y la rigidez mejoraron cuando los pacientes continuaron practicando la hipnosis en casa.[20]

Dado que la TVS puede trabajar en sinergia con otras estrategias para sanar tu cuerpo a través de su compleja conexión con el cerebro, puedes ver una mejoría muy superior a la que ofrecen otras opciones. ¿No te encantaría averiguar cuánto puede mejorar tu propio cuerpo? En Reino Unido en la década de 1990, un investigador publicó tres

---

17. N. P. Spanos *et al.* (1990). «Effects of Hypnotic, Placebo, and Salicylic Acid Treatments on Wart Regression», *Psychosomatic Medicine,* 52 (1): 109-114.
18. J. D. Hamilton *et al.*, (2014). «Dupilumab Improves the Molecular Signature in Skin of Patients with Moderate-to-Severe Atopic Dermatitis», *Journal of Allergy and Clinical Immunology,* 134 (6): 1293-1300.
19. T. M. Laidlaw *et al.* (1996). «Reduction in Skin Reactions to Histamine After a Hypnotic Procedure», *Psychosomatic Medicine,* 58 (3): 242-248.
20. J. R. Horton-hausknecht *et al.* (2000). «The Effect of Hypnosis Therapy on the Symptoms and Disease Activity in Rheumatoid Arthritis», *Psychology & Health,* 14 (6): 1089-1104.

estudios monográficos sobre las personas con SFC. Todos los pacientes experimentaron alguna mejoría en los síntomas, pero el investigador señaló que la hipnosis debía combinarse con TCC para obtener unos resultados óptimos.[21] Como sabes, eso es exactamente lo que hace la TVS: combina el poder del subconsciente con estrategias basadas en la TCC.

La TCC no es el único tratamiento que la TVS mejora. También puede combatir los efectos secundarios y recuperar la energía del cuerpo. La gente que está sometiéndose a un tratamiento para el cáncer experimenta el mismo síntoma básico que muchas personas con enfermedades autoinmunes: la fatiga. Y el 40 % de las personas que reciben radioterapia puede experimentar fatiga durante hasta un año después del tratamiento.[22] Un estudio publicado en el *Journal of Clinical Oncology* separó en dos grupos a unas mujeres que estaban recibiendo radioterapia para el cáncer de mama. Ambos grupos estuvieron la misma cantidad de tiempo con un terapeuta. Las pacientes del primer grupo recibieron comentarios empáticos y de apoyo. Las del segundo grupo aprendieron los conceptos básicos de la TCC y luego se realizaron unas prácticas de hipnosis breves, de 15 minutos. Los resultados: la hipnosis con TCC obtuvo mejores resultados que el otro grupo y fue efectiva para reducir tanto la fatiga general como la muscular. Y aunque la hipnosis no fue continua, el impulso superior en la energía en el grupo de la hipnosis con TCC continuó siendo evidente cuando los investigadores regresaron para evaluar a ambos grupos seis meses más tarde.[23]

Tanto si tienes cáncer, problemas de tiroides o si luchas contra la fatiga crónica, me pregunto si toda esta información clínica y concreta

---

21. V. H. Gregg (diciembre de 1997). «Hypnosis in Chronic Fatigue Syndrome», *Journal of the Royal Society of Medicine,* 90 (12): 682-683.
22. S. Noal *et al.* (2011). «One-Year Longitudinal Study of Fatigue, Cognitive Functions, and Quality of Life After Adjuvant Radiotherapy for Breast Cancer», *International Journal of Radiation Oncology,* 81 (3): 795-803.
23. G. H. Montgomery *et al.* (2014). «Randomized Controlled Trial of a Cognitive Behavioral Therapy Plus Hypnosis Intervention to Control Fatigue in Patients Undergoing Radiotherapy for Breast Cancer», *Journal of Clinical Oncology,* 32 (6): 557.

permitirá que tu propio cerebro consciente baje la guardia para que podamos hacer que la TVS trabaje con tu sistema inmunitario. Cuanto más se suelte el cerebro consciente, más libre será el subconsciente para realizar sus imaginativos hechizos para mejorar el sistema inmunitario.

VETE, DOLOR, VETE

¿No sería maravilloso acceder al poder de tu subconsciente para transformar la tensión en comodidad sin preocupaciones y el dolor en bienestar? Probablemente no tenga que convencer a nadie que padezca dolor crónico de lo agradable que sería encontrar alivio sin tener que depender de medicamentos adictivos. El dolor crónico puede ser insoportable y «volverte loco» (al menos así es como lo habría descrito cuando padecí un dolor agudo que iba desde el cuello hasta el brazo). Ay, cómo me hubiera gustado que mi yo más joven hubiese sabido cómo activar su cerebro subconsciente para aliviar ese dolor. Aunque evité las pastillas adictivas, el dolor persistió a lo largo de mi tratamiento de terapia física y mi fría y dura paciencia durante dos largos años.

Veo lo que las pastillas le han hecho a las vidas de las personas que he tratado. He escuchado las desgarradoras historias de amas de casa que se volvieron adictas a la heroína y de padres cariñosos que se engancharon al Demerol. Discos protuberantes, quemaduras, dolor de miembro fantasma (con esos y muchos otros síndromes, un escáner cerebral muestra el dolor que el paciente percibe). Y puede ser intenso, *realmente* intenso. Entonces, sí, sé y comprendo por qué las personas recurren a los analgésicos: sólo quieren un poco de alivio, en especial cuando no ven ninguna otra verdadera solución de su dolor a largo plazo. ¿Acaso no queremos todos estar libres de dolor? Pero entonces uno se engancha. Y cuando intenta parar, el dolor es peor que cuando comenzó.

Y no son sólo las personas que están tomando oxicontina o rogándoles a los médicos del servicio de urgencias que les prescriban Dilaudid. ¿Y todos los que tomamos «inofensivos» analgésicos sin receta para dolores leves? Con esos no hay problema, ¿verdad? Quizás sí. Como ya he señalado, en 2015 la FDA reforzó su advertencia original de que estos analgésicos sin receta aumentan el riesgo de sufrir un infarto y una apoplejía, incluso con su uso a corto plazo. Aunque es cierto que no están en la misma categoría que los opioides de venta con receta, incluso los analgésicos sin receta tienen riesgos. Si acabas teniendo un infarto o una apoplejía como resultado del consumo de antiinflamatorios, ése no es un «efecto secundario» menor.

Teniendo eso en cuenta, ¿y si la TVS pudiera dar los mismos resultados, sin el riesgo de un infarto, una apoplejía o una adicción? La TVS comienza con un cambio fundamental en el concepto del dolor en sí mismo. Se aleja del modelo biológico de enfermedad de causa-y-efecto (la filosofía que subyace en los analgésicos), el cual pregunta: «En una escala del 0 al 10, ¿cuán intenso es tu dolor?». Ese modelo luego intenta medicar el dolor para que descienda hasta cero. La TVS opera desde un modelo de enfermedad bio-psico-social-espiritual, preguntando: «En una escala del 0 al 10, ¿cuánto alivio sientes ahora? ¿Dónde lo sientes más? Y ¿qué es lo que te ayuda a aumentar ese alivio?». Me pregunto si puedes subir ese dial ahora... Puedes, ¿verdad? Si alguna vez has tenido algún tipo de tensión muscular, puedes aumentarla tensándote, ¿no es así? Y si puedes usar el cerebro para subir el dial de algo en el cuerpo, ¿no significa eso que puedes bajar el dial también?

¿Puedes ver la diferencia entre esas dos líneas de pensamiento? En lugar de concentrarse en lo negativo, la TVS busca lo positivo (y luego lo intensifica). También enseña a las personas a utilizar la propia farmacia interna de medicinas del cerebro. Cuando se trata del dolor y el cerebro, eso es vital. Si vemos cómo opera el dolor en el cerebro y el organismo, podrás entender por qué cambiar el guion transforma el dolor en alivio, una de las muchas estrategias de la TVS y una de las numerosas habilidades especiales del cerebro subconsciente.

El estudio anterior de EEG observó que el dolor iluminaba una o dos áreas del cerebro. Estudios más recientes han mostrado que el dolor es en realidad la interacción entre una serie de sistemas dentro del cerebro y el cuerpo.[24] Curiosamente, algunas de las partes del cerebro que se iluminan más con el dolor (como la corteza cingulada anterior y la corteza prefrontal) son las mismas áreas identificadas en los capítulos 2 y 4 como las partes cuya intensidad puedes reducir o reconfigurar con el cerebro subconsciente.

Así es como funciona el dolor: tocas una taza llena de agua caliente y esa taza caliente envía un mensaje desde la piel de tu mano hasta tu cerebro, ascendiendo por tu médula espinal. La sensación es desagradable y está ahí para mantenerte a salvo. Tu cerebro le dice al cuerpo: «¡Suéltala!». Y, con suerte, la mano lo escucha.

Imagina que *no* sintieras dolor. Los niños que nacen con insensibilidad congénita al dolor (ICD) se hacen daño mordiéndose la lengua. No es de sorprender, entonces, que también tengan un mayor riesgo de muerte prematura. Entonces, sí, el dolor está ahí para *mantenerte con vida*. En su forma más básica, el dolor es información que te dice algo: «No toques esa taza caliente. Aléjate de ese fuego».

Las asociaciones más complejas tardan más en cambiar, como la que existe entre el dolor crónico y la obesidad. El dolor es tu cuerpo que te está diciendo: «Muévete más y cambia tu forma de comer». Un estilo de vida sedentario y la dieta estadounidense estándar crean inflamación, que produce más dolor. Ciertamente, cambiar esto lleva más tiempo que alejar la mano de una taza caliente. También crea una paradoja, porque los cambios que necesitas realizar ahora te parecen más difíciles que antes. Tienes 45 kilos de sobrepeso y el médico te dice que tienes que hacer más ejercicio. Y tú piensas: «¿Por qué engordé tanto y no hice nada?». Esa desesperanza crea más dolor y estás atrapado en una espiral descendente.

El antídoto es la TVS. El cerebro subconsciente no va a dejar que te regañes; va a ayudarte a ver cómo se desarrolla el cambio (y luego cómo se manifiesta a diario) para que puedas sentir más comodidad

---

24. A. V. Apkarian *et al.* (2011). «Pain and the Brain: Specificity and Plasticity of the Brain in Clinical Chronic Pain», *Pain* 152 (3): S49-64.

sin preocupaciones. La TVS puede ser una de las muchas herramientas para perder peso.

Ahora bien, el dolor crónico es interesante, ya que no es una simple calle de una sola dirección que va de tu cuerpo a tu cerebro subiendo por la médula espinal. Esto puede arrojar luz sobre los cuadros de dolor que se basan en el cerebro. Supongamos que adelgazas, pero el dolor crónico persiste. En ocasiones, el dolor *no* te está diciendo que algo tiene que cambiar. Muchos cuadros de dolor, son en esencia, una falsa alarma. Si esa alarma es una señal de que un órgano importante está fallando, llama a un teléfono de emergencia. Es un trabajo para un cirujano. Pero es posible que en realidad no esté ocurriendo nada malo en el organismo. Es una falsa alarma que tiene su raíz en el cerebro. Como esa raíz está plantada a mucha profundidad en el cerebro, la TVS puede servir para acceder a ella.

Siempre que te encuentras con algo que te produce dolor (como esa taza caliente), una señal viaja por tu médula espinal hasta tu cerebro. Cuantas más señales viajan, más vías se crean. Así pues, el dolor tiende a generar más dolor (asimismo, el alivio suele crear más alivio). El umbral para una señal de dolor va bajando cuanto más se dispara (una taza caliente ahora se siente como si te quemara intensamente). Señales eléctricas en el cerebro entran en acción, alentando bucles de retroalimentación en la misma dirección. David McCormick, neurobiólogo de Yale, lo expresó así: «Es como preguntar si el rugido de la multitud en un estadio de futbol también te influye para que también grites animando a tu equipo. Y si, a su vez, tus gritos alientan a otras personas a gritar contigo».[25]

Todo este «bucle de retroalimentación del dolor» está también influenciado por tus expectativas. Imagina que participas en un experimento. El participante que estuvo en el laboratorio justo antes que tú te dice: «¡Esa taza me acaba de achicharrar la piel!». Cuando llega tu tur-

---

25. Yale News (14 de Julio de 2010). «Yale Study Shows Electrical Fields Influence Brain Activity», Universidad de Yale, https://news.yale.edu/2010/07/14/yale-study-shows-electrical-fields-influence-brain-activity

no, ¿qué crees que le ocurrirá a tu percepción del dolor? La opinión de esa persona le ha dicho a tu cerebro que envíe señales a tu mano, con lo que aumenta la señal de dolor que va a viajar desde tu mano hasta tu cerebro.

La emoción es otra participante en el bucle de retroalimentación del dolor. Imagina que también recibiste un mensaje de texto justo antes de entrar en el laboratorio. ¿Y si alguien te envió algo que te hizo reír? ¿O qué tal si tu jefe te acaba de decir que estás despedida? ¿Afectaría eso a tu percepción del dolor? La respuesta es sí, porque existe una relación entre tu estado de ánimo y el dolor. A menudo, el dolor crónico puede hacer que las personas se sientan desanimadas y deprimidas, lo cual, por supuesto, hace que el dolor sea peor. El cerebro subconsciente es fantástico deteniendo esta espiral descendente mediante la interrupción de esos bucles de retroalimentación. Ya sabes que la TVS puede mejorar tu estado de ánimo. Cuanto más lo mejores, más bienestar corporal creará la TVS.

Sin embargo, dado que la TVS es tan efectiva para transformar el dolor en un bienestar fresco y despreocupado, siempre recomiendo que primero le comuniques cualquier síntoma importante a un profesional de la salud que pueda ayudarte a descartar una enfermedad grave. Dado que el dolor es información diseñada para mantenerte a salvo, no debes apagar las señales de advertencia. Pero a la mayoría de personas que sufren de dolor crónico, fibromialgia o migrañas ya les han dicho que todo está bien, que es esa falsa alarma otra vez.

Nota importante acerca del dolor

Antes de utilizar la TVS para aliviar un dolor agudo o crónico, siempre informa a un médico acerca de tus síntomas para que determine si padeces una enfermedad o se trata de una lesión. Recuerda que el dolor es una manera que tienen tu cerebro y tu cuerpo de transmitirte información. Una vez aclarado esto, entonces puedes utilizar la TVS con confianza para cambiar las falsas alarmas, las vías y los bucles de retroalimentación que contribuyen al dolor.

Entonces, ¿cómo realiza la TVS toda esta alquimia? De varias maneras. Quizás la forma más sencilla en que el cerebro subconsciente hace esto es ralentizando el cerebro: de las rápidas ondas cerebrales beta a esas lentas y soñadoras ondas cerebrales theta. Como ya sabes, impulsar las ondas cerebrales theta reduce la ansiedad y puede encender ese botón de «eliminar» para disolver recuerdos traumáticos. Ralentizar el cerebro también es efectivo para transformar el dolor en bienestar, ya que las rápidas ondas cerebrales beta han sido asociadas tanto con el dolor agudo como con el dolor crónico.[26]

Un estudio comparó cuatro tratamientos para el dolor sin medicamentos con un grupo placebo. De esas herramientas, sólo la hipnosis y la meditación produjeron una reducción del dolor clínicamente significativa. Como sabes, la hipnosis y la meditación son elementos de la TVS. Y entre la hipnosis y la meditación, la primera fue la mejor para ralentizar el cerebro: menos beta y más theta. La onda cerebral gamma también fue potenciada por la hipnosis.[27] Aunque ya conoces a gamma como la onda cerebral de las revelaciones, también participa en la forma en que nuestro cerebro procesa el dolor.

La TVS juega con otros procesos de todo tipo. Mientras planta positividad y centra tu atención en la forma en que transformas la tensión en comodidad, también está jugando con el bucle de retroalimentación.

La TVS puede entrar en el cerebro para cambiar los mensajes que están yendo de tu mano a tu cerebro o de tu cerebro a tu mano. La TVS modifica tus expectativas y desvía tu atención hacia sensaciones más positivas. Es como una especie de enfermera que te da ligeros golpecitos en el costado izquierdo mientras el médico inserta una aguja en tu brazo derecho. Eso fue fácil. La TVS también juega con el procesamiento descendente (*véase* capítulo 8), ayudándote a que hagas caso omiso de la información entrante. ¿Recuerdas ese estudio en

---

26. Bromm y Lorenz. «Neurophysiological Evaluation of Pain», 227-253.
27. M. P. Jensen *et al.* (2013). «Effects of Non-pharmacological Pain Treatments on Brain States», *Clinical Neurophysiology* 124 (10): 2016-2024.

el que los participantes escuchaban «Los cuadrados siempre son rojos»? ¿Y si una persona que sufre cefaleas escuchara: «Las sensaciones en la cabeza son simplemente presión»? Acabas de reclasificarlo. *Eso no es dolor; es presión.* Puedes usar tu subconsciente como la propia crema calmante del cerebro, reclasificando esa sensación de quemazón en una sensación cálida... y luego en una sensación fresca, como de mentol. Sigue habiendo una sensación ahí, pero tu cerebro la clasifica de una forma distinta.

Al incorporar la visualización guiada, el ensayo y la TCC, la estrategia integradora de la TVS te permite ver cuándo ocurre algún cambio general. El patrón de pensamiento trampa de la permanencia es desterrado y tienes esperanza. Puedes ver tu futuro, y quizás eso dibuje una media sonrisa en tu rostro durante la sesión de terapia física de mañana, ayudándote a aguantar veinte minutos más, lo cual, a la larga, te ayudará a sentirte más cómodo y relajado.

Toda esta magia (ciencia) del cerebro también puede tener algo que ver con otro descubrimiento del año 2015: las personas con dolor crónico han activado las células gliales. Los científicos solían pensar que las células gliales (que son las células que más abundan en el cerebro)[28] eran sólo relleno en el cerebro; *glia* significa «pegamento» en griego. Dado que no generan los impulsos eléctricos que participan en los estados de ánimo y en las enfermedades mentales, han tendido a ser ignoradas. Si las neuronas eran las jugadoras estrella, las células gliales eran los utileros. Ahora se cree que las células gliales podrían ser capaces de remodelar circuitos en el cerebro, desconectar sinapsis relacionadas con el dolor crónico y la depresión, y tener un papel en la regulación de los niveles de los neurotransmisores. Aunque se necesitan más estudios, es posible que el cerebro subconsciente realice en parte su magia sanadora a través de los mecanismos avanzados mediante los cuales interactúa con las células gliales. Después de todo, el subconscien-

---

28. M. Loggia *et al.* (2015). «Evidence for Brain Glial Activation in Chronic Pain Patients», *Brain,* 138 (3): 604-615.

te utiliza la imaginación, y un neurocientífico ha llamado a las células gliales la «fuente de la imaginación».[29]

Pero ¿qué ocurre con algo como el debilitante dolor neuropático, como el tipo de dolor que puede producirse después de un accidente automovilístico? ¿Y si pudieras potenciar el poder del cerebro subconsciente con realidad virtual en los casos extremos en los que se necesita un alivio rápido del dolor? Un estudio separó en dos grupos a unos pacientes que padecían un dolor agudo. El primer grupo se puso unas gafas de realidad virtual (RV) que llevó a sus integrantes a un hermoso mundo nevado. El segundo hizo lo mismo, al tiempo que los participantes activaban su cerebro subconsciente. Los integrantes de este grupo oyeron lo siguiente: «Imagina que funcionarás muy bien. Estarás feliz. Tu dolor estará bien controlado. Dormirás bien y estarás completamente curado».

A pesar del hecho de que continuaron pudiendo recibir medicamentos para el dolor por vía intravenosa, los marcadores de dolor de los integrantes del grupo que recibió la RV aumentaron. Por otro lado, los marcadores de dolor del grupo que recibió RV con hipnosis descendieron. Esto se registró cuando la medición se realizó una hora después del tratamiento de cuarenta minutos de RV con hipnosis y también ocho horas más tarde. Por lo tanto, la positividad y el alivio del dolor fueron duraderos.[30] ¡Un tratamiento para el dolor que es eficaz para tratar el dolor agudo durante ocho horas sin riesgo de adicción! Este tipo de hipnosis reforzada con realidad virtual también ha ayudado a supervivientes de quemaduras a reducir a la mitad el consumo de analgésicos.[31]

---

29. A. Koob (27 de octubre de 2009). «The Root of Thought: What Do Glial Cells Do?», *Scientific American*, www.scientificamerican.com/article/the-root-of-thought-what/
30. D. R. Patterson *et al.* (2010). «Virtual Reality Hypnosis for Pain Associated with Recovery from Physical Trauma», *International Journal of Clinical and Experimental Hypnosis,* 58 (3): 288-300.
31. D. R. Patterson *et al.* (2006). «Hypnosis Delivered through Immersive Virtual Reality for Burn Pain: A Clinical Case Series», *International Journal of Clinical and Experimental Hypnosis,* 54 (2): 130-142.

Me gusta la RV y la he utilizado para tratar a pacientes con fobias. Una forma económica de probar esto es dejar que tus ojos permanezcan abiertos durante la TVS y perderte en un vídeo de YouTube de un lugar nevado si deseas sentir un alivio fresco aplicado al ardor en las articulaciones, o simplemente visualiza lo mismo en tu mente. Si de verdad quieres acabar con el dolor de una forma más profunda, recomiendo la TVS reforzada con AVE de la que se ha hablado en el capítulo 6. La luz y el sonido relajantes pueden proporcionar una experiencia que yo describiría como mágica y casi psicodélica en su naturaleza.

Si estás tumbado en una cama de hospital lleno de quemaduras, el AVE te transporta profundamente al interior del subconsciente para que puedas crear en tu mente cualquier imagen que desees. Y cuanto más profunda sea la activación del subconsciente, más se adherirá la positividad que planto ahí.

Quizás éstos son los motivos por los cuales el cerebro subconsciente ha demostrado en tantos estudios que ayuda con tantos síndromes de dolor, desde el dolor de espalda hasta el trastorno de síntomas somáticos. La hipnosis ha ayudado al 47 % de los participantes con dolor crónico a experimentar una «significativa» reducción del dolor, y la misma reducción del dolor continuaba cuando se realizó un seguimiento tres meses más tarde.[32] Ese mismo investigador realizó un estudio de seguimiento, el cual reveló que sólo un 3 % afirmó que no había recibido «ningún beneficio» de la hipnosis. Y los participantes informaron de que, además de una reducción del dolor, advirtieron un aumento del control del dolor, una mayor sensación de relajación y bienestar, y una disminución del estrés percibido.[33] Cuando el investigador, al continuar en su línea de investigación, preguntó a los partici-

---

32. M. P. Jensen *et al.* (2005). «Hypnotic Analgesia for Chronic Pain in Persons with Disabilities: A Case Series Abstract», *International Journal of Clinical and Experimental Hypnosis,* 53 (2): 198-228.
33. M. P. Jensen *et al.* (2006). «Satisfaction with, and the Beneficial Side Effects of, Hypnotic Analgesia», *International Journal of Clinical and Experimental Hypnosis,* 54 (4): 432-447.

pantes con dolor crónico acerca del alivio del dolor a corto plazo, la hipnosis fue la estrella. Además de que el 47 % habló de una «significativa» reducción promedio; como mencionamos, el 87 % de los participantes con dolor crónico que recibió hipnosis informó de una significativa reducción *inmediata* del dolor. Y, con frecuencia, el alivio del dolor dura horas.[34]

¿Estás empezando a ver que la TVS puede ser la dosis interior de calmante para el dolor de tu cerebro? Esto también mejoraría tu estado de ánimo, lo cual cambiaría tu percepción del dolor (al que pronto podrás llamar presión). La TVS también puede proporcionarte ese «botón» en tu dedo dominante, tu propio goteo de morfina personal al que puedes acceder en cualquier momento. Siempre que uses esta bomba PCA virtual, puedes volver a activar esta farmacia interior de medicamentos para aliviar el dolor, combinándola con un recuerdo intenso de una experiencia relajante. Dentro de unos instantes, podrás experimentar el poder de la TVS para transformar el dolor.

CUANDO UNA AFECCIÓN ES MÁS ESCURRIDIZA...

La TVS es maravillosa para tratar muchas otras dolencias. Dado que no son esencialmente síndromes autoinmunes o de dolor, llamaré a esta categoría «dolencias». Pero no te equivoques, el sistema inmunitario sigue participando y el dolor está presente. El síndrome del intestino irritable (SII), la acidez estomacal, las migrañas, la vejiga hiperactiva, el síndrome de las piernas inquietas, el intestino permeable, el sobrecrecimiento bacteriano del intestino delgado (SIBO), y la lista continúa. El síndrome de la vejiga dolorosa también está dentro de esta categoría, ya que por lo general está estrechamente relacionado con la

---

34. M. P. Jensen *et al.* (2009). «Effects of Self-Hypnosis Training and EMG Biofeedback Relaxation Training on Chronic Pain in Persons with Spinal-Cord Injury», *International Journal of Clinical and Experimental Hypnosis,* 57 (3): 239-268; M. P. Jensen *et al.* (2009). «A Comparison of Self-Hypnosis Versus Progressive Muscle Relaxation in Patients with Multiple Sclerosis and Chronic Pain», *International Journal of Clinical and Experimental Hypnosis,* 57 (2): 198-221.

ansiedad, las sensibilidades a los alimentos y/o los traumas. También incluyo la colitis y la enfermedad de Crohn (técnicamente enfermedades autoimnunes), dado que la forma en que el cerebro subconsciente las aborda es similar al modo en que lidia con el SII.

Entonces, sí, éste es un conjunto de síndromes bastante diverso, y son muy frustrantes para las personas que han sido diagnosticadas con ellos. Esto se debe a que la medicina moderna tiene muy poco que ofrecer en lo que respecta a tratamientos que realmente funcionen. Y los medicamentos que proporcionan alivio para estas dolencias suelen tener un alto precio en términos de efectos secundarios o riesgos.

Como ocurre con todos los demás síndromes de los que hemos hablado, los genes relevantes pueden ser encendidos o apagados por tu entorno, el cual incluye el estrés, la comida o los virus. Y es posible que tengas «interruptores» genéticos que otra persona no tiene: la persona que está a tu lado pasa por un divorcio y está bien, pero cuando tú pasas por un período estresante, tu interruptor del SII se enciende. E incluso el SII en sí mismo es distinto entre una persona y otra. Una desarrolla una diarrea. Otra experimenta estreñimiento. Esto se debe a que la vía cuerpo-mente interviene en todas sus patologías. Éstas no son dolencias poco comunes. El SII está presente en el 11,2 % de los adultos del mundo entero, y afecta más a las mujeres que a los hombres.[35]

El cerebro subconsciente conecta con el proceso de curación y puede ayudar con todas las dolencias escurridizas en un nivel básico. Cuando activas el cerebro subconsciente, tu cuerpo pasa del modo «lucha o huida» al modo «descansa y digiere». Demasiada «lucha o huida» puede causar, activar o exacerbar cada una de las dolencias escurridizas que he mencionado. Entonces, cuanto más utilices la TVS, más estarás poniendo tu cuerpo-mente en el modo descansa-y-digiere.

---

35. R. M. Lovell y A. C. Ford (2012). «Global Prevalence of and Risk Factors for Irritable Bowel Syndrome: A Meta-analysis», *Clinical Gastroenterology and Hepatology*, 10 (7): 712-721.

Esto produce mejoras en prácticamente todas las dolencias escurridizas que existen. Después de todo, ¿qué enfermedad no es exacerbada por el estrés?

Los folletos de los hospitales te animan a «manejar tu estrés» y, sin duda, los cambios en el comportamiento son efectivos para ayudar con muchas dolencias. No obstante, ahí donde sueles hacer esos cambios con un esfuerzo consciente y deliberado, la TVS te ayuda a aliviar el estrés en un nivel más profundo y a realizar esos cambios de una forma fácil y sin esfuerzo.

Ya has aprendido que los bucles de retroalimentación están relacionados con el dolor. Unos bucles de retroalimentación similares, como el bucle intestino-cerebro, tienen una parte activa en las dolencias escurridizas. En los síndromes gastrointestinales, tu sistema nervioso central (el cerebro y la médula espinal) tiene una comunicación bidireccional con el sistema nervioso entérico (el que reside en tu intestino). Tu cerebro puede cambiar los niveles de fluido a través del eje hipotalámico-pituitario-adrenal, otra vía que permite que el cerebro se comunique con las glándulas del organismo. Existen estudios que han demostrado que el cerebro subconsciente es efectivo para tratar la indigestión y el dolor torácico funcional (el tipo de dolor que no tiene nada que ver con el corazón) a través de los mismos bucles de retroalimentación cuerpo-mente. Las investigaciones muestran que el cerebro subconsciente puede cambiar la señal entrante del tracto gastrointestinal al cerebro y los mensajes salientes del cerebro al tracto gastrointestinal.[36] Entonces, el cerebro subconsciente puede acceder a un panel de control maestro que puede afectar a cualquier afección que esté relacionada con la digestión (o, para tal caso, cualquier afección escurridiza).

¿Te gustaría aumentar este fluido para que las cosas puedan moverse con mayor facilidad? O quizás las cosas se están moviendo con demasiada rapidez y necesitas decirles a esos fluidos, a esas células y a esos

---

36. O. Palsson (2015). «Hypnosis Treatment of Gastrointestinal Disorders: A Comprehensive Review of the Empirical Evidence», *American Journal of Clinical Hypnosis,* 58 (2): 134-158.

órganos que se ralenticen. Ciertamente, acabo de hablarle a tu cerebro consciente. Cuando se trata de acceder al subconsciente, las imágenes, los colores y las metáforas funcionan mejor. Un médico especializado en el SII tiene unas imágenes hipnóticas que utiliza para tratar el estreñimiento y la diarrea. Los pacientes imaginan un tobogán acuático en un parque de diversiones para «hacer que las cosas se muevan» o un río mágico que está disminuyendo la velocidad.[37] Puedes imaginar eso, ¿no es así?

¿Imaginar caca deslizándose por un tobogán acuático parece uno de esos disparatados «tratamientos alternativos» que sólo un yogui experimentado que pasa las tardes comiendo muesli en Berkeley haría? Bueno, ¿qué dicen los datos? Múltiples estudios han mostrado que el cerebro subconsciente es mucho más efectivo que cualquier medicamento para tratar esta afección, y sin el peligro de los efectos secundarios o los riesgos.

Un ensayo controlado aleatorio publicado en *The American Journal of Gastroenterology* utilizó a personas que habían intentado tratar sus síntomas con medicamentos, sin éxito. Ciertamente, probar un fármaco con pocos resultados, o ninguno, es posible que sea una situación que cualquiera que tenga una afección escurridiza ha vivido. Los participantes del grupo uno recibieron psicoterapia de apoyo, la cual utiliza el pensamiento consciente para comprender los problemas. Los participantes del segundo grupo recibieron hipnosis para cambiar las funciones corporales mediante visualizaciones misteriosas y profundas. Fue un éxito y el ganador fue el cerebro subconsciente.[38]

Otro estudio separó a los participantes con SII o dolor abdominal funcional (DAF) en dos grupos. A un grupo le dieron medicamentos y el otro grupo recibió seis sesiones de hipnosis. Un año más tarde,

---

37. O. Palsson, «Irritable Bowel». En *Handbook of Medical and Psychological Hypnosis: Foundations, Applications, and Professional Issues.* G. Elkins (ed.) Nueva York: Springer Publishing Company, 2016, 285-289.
38. P. Lindfors *et al.* (2012). «Effects of Gut-Directed Hypnotherapy on IBS in Different Clinical Settings –Results from Two Randomized, Controlled Trials», *The American Journal of Gastroenterology,* 107 (2): 276.

el grupo que recibió fármacos había experimentado una caída en los niveles de intensidad del dolor a un promedio de 8,0, desde el 14,1 previo al tratamiento. Nada mal. Pero el grupo que recibió seis sesiones de hipnosis pasó de un nivel promedio de intensidad del dolor de 13,5 antes del tratamiento hasta un nivel de 1,3.[39] Un nivel de intensidad de 1,3, ¿se podría clasificar como «dolor»? ¿O es simplemente una presión normal y saludable asociada a la digestión? En el camino, ¿estaba el subconsciente transformando el dolor en presión mientras producía un cambio en los intestinos? No es sorprendente que los autores del estudio consideraran que la hipnosis era «muy superior» a la medicación. Quizás, después de todo, no sea tan «raro» hablar a tus intestinos, o visualizar caca deslizándose por un tobogán acuático.

Ahora bien, dado que la TVS es una herramienta integradora y holística, deberías continuar asistiendo a las consultas con tu médico de medicina funcional o acupuntor y yendo a tu meditación semanal (o lo que te haya estado ayudando con tu afección escurridiza). Supongamos que un test fecal revela que tu intestino tiene niveles bajos de bacterias beneficiosas. No es sorprendente que sientas ansiedad y que tu digestión sea tan mala (las bacterias beneficiosas producen serotonina, la cual hace que te sientas relajado, y te ayudan a digerir los alimentos). Después de consultar con tu médico, decides que no necesitas tomar todos esos antiácidos o antidepresivos que se utilizan en ocasiones para tratar el SII y que vienen acompañados de una serie de efectos secundarios y riesgos. Quizás hayas empezado a tomar un probiótico para tratar la carencia de bacterias. Problema resuelto, ¿verdad? No estés tan seguro. Si no cambias tu agotadora y estresante vida, pronto matarás a todas esas nuevas bacterias intestinales buenas. La TVS puede ayudarte a «cocinar» a esos bichitos buenos para que puedan multiplicarse y prosperar.

---

39. A. M. Vlieger *et al.* (2007). «Hypnotherapy for Children with Functional Abdominal Pain or Irritable Bowel Syndrome: A Randomized Controlled Trial», *Gastroenterology*, 133 (5): 1430-1436.

¿Estás empezando a ver que la TVS puede ser una de las numerosas herramientas que puedes usar? Cuanto más impreciso sea el «suflé», más «ingredientes» probablemente necesitarás para sanarlo. Eso tiene sentido, ¿no crees?

Quizás tengas alguna sensibilidad alimentaria. Tu cuerpo no digiere bien los lácteos, los huevos o el gluten. Es posible que estés llevando una dieta baja en FODMAP, que es una estrategia comprobada para las personas con SII, pero te cuesta seguirla. Me pregunto si te sorprendería descubrir que la TVS puede ayudarte a tener éxito con este régimen todos los días. Puedes ver ese delicioso aguacate, ¿no es así? Y un yo futuro, fabuloso, que está libre de estreñimiento o dolor. ¿Y no sería maravilloso que los cambios sean fáciles y no requieran ningún esfuerzo?

O quizás notes que tu vejiga hiperactiva o tu síndrome de vejiga dolorosa simplemente no toleran la cafeína, el alcohol o los edulcorantes artificiales. Es posible que hayas nacido con una vejiga que tiene un revestimiento muy delgado, o quizás tu problema de vejiga esté relacionado con la ansiedad o la intimidad. ¿Has ido a ver a tu ginecólogo, urólogo o terapeuta porque tienes espasmos vaginales, dolor pélvico o problemas con el orgasmo? Si has descartado otras enfermedades físicas y no tienes ninguna historia de abusos, es bueno saber que tu cerebro subconsciente puede ayudarte a ver a tu yo futuro disfrutando de la intimidad física, quizás por primera vez. Igual que en el caso del bucle de retroalimentación entre el cerebro y el intestino, tu cerebro puede hablarle a tu vejiga y a todos los músculos que participan en la función sexual, incluso cuando estás dormida. De hecho, es tan efectivo como ayudar a que un niño que se orina en la cama despierte con sábanas secas.

En un estudio con niños que se orinaban en la cama, a algunos se les prescribió un antidepresivo y otros recibieron un entrenamiento en hipnosis durante tres meses. Seis meses después, a ambos grupos les iba más o menos igual: 76 % de camas secas para los que tomaron antidepresivo frente a 72 % para el grupo de la hipnosis. Nueve meses más tarde, sólo el 24 % del grupo de los antidepresivos tenía camas secas frente al 68 % del grupo de la hipnosis.[40]

Es bastante increíble pensar que el cerebro subconsciente (al cual tienes acceso durante el día) pueda influir en una respuesta fisiológica que tiene lugar mientras duermes. Tanto si te preocupa despertar seco como si liberarte de un dolor relacionado con la vejiga, el subconsciente puede hablar a las partes de ti sobre las que el cerebro consciente no tiene ningún control. Después de todo, ¿acaso no tienen todas las dolencias escurridizas un órgano o una función que queremos intensificar, ralentizar o cambiar de alguna manera? El síndrome de la vejiga dolorosa afecta a aproximadamente un millón de estadounidenses, nueve de cada diez mujeres, y la vejiga hiperactiva es incluso más común, pues afecta al 17 % de las mujeres en EE. UU.[41] La mayoría de pacientes con el síndrome de la vejiga dolorosa que recibieron hipnosis o escucharon un CD de una visualización guiada diseñado para comunicarse visualmente con la vejiga, experimentaron menos dolor,[42] una menor urgencia urinaria[43] (un síntoma que comparten las personas que padecen el síndrome de la vejiga dolorosa y las que tienen una vejiga hiperactiva) y una mayor mejoría en los síntomas de la vejiga hiperactiva.[44]

---

40. S. Banerjee *et al.* (1193). «Hypnosis and Self-Hypnosis in the Management of Nocturnal Enuresis: A Comparative Study with Imipramine Therapy», *American Journal of Clinical Hypnosis,* 36 (2): 113-119.
41. J. Miller y E. Hoffman (2006). «The Causes and Consequences of Overactive Bladder», *Journal of Women's Health,* 15 (3): 251-260.
42. R. Doggweiler. «Hypnotherapy as a Complementary Treatment of Chronic Pelvic Pain Syndrome», *International Continence Society*, consultado el 23 de Julio de 2018, www.ics.org/Abstracts/Publish/44/000237.pdf; y D. J. Carrico *et al.* (2008). «Guided Imagery for Women with Interstitial Cystitis: Results of a Prospective, Randomized Controlled Pilot Study», *The Journal of Alternative and Complementary Medicine,* 14 (1): 53-60.
43. Carrico *et al.* «Guided Imagery for Women», 53-60.
44. Y. M. Komesu *et al.* (2011). «Hypnotherapy for Treatment of Overactive Bladder: An RCT Pilot Study», *Female Pelvic Medicine & Reconstructive Surgery,* 17 (6): 308.

¿Acaso no tienen todas las dolencias escurridizas un órgano o una función que queremos intensificar, ralentizar o cambiar de alguna manera?

Mientras estamos «ahí abajo», el poder de la sugestión también es importante cuando se trata de la función sexual. Un estudio británico comparó la testosterona, un antidepresivo bajo receta y la hipnosis para hombres con problemas en la función sexual. La hipnosis puede ser tu propia «pildorita azul», porque obtuvo mejores resultados que el resto de grupos.[45]

Otros estudios han descubierto que el cerebro subconsciente:

- Obtiene mejores resultados que la medicación en personas con indigestión.[46]
- Cambia el vaciado gástrico y, por lo tanto, puede ser más efectivo para tratar la enfermedad del reflujo gastroesofágico (ERGE).[47]
- Aumenta la remisión en personas con colitis ulcerosa.[48]
- Proporciona alivio a las personas que viven con fibrosis quística.[49]

El subconsciente puede integrar las estrategias que sabes que funcionan. Todos tenemos recursos en nuestro interior y eso es lo que aprovecha tu cerebro subconsciente. Entonces, tanto si deseas modifi-

45. S. Aydin *et al.* (1996). «Efficacy of Testosterone, Trazodone and Hypnotic Suggestion in the Treatment of Non-organic Male Sexual Dysfunction», *British Journal of Urology,* 77 (2): 256-260.
46. E. L. Calvert *et al.* (2002). «Long-Term Improvement in Functional Dyspepsia Using Hypnotherapy», *Gastroenterology,* 123 (6): 1778-1785.
47. G. Chiarioni *et al.* (2006). «Prokinetic Effect of Gut-Oriented Hypnosis on Gastric Emptying», *Alimentary Pharmacology & Therapeutics,* 23 (8): 1241-1249.
48. L. Keefer *et al.* (2013). «Gut-Directed Hypnotherapy Significantly Augments Clinical Remission in Quiescent Ulcerative Colitis», *Alimentary Pharmacology & Therapeutics,* 38 (7): 761-771.
49. R. D. Anbar (2000). «Self-Hypnosis for Patients with Cystic Fibrosis», *Pediatric Pulmonology,* 30 (6): 461-465.

car tu alimentación como si prefieres comunicarte a través del eje intestinos-cerebro, o incluso hablarle a tu vejiga mientras duermes, utiliza el poder del cerebro subconsciente.

TVS PARA SANAR TU CUERPO

La naturaleza del dolor crónico, las enfermedades autoinmunes y las dolencias escurridizas suelen desarrollarse con el tiempo y, en ocasiones, lleve décadas. A menudo estas dolencias han ido creadas por múltiples factores, como un guisado de cocción lenta con veinte o incluso treinta ingredientes. Asimismo, es posible que tu receta para sanar también necesite tiempo para cocinarse. Y quizás precises más de un ingrediente; la TVS es una estrategia integradora que apoya los cambios en el estilo de vida o las estrategias existentes que puedas usar. Sigue cocinando esta receta de sanación. Con el uso continuado a lo largo del tiempo, esta práctica de la TVS te ayudará a reprogramar tus vías cuerpo-mente. Como una investigación ha demostrado, un mayor uso está asociado a un mayor impulso de la inmunidad, el alivio del dolor y el tratamiento de las dolencias escurridizas.

Entonces, pongamos a los siete pasos de la TVS a trabajar otra vez. En esta ocasión, ayudarán a mejorar la salud *física*. La TVS es una poderosa medicina cuerpo-mente. Volverás a realizar el paso 1 como una práctica individual específicamente relacionada con la enfermedad y las molestias. Luego, los pasos del 2 al 7 se llevarán a cabo como una práctica continua (mientras adviertes que el cuerpo responde a las imágenes que pinta el cerebro subconsciente).

Paso 1: considerar el consciente.
Paso 2: activar el subconsciente.
Paso 3: revisar el pasado.
Paso 4: mejorar el presente.
Paso 5: crear el futuro.
Paso 6: plantar positividad.
Paso 7: tender puentes.

PASO 1: CONSIDERAR EL CONSCIENTE

Piensa en esos tres patrones de pensamiento trampa que anotaste en la página 73. ¿Existe algún patrón de pensamiento trampa en particular que esté relacionado con la enfermedad, las molestias físicas o los declives en tu salud física? ¿ES un patrón de pensamiento que te mantiene atrapado en el bucle de retroalimentación del dolor crónico? Si es una afección escurridiza, ¿hay patrones de pensamiento ansiosos que están interfiriendo con una comunicación intestino-cerebro sana... o con una comunicación entre el cerebro y otro órgano? ¿Esto provoca aislamiento (lo cual hace que sientas que esta enfermedad se ha convertido en toda tu vida), lo que, ciertamente, deprime tu sistema inmunitario aún más? ¿O quizás el dolor te impide salir a hacer las caminatas de poder que solías realizar alrededor de la manzana, con lo que el dolor empeora a largo plazo?

Tal vez cuando revises los siete patrones de pensamiento trampa de las páginas 71 a 73, observes un nuevo patrón de pensamiento trampa que está relacionado con la inmunidad, el dolor o una afección escurridiza que deseas mejorar. De estos siete patrones de pensamiento trampa, éstos son algunos que pueden ser relevantes para tus preocupaciones: si te han diagnosticado una enfermedad autoinmune o cáncer, pensar en lo peor que podría suceder. Como sabes, existe un bucle de retroalimentación entre el estado de ánimo y el dolor, lo cual significa que los pensamientos pesimistas pueden hacer que el dolor empeore. Si el dolor crónico de la fibromialgia o un accidente de tráfico ha estado presente durante mucho tiempo, es común escuchar la permanencia del patrón de pensamiento trampa como «Nunca voy a sentirme mejor». O quizás una afección escurridiza está haciendo que te culpes con una dosis de personalización: «¿Qué me pasa?». Ahora sabes que los genes pueden ser activados por un virus o el estrés. No es tu culpa. Es posible que tengas interruptores genéticos que otras personas no tienen, y puedes hacer muchas cosas para sanarte, en especial ahora que tienes el poder de tu cerebro subconsciente. Anota el patrón de pensamiento trampa que está específicamente relacionado con tu afección:

Tipo de patrón de pensamiento trampa: ______________________

____

que, para mí, es un pensamiento algo semejante a: ____________

____

Ahora que tu cerebro consciente sabe lo que necesita cambiar, tu poderoso cerebro subconsciente lo hará. Cuando se trata de sanar el cuerpo, parte de esta alquimia ocurre cuando éste empieza a responder. Cuando tu digestión mejora, los patrones de pensamiento trampa desaparecen. Redescubres la esperanza cuando sientes ese momento de alivio libre de dolor que no habías sentido en mucho tiempo. ¿No crees que será bonito redescubrir esto?

Siéntate y encuentra una postura. La TVS es maravillosa para usarla al final de la noche, ya que después puedes dormir, si lo deseas. (Como siempre, si vas a dormir, sáltate el guion opcional para volver a estar alerta). No obstante, las personas que padecen migrañas a mitad del día pueden utilizar esta práctica de la TVS durante el día. Encuentra el momento propicio para ti y para tu cuerpo-mente. Asegúrate de volver a estar alerta si no vas a dormir de inmediato después de tu práctica de la TVS. He incluido este guion escrito de la TVS para que vuelvas a él cuando estés más avanzado para que puedas practicar sin los audios. También es un modelo para los médicos que están formándose en la TVS.

PASOS DEL 2 AL 7 DE LA TVS PARA SANAR TU CUERPO

Emplea tu teléfono móvil para grabarte leyendo el guion que encontrarás a continuación. Sentado o acostado en una posición cómoda, escucha el audio «TVS para sanar tu cuerpo».

Te invito a que inicies esta práctica dejando que tus ojos se cierren mientras te instalas. Y mientras te instalas en este confortable estado de relajación profunda, me pregunto si puedes centrar tu atención en el lugar del cuerpo en el que te sientes más cómodo/a.

Ya sabes cómo activar el subconsciente... y en unos instantes volveremos a hacerlo. Te invito a que inicies este viaje simplemente... con un poco de atención plena... observando que es lo que hay en tu mente, aquí y ahora.

Y si los pensamientos o sentimientos están relacionados con sensaciones físicas, o con lo lejos que te sientes de la comodidad, o con un síndrome que es escurridizo, me pregunto si puedes traer una suave conciencia a este espacio. Tan sólo observa todo lo que encuentres... imagínate que eres una montaña magnífica e inmóvil. Visualiza cualquier sensación física que estés experimentando en este momento y los sentimientos que puedas tener al respecto, como nubes de lluvia o tormentas. Pero por mucho que lo intentan no pueden destruir esa montaña, ¿no es así? Tú (esa montaña) eres magnífico/a y estás inmóvil. Has hecho tantas cosas en tu vida, y en cuanto a cuidar de tu persona, has hecho mucho para llegar donde estás hoy. El hecho de que emplees esta práctica es prueba de cuánto cuidas de ti mismo/a, ¿no es verdad?

Y todos sabemos lo que ocurre después de una tormenta, ¿no es así? Me pregunto cuándo serás consciente de que hace un día de lo más sereno y tranquilo, y que el sol está brillando sobre ti. Quizás en este momento simplemente sea muy agradable concederte este tiempo... sin que nada te moleste... sin tener que hacer nada... excepto entregarte a este espacio sanador. Después de todo, el estado natural de tu cuerpo va en la dirección de la sanación, ¿no es así? Te pinchas el dedo. Tu cuerpo siempre ha sabido cómo crear una costra, ¿cierto? Quizás podamos dejar que el exceso de preocupaciones que bloquea esta energía sanadora pase ahora, rodando como esa nube que bloquea el sol. Como una nube de tormenta que pasa. ¿Puedes verlo? Sí, tu cerebro y tu cuerpo pueden optimizar esta energía sanadora... creando sus propias vendas, y en unos instantes... ayudaremos a que ese proceso funcione incluso mejor.

Entonces, ahora te invito a que centres tu atención en el sentido del oído. En este instante invitas a tus oídos a percibir tres sonidos que estás escuchando aquí y ahora. Eso es. Podría ser interesante empezar por el sonido más fuerte que puedas percibir en este momento. Y ahora encuentra un ruido que no sea ni muy fuerte ni muy suave, un sonido medio. Me pregunto cuál es el sonido más suave que puedes oír ahora... ¿Puedes escuchar tu respiración? Eso es. Perfecto.

Y ahora invitamos a los ojos a que perciban dos colores que puedas ver en la parte posterior de tus párpados. El primero está justo delante de ti... y luego, con la siguiente inhalación, fíjate en un color que puedas ver cerca de tu coronilla cuando haces rodar tus ojos hacia arriba, arriba, arriba.

Ahora, en la siguiente exhalación... deja que tus ojos floten hacia abajo, abajo, abajo... y luego simplemente deja que descansen mientras cualquier tensión residual se aleja flotando. Sí... eso es. Y ahora te invito a que sientas esta respiración. Dejando que cualquier tensión deje paso a la relajación. Sí... eso es. ¿Puedes sentir dónde la respiración se siente más fresca y confortable?

En unos instantes, te invitaré a que uses el poder de tu mente para imaginar que entras en un templo sanador de bienestar. Te verás bajando a doce estancias que están unidas por una escalera descendente, y en cada una de ellas te sientes más sereno/a y relajado/a que en la habitación anterior. Y cuanto más relajado/a te sientes, más optimizas tu potencial para la sanación. ¿Puedes ver la primera estancia frente a ti?

Eso es. ¿De qué color es la puerta? ¿Es de un color gris azulado, o de un amarillo suave? ¿Hay un agradable aroma a lavanda... o es a jazmín? Quizás ya sientas que éste será un proceso sanador.

Visualízate y siéntete abriendo la primera puerta y entrando en la primera estancia.

12. Estás empezando a sentir que una agradable sensación de relajación sanadora se apodera de ti. Eso es.

11. Mientras adviertes que desciendes y entras en la siguiente habitación, te sientes el doble de relajado/a que en la estancia anterior.

10. Simplemente dejas que la mente y el cuerpo se tomen todo el tiempo que necesitan. Perfecto.

9. Me pregunto si puedes notar la sensación de que el cuerpo físico está descendiendo (y, cuando lo haces, la tensión de tu cuerpo desaparece y deja paso a la tranquilidad).

8. Ahora estás descendiendo y entrando por otra puerta. Eso es.

7. Te sientes muy libre y cómodo/a. Es casi como si cada habitación a la que desciendes te ayudara a estar dos o incluso tres veces más relajado que en la estancia anterior. Y cuando eso ocurre, me pregunto si notas lo bien que te sientes. Perfecto.

6. Ya estás a mitad de camino. Eso es. Ahora te estás soltando un poco más. ¿No es una sensación agradable? Estás permitiendo que tu cuerpo-mente tenga este tiempo para sanar. No hay nada que te preocupe, no hay nada que tengas que hacer.

5. Ya casi has llegado. Entras en la siguiente habitación. ¿No es agradable saber que ya has accedido a este bucle de retroalimentación de sanación?

4. Estás entrando en la siguiente estancia. Es posible que notes que un estado agradable, como de ensueño, se apodera de ti (ahora o en algún momento durante este viaje). ¿No es maravilloso saber que cualquier tipo de sensación de ensueño que adviertas significa que el cuerpo-mente ya está trabajando?

3. Ya casi has llegado. Eso es. Ya estás maravillosamente bien... y la sanación acaba de empezar.

2. La penúltima habitación. Perfecto. Te sientes el doble, o quizás incluso el triple, de cómodo, relajado y despreocupado que en el piso anterior.

1. Fíjate ahora en qué parte de tu cuerpo está más relajada. ¿Hay una parte del cuerpo que se siente particularmente cómoda? Si lo deseas, puedes dejar que esa relajación se extienda al resto de tu persona, visualizando que se avanza hasta los órganos, las células o los sistemas que quieres optimizar. Tómate todo el tiempo que necesites para disfrutar de este tipo de experiencia que estás sintiendo ahora. Eso es. Bien.

Ahora que has sentido cómo el cuerpo descendía y pasaba por esas habitaciones hasta llegar a este templo de sanación o spa que has imaginado, probablemente habrás notado que el cerebro comienza a ralentizarse para entrar en un relajado estado de sanación, el cual, como sabes, optimiza el bucle de retroalimentación bidireccional de la sanación.

En unos instantes, empezarás a sentir que el cuerpo comienza a flotar hacia arriba mientras tu consciencia se empieza a expandir y mien-

tras yo cuento del uno al siete. Mientras estas dos cosas ocurren (el cuerpo flota y la consciencia se expande), es posible que tengas una sensación incluso más profunda de bienestar libre de preocupaciones y de una gran serenidad. Y muchas personas advierten lo agradable que es cuando el cuerpo flota. Me pregunto si notas que las sensaciones se empiezan a transformar.

Mientras el cuerpo flota, muchos individuos también perciben que sienten calor, como si estuvieran tomando un baño caliente o flotando en el mar un día de primavera. O quizás sea como si estuvieras cayendo en una nube y esa nube te rodeara como una manta. Con que más lo practiques, es posible que incluso encuentres que pierdes la sensación temporal y espacial. Incluso podrías descubrir que, si lo deseas, puedes crear una sensación de que «sales» del cuerpo físico durante este instante de sanación que te estás proporcionando. Si te resulta cómodo, quizás desees considerar que tu consciencia salga de tu cuerpo como una experiencia momentánea extracorpórea. Si quieres, en esta visualización, puedes ver a tu consciencia ascendiendo hacia el cielo y dejando el cuerpo físico mientras flota hacia arriba como una nube. Tu consciencia regresará a tu cuerpo físico con mucha facilidad al final de esta práctica o en cualquier momento mientras ésta tenga lugar.

Contando ahora:

1. El cuerpo flota.... y se vuelve tan liviano como una pluma.

2. La consciencia asciende y se expande, y ahora es más grande que el cuerpo.

3. El cuerpo se vuelve más liviano y está más cálido.

4. La consciencia está ascendiendo y expandiéndose aún más y ahora llena la estancia.

5. El cuerpo ahora no pesa casi nada.

6. La consciencia que se mueve está tan elevada y expandida que es como una nube en el cielo.

7. Esto es muy profundo y relajado. Es perfecto.

En unos instantes, invitaré al subconsciente a que te ayude. Para el propósito de esta práctica, invitaré a tu subconsciente a que ilumine re-

cuerdos de tu pasado que sean positivos, libres de dolor y placenteros, y, al hacerlo, te ayudaré a recrear esos mismos senderos para ti aquí y ahora. Entonces, en unos instantes, flotarás hacia atrás en el tiempo con el poder de tu cerebro subconsciente... para regresar a una época en la cual te sentías verdaderamente satisfecho/a... verdaderamente cómodo/a... verdaderamente despreocupado/a. No sé si ese tiempo fue ayer o hace veinte años, y, en realidad, no importa. Lo que importa es que recurras al poder excepcional de tu cerebro subconsciente para recrear ese sentimiento lo mejor que puedas. Como sabes, el subconsciente es experto recreando recuerdos visuales y viscerales.

Presiona play en esa escena positiva, agradable y libre de dolor de tu pasado e invita a los ojos a moverse un poco, lentamente, de lado a lado, en tres... dos... uno... (izquierda-derecha-izquierda-derecha).

Ahora inspira mientras cuento hasta tres: uno, dos, tres. Espira mientras cuento hasta seis: uno, dos, tres, cuatro, cinco, seis. ¿Qué has visto? Imagina que la siguiente vez que inspiras bañas tus células con el sentimiento de esa energía. ¿Qué se siente? Puedes sentir eso, ¿no es así?

Me pregunto si el subconsciente, aunque sea durante un breve instante, te ha ayudado a acceder a tu propia farmacia interna de endorfinas y agentes antiinflamatorios ayudándote a sentirte sólo un 1 % más libre o cómodo/a... ¿o fue incluso más que un 1 %? En cualquier caso, acabas de descubrir cómo acceder a tu propia morfina o agente antiinflamatorio o goteo de refuerzo inmunitario interiores (que son naturales y libres de riesgos). ¿No es maravilloso? La mayoría de personas continúan sintiéndose cada vez más cómodas cuando utilizan esta práctica... ¿Esto te da una sensación de comodidad...? ¿O de control? Aunque sea sólo durante este instante, recuérdales al cerebro y al cuerpo lo que se siente. Pruébalo otra vez. Cuando aprendes a montar bicicleta, ya nunca lo olvidas, ¿no es cierto? O a nadar... aunque probablemente ya no montes bicicleta o nades tan bien como antes, si no lo has hecho en mucho tiempo, ¿no es verdad? Entonces, ahora recordémosle a ese bucle de retroalimentación cuerpo-mente que es una comunicación bidireccional del cerebro al cuerpo y del cuerpo al cerebro... para que todas las células y los órganos sepan lo que deben buscar (esa comodidad y ese bienestar libre de preocupaciones que sientes ahora) y para mostrarles lo que deberían crear... ya que el bienestar, el confort y la sanación son, en realidad, tu estado innato y natural. Si has encontrado sólo un recuerdo de tu pasado en el que te sentías cómodo/a y despreocupado/a, entonces ya tienes la memoria muscular para esta vía. Ahora recuerda a cada una de tus células que sabes cómo ser libre.

Entonces, repasa esa escena positiva, agradable y libre de dolor una vez más. En esta ocasión, me pregunto si puedes optimizar la sanación incluso más. ¿Realmente puedes recordarles al cerebro y al cuerpo lo que se siente y aumentar tu infantería inmunitaria interior o la dicha libre de dolor sólo un poco más? Al cambiar tu percepción, puedes intensificar el potencial para la sanación. O, si lo deseas, podrías simplemente subir el dial para la sanación tanto como se pueda. Haz que se sienta incluso mejor que la vez pasada. Presionando play, invita a los ojos a moverse lentamente de un lado al otro en tres... dos... uno... (izquierda-derecha-izquierda-derecha).

Ahora inspira mientras cuento hasta tres: uno, dos, tres. Espira mientras cuento hasta seis: uno, dos, tres, cuatro, cinco, seis. ¿Lo has sentido? Permítete simplemente extenderlo por todas partes... a todos los órganos. Toda esa energía sanadora. Viéndola, sintiéndola... estás tan sereno/a ahora. Eso es. Perfecto.

Y ahora, avanzamos y te visualizas en el presente... ¿qué órgano o sistema te gustaría optimizar o sanar? Probablemente te hayas dado cuenta de que tienes habilidades interiores para sanarte, ¿no es así? Ahora, visualiza todas esas habilidades reuniéndose en tu mano dominante. Si lo deseas, toma la mano dominante y colócala sobre el sistema que vas a sanar hoy... o, si lo prefieres y te resulta más cómodo, simplemente visualiza en tu mente que eso está ocurriendo. Eso es... y ya has cultivado mucho bienestar despreocupado. Me pregunto si puedes reunir todo el potencial sanador que has percibido aquí hoy (ya sea en tu cerebro o en tu cuerpo) y visualizar toda esa energía saliendo de tu mano. No sé si la energía tendrá la apariencia de una ola azul y fresca o una cálida pulsación roja... y, en realidad, no importa, porque tu propio cerebro subconsciente sabe exactamente qué tipo de energía necesitas. Suelta tu propia almoha-

dilla térmica interior o haz que se sienta como una crema antiinflamatoria... como un mentol fresco. Si la mano está sobre tu cabeza, quizás esté proporcionándote una sensación de alivio... o simplemente esté ralentizando el cerebro. Eso es. Muchas personas, al visualizarlo, percibirán un recordatorio interior: mi propio cuerpo-mente sabe cómo sanarse a sí mismo. No hay nada que me moleste, no hay nada que tenga que hacer; controlo mi propio bienestar. Y ahora, colocando la mano en una posición de descanso o visualizando que regresa muy suavemente... sé que esta mano está ordenada de una forma única para sanar siempre que lo necesites. En el futuro, colocar la mano sobre cualquier área (mientras practicas la TVS o en tu vida real, cotidiana) actuará como un recordatorio para que tu cerebro subconsciente libere el potencial sanador del cuerpo-mente.

Ahora te invito a acceder al panel de control principal en tu sistema interno de sanación. ¿Puedes verlo? Me pregunto si se parece a la cabina de un viejo avión 747 con controles manuales y palancas, o si es más como uno moderno que es controlado por un iPad. Puedes verlo, ¿no es así? Ahora, imagina que ya tienes una idea de lo que tiene que cambiar. ¿Puedes ver ese dial para la inmunidad? ¿Te gustaría subirlo? O quizás desees acceder a tus vías de desintoxicación. ¿O ambas cosas? ¿Y qué me dices de esas vías de sensación que pueden transformar el dolor en presión? Me pregunto si te gustaría hackear ese panel y visualizar al cerebro subconsciente bajándolo más y más... hasta llegar al final. Eso es. Y ahora sube el dial que percibe las sensaciones agradables. Es interesante. Las vías están todas revueltas, ¿no? Las sensaciones agradables superan el dolor, y éste se convierte en presión, y acabas de activar esta vía de sanación. Y dado que el alivio genera más alivio, acabas de crear una espiral ascendente... ¿Acaso eso no te tranquiliza o te anima? ¿O lo que necesita un ajuste es el esófago, el intestino o la vejiga? Como ya sabes, el subconsciente tiene acceso a todas esas funciones corporales, así que adelante, ajusta la palanca o el dial que desees. Y, cuando lo hagas, me pregunto dónde notarás un cambio. Algunas personas advierten una calma en el cerebro, otras un bienestar en el cuerpo y otras notan que algo empieza a cambiar en esa vía que hay entre ambos. Eso es. Perfecto.

Y ahora imagina que tienes una especie de luz sanadora especial que se asemeja a un escáner o a un láser. Va a pasar por cada parte de tu cuerpo, desde la cabeza hasta los pies, lo cual sellará y optimizará toda la sanación que ya ha tenido lugar. Este láser especial puede hacer cualquier cosa, y quizás quieras visualizar que cualquier cosa que toca se transforma. Cuando toca esa cefalea debido a la tensión, ¿lo trasforma en una esfera que puedes mover, encoger y cambiar? Ahora se mueve hasta los hombros, transformando esa tensión del rojo... ahora al rosa... ahora al azul... ahora a un blanco suave... ¿Puedes sentirlo? Cuando la luz, la energía y el color que ves en tu mente entre en contacto con cada órgano y cada célula, es posible que sientas un frescor y un alivio en las zonas que están calientes. En el intestino, ¿puedes sentir ese alivio? El sistema inmunitario puede ser bastante colorido (visualízalo moviéndose hacia los lugares donde necesitas más sanación y visualiza cómo cambia el color mientras ayudas también a las células sanas). ¿Este escáner especial con aspecto de láser ayuda a que las cosas se muevan con mayor regularidad y rapidez, o, en tu opinión, lo hace con mayor lentitud? Puede actuar como un antiinflamatorio o hablar con cualquier órgano, haciendo que se acelere o se ralentice de cualquier manera. Ahora desciende a la vejiga, los genitales... y continúa bajando hasta los pies... escaneando el cuerpo-mente. Es una entidad conectada que trabaja contigo y no contra ti. Simplemente observa estos bucles de retroalimentación avanzados y estas conexiones avanzadas que siempre han estado ahí... conspirando a tu favor.

Ahora, mueve el escáner sanador por el cuerpo, de arriba abajo, y visualiza tu cerebro subconsciente haciendo cualquier cosa que todavía tenga que hacer. Continúa reparando todo tipo de mensajes entrantes y salientes en los bucles de retroalimentación. Este láser sanador está fijando la reprogramación entre tu cerebro, tu cuerpo y las complejas vías que permiten la comunicación y la conexión entre las células. A partir de ahora, cualquier cosa que no te sirva puede desaparecer, y las sensaciones pueden cambiar. Y vas a notar más que nunca sensaciones placenteras. Y todo este bienestar empezará a generar más bienestar.

Con esta imagen, debes saber que ya has comenzado a sanar. No sé si sentirás los efectos inmediatamente o si sentirás que se multiplican a lo largo del tiempo, pero eso no importa, porque ya estás aquí en este proceso de sanación. Y dondequiera que estés, el proceso más largo comienza con un solo paso… y puesto que estás oyendo estas palabras, tu proceso ya ha comenzado.

Ahora, deja que el cerebro subconsciente pinte todo esto paso a paso; cualquier cosa que tenga que ocurrir, de principio a fin. Dado que todos los procesos de sanación pueden optimizarse con alimentos, visualiza alimentos sanadores en tu plato. Y hazlo como una energía; quizás puedas verlos como amor puro (después de todo, ¿acaso no hubo personas que dedicaron su tiempo y energía, lejos de sus familias, para cultivar esos frutos para que tú pudieras tener esa comida?). Y esos alimentos van a nutrir tu cuerpo… para ayudarte a sanar, ¿no es así? Entonces, quizás puedas ver todos los increíbles procesos en tu cerebro y en tu cuerpo (desde la salivación hasta el paso por los intestinos) que te ayudan a convertir esos alimentos en energía y, por supuesto, obtener los beneficios de todos los antioxidantes que mantienen sanas a tus células. Y ayudan a desintoxicar el cuerpo, a mantener el sistema inmunitario fuerte y a prevenir la inflamación, haciendo que el cuerpo permanezca en un estado de bienestar y tranquilidad… Visualiza el alimento pasando a través de ti a la velocidad correcta en el momento adecuado… con un estado de gratitud. ¿No es agradable que todo (desde el ejercicio hasta los alimentos, el sueño o las relaciones) esté ahí para nutrirte? Y cuanto más utilicemos estas estrategias naturales y holísticas, más sanos y completos estarán el cerebro y el cuerpo. No importa cuál sea tu experiencia, visualiza que el proceso se desarrolla con energías sanadoras de principio a fin. ¿No es interesante que cada alimento, cada médico y cada miembro de la familia ya haya sido parte de tu experiencia?

Ahora, avanza hasta un momento en el futuro. En unos instantes, verás la versión futura de tu persona: esa persona fabulosa que está floreciendo, despreocupada y segura de sí misma. ¿Qué estás viendo en el futuro? Está ocurriendo en este momento… ¿Qué estás sintiendo ahora? ¿Puedes ver esa imagen ahora? ¿Qué aspecto tienes… estando tan feliz, tan sano/a y sin ningún dolor? ¿Qué estás haciendo ahora… en este instante? ¿Qué puedes oler? ¿Qué estás comiendo? Eso es. Realmente estás pintando esa imagen. Encarnando completamente a tu yo futuro... mientas dejas que esto se apodere de todo tu ser, reprogramando el cerebro y el cuerpo, y el bucle de retroalimentación que viaja entre ellos para cuidar de esta versión de ti. Estás aquí, en este momento, sintiéndote muy libre.

Visualiza también cualquier cosa que necesites hacer y los pequeños pasos diarios que te permitirán llegar ahí. Desde utilizar esta práctica otra vez hasta los alimentos que ingieras o los tratamientos que ya estás usando, todo ello tendrá un efecto sinérgico para ayudarte a crear este futuro. Deja que los siguientes minutos te parezcan mucho más largos... para que puedas ver cómo todo se va desarrollando paso a paso y día a día... con facilidad y sin esfuerzo. Y cuando sientas cualquiera de estas sensaciones, les recordarás a tu cerebro y a tu cuerpo lo que tienen que buscar. Eso es. Eso es. Lo estás haciendo muy bien.

En unos instantes, haré que flotes más profundamente una vez más, para que podamos plantar las semillas de la positividad y la sanación con profundidad en tu subconsciente. Ahora estás haciendo que esta maravillosa sensación de estar despreocupado/a y cómodo/a se vuelva más intensa mientras cuento del tres al uno: tres... dos... uno... eso es. Me pregunto si notas una sensación de relajación en alguna parte de tu cuerpo o si te sientes un poco mejor en tu forma de pensar. En cualquier caso, es muy agradable saber que tienes el control... porque tanto si has realizado un cambio pequeño como si es profundo, tú lo has creado, ¿no es así? Y estos cambios apenas son el comienzo, sobre todo cuando se trata de procesos corporales complejos, optimización de la inmunidad y sanación. No sé si notarás que una parte de tu cuerpo se sentirá mejor mañana cuando despiertes o si irás notando lentamente que tu digestión, u otro órgano, funciona mejor dentro de unas semanas. Ya has empezado a sanar. Puesto que has practicado esta técnica hoy, ya has provocado un cambio positivo. ¿No es agradable saber que ya has puesto en movimiento este efecto dominó? Y te encontrarás con una situación (puede ser un alimento o una actividad) en la que sentirás que un camino empieza a ser un poco distinto. No estoy seguro de cuándo ocurrirá, pero cuando lo haga, serás consciente de que ya has comenzado a reprogramar tu cuerpo-mente. Esto hará que quieras regresar a esta práctica para poder reprogramarla un poco más. Y este despreocupado bienestar continuará creciendo como una bola de nieve (durante las horas del día e incluso mientras duermes), porque al practicar esto hoy, has ayudado a que tu cuerpo regrese a su estado natural: el de sanación.

Ahora es el momento de construir un puente para que puedas llevar todo lo que has obtenido de esta práctica sanadora a tu futuro para tener una salud óptima continua. Siempre que necesites recordar algo que has descubierto, o todo, sabrás cómo hacerlo. La primera parte de la construcción de este puente incluye un botón.

Primero, quiero que encuentres las tres mejores cosas que has obtenido. Quizás sean sensaciones o caminos que no habías sentido activarse desde hace mucho tiempo. Podría ser un camino de sanación que va directo al órgano que tú quieres. ¿O fueron sentimientos, o recordatorios? Si lo deseas, puedes visualizarlo como pura energía sanadora. Me pregunto de qué color será. Ahora, envía la mejor parte de esta energía sanadora descendiendo por tu brazo dominante hasta tu mano dominante. Reúne e intensifica esta sensación de bienestar o activación en tu dedo índice dominante. Si quieres, puede ser tu propio botón para la medicación antiinflamatoria y analgésica más poderosa, y para mejorar el sistema inmunitario del mejor modo que el mundo ha conocido jamás. Eso es. Ahora frota la yema de ese dedo índice contra ese pulgar. ¿Puedes sentirlo? Justo ahí. Acabas de crear un botón. Siempre que necesites un poco de lo que has creado, lo único que tienes que hacer es presionar ese botón. Toda la sanación o el bienestar llegarán como una inundación. Puedes usar este botón solo, e incluso también ayudará a que otras estrategias integradoras funcionen mejor. ¿No es agradable saber que este botón está ahí… para realinearte con tu propio estado natural (la sanación y el bienestar despreocupado)? Eso es.

En segundo lugar, reúne cualquier molestia residual de la que te quieras deshacer ahora mismo, cualquier tensión o náusea o dolor que quede… o tus sentimientos sobre esas sensaciones. Ahora te invito a que visualices que un globo está amarrado a tu dedo índice no dominante. ¿Puedes sentirlo? Visualiza cómo ese globo se va inflando mientras lo llenas con el «aire caliente» de la energía que bloquea tu estado natural de sanación.

Muchas personas incluso pueden notar que el dedo empieza a levantarse un poco aquí por sí solo. ¿No es interesante? Sólo unos momentos más aquí: fíjate en si queda algo de pesimismo o dolor que quieras enviar al interior del globo. Eso es. Y ahora frota ese pulgar contra tu dedo índice no dominante. En tu mente, visualiza que ese globo se aleja flotando, muy muy lejos… y quizás incluso sientas que ese dedo vuelve a bajar flotando. ¿Puedes ver que el globo se va haciendo muy pequeño? ¿Que ahora es diminuto? Síguelo hasta que desaparezca. Y en el futuro, siempre que necesites liberarte de alguna tensión o molestia, lo único que tienes que hacer es poner esas sensaciones dentro de este globo que está atado a tu dedo índice no dominante. Luego frota tu pulgar para desatar la cuerda… y deja que todo se vaya. En cada momento, tienes el poder de liberarte. Mientras vas mejorando cada vez más… en cada momento… en todo momento… tomándote esta experiencia sanadora día a día.

GUION OPCIONAL PARA VOLVER A ESTAR ALERTA

Ahora visualízate caminando de regreso, pasando por las habitaciones por las que has estado para llegar hasta aquí. Entrando en cada estancia en orden ascendente. Estás el doble de alerta y despierto/a y recuperas el estado cotidiano de vigilia. Sentirás que tu consciencia está regresando a tu cuerpo sin ningún esfuerzo. Eso es.

Sientes que estás empezando a estar alerta.

Mientras asciendes, estás cada vez más despierto/a… e incluso ilusionado con el mañana.

Quizás podrías mover los dedos de las manos y de los pies. Siente tu increíble cuerpo y, mientras lo haces, siente que estás cada vez más despierto/a.

Eso es. Despierto/a y activado/a.

El doble de energizado/a y alerta que en el paso anterior.

Continúas subiendo.

Realmente estás sintiendo cómo toda la energía regresa a tu mente y a tu cuerpo.

Eso es.

Alerta y activado/a… y moviendo los dedos de las manos y de los pies un poco más ahora en este cuerpo sereno.

Sientes cómo tu cuerpo asciende.

Ya casi has llegado.

Abres los ojos, y, al hacerlo, te sientes esperanzado/a por esa sanación y esa vida que son tuyas.

Para asegurarte de que estás completamente consciente, mira a tu alrededor en la habitación y nombra en voz alta diez cosas que veas, sal a dar un paseo alrededor de la manzana, escucha música animada o realiza veinticinco saltos de tijera.

APÉNDICE A

TVS adicional para el sueño, el insomnio y los sueños inducidos

El insomnio tiene un impacto en tus ritmos biológicos, tu concentración y tus relaciones (y no es positivo). Si tienes problemas para dormir, entonces ya sabes el daño que eso puede hacer. Entonces, ¿no sería bonito que pudieras poner a tu insomnio a dormir y mantenerlo así? La TVS es una poderosa manera de ayudarte a quedarte dormido con facilidad y descansar más profundamente.

Mientras te estás quedando dormido, tu cerebro se ralentiza: pasa de las ondas cerebrales rápidas de la vida diaria a las ondas cerebrales lentas theta y delta (soñar y dormir sin sueños, respectivamente). Cuando duermes, esas ondas cerebrales fluctúan. Estudios recientes han demostrado que el sueño y soñar pueden ser incluso más importantes para nuestra salud de lo que podríamos imaginar. Cuanto más tiempo permaneces despierto, con más frecuencia pasa tu cerebro de las ondas cerebrales delta a las ondas cerebrales theta. Y estas ondas incluso pueden actuar como un sustitutivo de los sueños nocturnos.

En mi libro *The Brain Fog Fix*, escribí sobre por qué es fundamental dormir lo suficiente: «Un estudio realizado en 2013 mostró que, mientras dormimos, los canales entre las neuronas se expanden hasta un 60 %, lo cual permite que entre el líquido cefalorraquídeo. Todo ese espacio adicional entre las neuronas es tu cerebro preparándose para ser lavado: el líquido cefalorraquídeo se deshace las placas que causan la enfermedad de Alzheimer. Este "ciclo de lavado" es mucho más efectivo cuando estás dormido, lo cual significa que más "basura" es expulsada de tu cerebro».[1]

«Por este motivo, nadie se sorprendió cuando otro estudio descubrió que los ratones que dormían sólo cuatro horas al día tenían más placas causantes de alzhéimer en el cerebro.[2] El sueño también podría reforzar las células cerebrales: un estudio de 2013 demostró que mientras los ratones dormían, sus cerebros producían más mielina, el aislamiento de las células cerebrales que permite que la corriente eléctrica de la felicidad fluya libremente».[3]

Afortunadamente, hay varias maneras de mejorar el sueño y en ellas intervienen ambas partes de tu cerebro.

EL CEREBRO CONSCIENTE PARA DORMIR MEJOR

El cerebro consciente es bastante eficaz mejorando el sueño. En el libro *Heal Your Drained Brain*, creé una versión única, de tres niveles, de terapia cognitivo conductual para el insomnio (TCC-I). La TCC-I es una forma natural de tratar el insomnio. En 2016, el American College of Physicians recomendó la TCC-I como tratamiento inicial (en lugar de la medicación) para los adultos que padecen insomnio.[4] Este grupo es la mayor organización de especialidades médicas en Estados Unidos, de manera que es una recomendación importante para profesionales de la salud y pacientes por igual. Están promocionando la TCC-I al tiempo que intentan revertir la prescripción y el consumo excesivos de pastillas para dormir que ha tenido lugar en la última década.

---

1. L. Xie et al. (18 de octubre de 2013). «Sleep Drives Metabolite Clearance from the Adult Brain», *Science*, 342 (6156): 373-377.
2. J. E. Kang *et al.* (13 de noviembre de 2009). «Amyloid-Aβ Dynamics Are Regulated by Orexin and the Sleep-Wake Cycle», *Science*, 326 (5955): 1005-1007.
3. M. Bellesi *et al.* (4 de septiembre de 2013). «Effects of Sleep and Wake on Oligodendrocytes and Their Precursors», *The Journal of Neuroscience*, 33 (36): 14288-14300.
4. A. Qaseem *et al.* (Julio de 2016). «Management of Chronic Insomnia Disorder in Adults: A Clinical Practice Guideline from the American College of Physicians», *Annals of Internal Medicine*, 165 (2): 125-133.

El nivel 1 de la TCC-I utiliza algunos consejos básicos para la higiene del sueño, como bajar las luces antes de acostarte y aprender a asociar tu cama con el acto de dormir. Los niveles 2 y 3 utilizan ejercicios, posturas y ecuaciones matemáticas. El nivel 3 te ayuda a «comprimir» tu sueño y luego «expandirlo», obligándote en un principio a dormir menos para que puedas estar cansado de manera natural. La TCC-I es, ante todo, una forma científica y natural de realinear tus ciclos naturales de dormir-despertar. Para más detalles y el programa TCC-I de tres niveles completo, consulta el capítulo 12 del libro *Heal Your Drainded Brain*.

EL CEREBRO SUBCONSCIENTE PARA DORMIR MEJOR

Es fundamental dormir unas ocho horas, aproximadamente. Pero no se trata sólo del hecho de dormir en sí mismo. Los sueños no son sólo ruido y tonterías. La corriente principal de la ciencia moderna está empezando a darse cuenta de que los sueños, el movimiento ocular rápido (REM) asociado a ellos y el estado de la onda cerebral theta son fundamentales para la salud cerebral (y no sólo psicológica o espiritual, sino también para el bienestar físico). Una investigación del año 2017 asoció la falta de sueño REM con la depresión y la demencia. Como observó el investigador que autorizó este estudio, «todo lo que vemos, cada conversación que tenemos, es masticado, tragado y filtrado mientras dormimos, y es excretado o asimilado».[5]

Como ya sabes, la TVS es increíble para ayudarte a hacer todas esas cosas que mencionó el investigador: masticar, tragar, filtrar, excretar y asimilar tus recuerdos, pensamientos y deseos. A diferencia de los sueños que tienen lugar mientras dormimos, las escenas de ensueño que puedes crear con la TVS están bajo tu control. ¿Qué te gustaría masticar y tragar? ¿Qué pensamientos quieres filtrar a través de una lente

---

5. R. Naiman (15 de agosto de 2017). «Dreamless: The Silent Epidemic of REM Sleep Loss», *Annals of the New York Academy of Sciences,* 1406 (1): 77-85.

más positiva? Me pregunto qué escenas decidirás excretar para poder descansar mejor.

Dado que las ondas cerebrales theta han demostrado que pueden conseguir que las personas se sientan somnolientas y se queden dormidas,[6] la TVS también puede ayudarte a pasar más tiempo durmiendo, y eso significa soñar más. Dado que la gran mayoría de sueños theta-dominantes tienen lugar durante la quinta y última fase de tu ciclo del sueño, si sólo duermes seis horas te pierdes el poder sanador de los sueños y el REM. De hecho, soñar puede actuar como un tónico que previene el desarrollo del TEPT. Los estudios han hallado que las personas que pasan más tiempo en REM tienen menos miedo al día siguiente cuando están bajo condiciones que simulan estrés o trauma.[7] Por lo tanto, deberías dormir unas ocho horas generosas para tener sueños que ocurran espontáneamente y utilizar la TVS para complementar los sueños nocturnos con sueños a voluntad.

La TVS también puede mejorar la calidad del sueño al promover un sueño de ondas lentas. Un estudio pionero de 2014 utilizó un audio activador del cerebro subconsciente rápido y luego midió la calidad del sueño de los participantes con un EEG. Los participantes lograron tener un sueño más profundo y reparador gracias a la activación del cerebro subconsciente.[8]

UN ENFOQUE COMBINADO

Para ayudarte con tus problemas para dormir, puedes usar la TVS como se detalla en otras partes de este libro. En el paso 1, examinarías el patrón de pensamiento trampa que está impidiéndote tener un sueño profundo y reparador. Examinar el pasado y visualizarte quedándote

---

6. D. L. Schacter (1977). «EEG Theta Waves and Psychological Phenomena: A Review and Analysis», *Biological Psychology*, 5 (1): 47-82.
7. Lerner *et al.* «Baseline Levels of Rapid Eye Movement», 11233-11244.
8. M. J. Cordi, A. A. Schlarb y B. Rasch (1 de junio de 2014). «Deepening Sleep by Hypnotic Suggestion», *Sleep*, 37 (6): 1143-1152.

dormido con facilidad y sin esfuerzo en el futuro podría resultarte de ayuda. Pero también podrías potenciar este proceso añadiendo el nivel de TCC-I que sea adecuado para tus problemas específicos para conciliar el sueño. Luego, mientras observas tu pasado, tu presente y tu futuro en la TVS, visualízate utilizando las estrategias de la TCC-I a lo largo de la semana. ¿No sería agradable verte implementando sin esfuerzo las técnicas de la TCC-I y durmiendo profundamente?

En una posición cómoda en la cama, escucha el audio «TVS para dormir, el insomnio y los sueños inducidos» para ayudarte a quedarte dormido y permanecer en ese estado.

STV PARA EL SUEÑO, EL INSOMNIO Y LOS SUEÑOS INDUCIDOS

El siguiente guion te permitirá grabar un audio extra que te ayudará a quedarte dormido y a dormir más profundamente. Este guion tiene elementos de activación del cerebro subconsciente para aumentar el sueño de ondas lentas,[9] de meditación de atención plena y de visualización guiada.

Empieza acostándote en la cama y poniéndote cómodo.

Céntrate y relájate mientras vas tomando consciencia de tus sentidos. Me pregunto qué cinco cosas estás viendo aquí y ahora. Eso es. ¿Qué te parece si encuentras cuatro sonidos? Me pregunto cuáles son las tres sensaciones que puedes percibir... a través de tu piel. ¿Hay dos aromas en el aire? Y me pregunto si podrías encontrar alguna cosa que puedas saborear, algo que haya permanecido en tu lengua... ¿ese té de menta, quizás? ¿No es agradable saber que tus sentidos siempre están ahí para ayudarte a alcanzar la quietud en cualquier momento en que lo desees?

Ahora, ¿te gustaría relajarte un poco más? Te invito a que coloques una mano delante de tu rostro, a unos 30 centímetros aproximadamente, con

9. *Ibid.*

el codo un poco flexionado y todos los dedos tocándose. Eso es. Ahora, fija la mirada en el dedo corazón... y relájate más y más. Ni siquiera tienes que enfocar la mirada... será como si estuvieras viendo a través del dedo corazón.

Cuando parezca que la mano empieza a desenfocarse un poco, ésa será la señal de que tu cuerpo está más profundamente relajado... sin que nada te moleste y sin tener nada que hacer. ¿No es agradable disponer de ese tiempo para relajarte... para que puedas descansar y recuperarte? Y ahora me pregunto en qué momento se activará tu subconsciente. Quizás sea dentro de unos instantes, y es posible que ocurra con rapidez. O tal vez notes que ocurre poco a poco durante esta práctica. Como ya sabes, cuando el subconsciente asume el control, eso simplemente significa que tú te estás relajando de una forma profunda.

Tan sólo observa dónde sientes que hay más relajación en este momento. Puedes sentirlo, ¿no es así? Cuando lo notes, entonces un dedo, o más de uno, se empezarán a separar. No sé qué dedo se moverá primero... ¿Será el dedo índice? ¿O será el pulgar? O quizás los cinco se separarán al mismo tiempo.

Cuando el primer dedo se mueva, también advertirás que la mano y el brazo se quedan casi sin rigidez. Me pregunto si incluso los sientes un poco pesados... o difíciles de mantener elevados. Eso es. Entonces, mientras vas soltando, simplemente deja que la gravedad acerque tu mano cada vez más hacia tu rostro. Cada vez más cerca. Cada vez más profundo. Nada te molesta; no hay nada que tengas que hacer.

Cada vez que la mano toque alguna parte de tu rostro, deja que los párpados se cierren. Encuentra un lugar cómodo para dejar descansar la mano... eso es. Perfecto.

Mientras tus párpados se cierran, una sensación de descanso reparador comenzará a apoderarse de ti... serenando la mente y relajando el cuerpo. En la siguiente inhalación de los pulmones, si quieres, puedes hacer rodar con suavidad tus ojos hacia arriba. Y luego, al exhalar, deja que los ojos vuelvan a descender a una posición neutra... que te permitan caer en un estado incluso más profundo de descanso reparador. Eso es. No hay nada que te moleste... no hay nada que tengas que hacer.

Te invito a que ahora imagines que estás en una escalera mecánica. Esta escalera te lleva hacia abajo... 12... 11... 10... en cada nueva planta estás el doble de adormilado/a y relajado/a... 9... 8... 7... no hay nada que te moleste y que tengas que hacer... 6... 5... 4... sólo dejarte llevar mientras vas descendiendo... 3... 2... 1... eso es. Te sientes más relajado/a que hace unos minutos. ¿Y no es agradable haber hecho eso? Te mereces este tiempo para descansar. Después de todo, cuanto más te concedas este tiempo reparador, más energizado/a y mejor estarás mañana. Entonces... sólo... déjate... ir... Eso es. Perfecto.

Ahora imagina mentalmente una cinta transportadora... donde están los pensamientos que han quedado... Sólo puedes imaginar que cualquier pensamiento o sentimiento que surja en este momento se está moviendo en esa cinta transportadora... y la cinta deposita cualquier pensamiento consciente o lista de tareas pendientes en una botella. ¿Puedes verla?

Y ahora... o en cualquier momento durante esta práctica... simplemente coloca lo que quieras en esa botella y descansa en el consuelo de saber que puedes ver esa botella mañana o pasado mañana. En cuanto te la imagines, notarás que tu cerebro consciente y tu cerebro subconsciente empiezan a soltar... Después de todo, puedes agarrar esa botella mañana, ¿no es así? Y, en realidad, cuanto más te liberes de esos pensamientos ahora..., más capaz será tu cerebro de abordarlos mañana. Por ahora, éste es tu momento para descansar, relajarte y restaurar tu cerebro y tu cuerpo.

Y ahora me gustaría que imaginaras una pluma. ¿Es una pluma grande y blanca? ¿O es pequeña y azul? Visualiza esa pluma flotando en el aire. Quizás puedas imaginar que eres esa pluma... y con mucha suavidad y facilidad, estás flotando en una brizna de aire. Mientras flotas suavemente, entras en un estado de relajación cada vez más profundo. Si lo deseas, incluso podrías ver esta pluma flotando al ritmo de una canción de cuna. Eso es...

Y cuanto más flote esta pluma sobre una cama de aire, más profundo será tu sueño. Eso es... eso es...

Cuando quieras flotar en este estado de descanso en cualquier momento en el futuro, sólo tendrás que recordar esta pluma... También puedes presionar ese botón que está en el dedo índice de tu mano dominante... y las sustancias químicas calmantes, que favorecen el sueño, saldrán de la farmacia interna de tu cerebro... Incluso es posible que oigas una canción de cuna que suena suavemente cada vez que presionas este botón. También puedes pedirle con tranquilidad al subconsciente que te regale los sueños más placenteros.

En tus sueños, el cerebro subconsciente incluso puede ayudarte a asimilar recuerdos... a transferir lecciones y recuerdos importantes de hoy a cajones de largo plazo... y sabiendo de manera exacta qué archivos debe eliminar... y de una forma placentera, incluso puede mostrarte algo acerca de ti y de tus deseos o tu destino en tus sueños.

Y entonces flotarás con facilidad hacia un dormir sin sueños... No sé exactamente si primero tendrás un sueño agradable o un dormir profundo sin sueños... o si primero dormirás profundamente sin soñar y luego tendrás los sueños más serenos y agradables... En realidad, ahora eso no importa... porque tu cerebro sabe justo cómo tiene que descansar... y soñar. Pasando por esto de la manera en que ya sabe hacerlo, sin que tú tengas que hacer nada... Sólo descansa. Eso es. Eso es.

Es posible que te sientas cada vez más como esa pluma... flotando tan suavemente...

No hay nada que te moleste; no hay nada que tengas que hacer...

Cada vez más profundo...

Tan sólo te estás relajando en este estado revitalizante y tranquilo...

Cada vez más profundo...

Flotando y sintiéndote muy relajado/a...

Eso es...

Eso es...

Descansa.

APÉNDICE B

TVS adicional para el éxito

¿Te gustaría acceder al poder de tu cerebro subconsciente para tener más éxito? A estas alturas, ya has utilizado la TVS para borrar las voces negativas. Es muy agradable llenar tu cerebro con voces inspiradoras que te animan, ¿no es así? Me pregunto si sería inspirador entrar en una sala de juntas y cerrar un acuerdo millonario como si no fuera gran cosa. Tomemos esa seguridad en ti mismo, tranquila y serena, que ya has cultivado, y llevémosla al siguiente nivel, utilizando el poder del subconsciente para convertirte en una persona más exitosa. Ésta es una habilidad increíble que puede ayudarte a ser más seguro de ti mismo o más creativo en tu profesión.

Con la TVS puedes transformar cualquier energía que los clientes perciban como desesperación en la *consciencia* de tu propia valía. Tienes unas habilidades y una experiencia únicas, y una razón para estar aquí, ¿no es verdad? ¿No te gustaría saber que el hecho de utilizar esta energía ayudará a que los clientes se sientan afortunados de trabajar contigo? Y mientras tanto, ¿te gustaría liberar el verdadero poder de tu potencial creativo? ¿Qué brillante idea fraguará y visualizará tu cerebro subconsciente, y luego materializará con convicción?

Hasta el momento, todas las prácticas de la TVS que he presentado han sido bastante largas, pero en realidad puedes practicar la TVS durante cinco o cuarenta y cinco minutos. Ahora que has tenido la oportunidad de practicarla, probablemente serás experto activando tu cerebro subconsciente. Después de todo, es una habilidad, como aprender a jugar a un deporte nuevo. Cada vez que emplees esta práctica, serás un poco más rápido.

A continuación, ofreceré una práctica extra de la TVS para el éxito. Es rápida, de manera que incluso podrías utilizarla en tu vehículo o en la oficina, justo antes de una reunión importante. Si lo deseas, puedes repetir el paso 1 (consulta el capítulo 3), en especial si sientes que un patrón de pensamiento trampa está impidiéndote alcanzar el éxito. De no ser así, puedes ir directamente a esta práctica de la TVS para el éxito.

Sentado en una posición cómoda, escucha el audio «TVS para impulsar tu éxito» (que puedes grabar a partir del siguiente guion) para aumentar tu seguridad en ti mismo y tener éxito.

TVS PARA IMPULSAR TU ÉXITO

Mientras cierras los ojos, céntrate en el aquí y el ahora, lo cual es realmente maravilloso para ayudarte a mantenerte centrado y sereno. ¿Qué tres sonidos estás percibiendo? Observa dos colores en la parte posterior de tus párpados: el primero justo delante de ti..., y en tu siguiente inhalación, visualiza un color cerca de tu coronilla mientras miras hacia arriba, arriba, arriba. Y en la siguiente exhalación, deja que tus ojos floten hacia abajo, abajo, abajo.... y simplemente encuentra un lugar neutro para descansar y relajarte. Eso es. Ahora sólo disfruta de esta respiración. ¿Puedes sentir cómo la caja torácica se expande milímetro a milímetro o cómo el aire calienta tus cavidades nasales? Eso es. Perfecto.

Y ahora visualízate subiéndote a un ascensor con doce pisos.

12... 11... 10... Has descendido hasta la décima planta y te estás sintiendo seguro/a, tranquilo/a y sereno/a.

9... 8... 7... Has descendido hasta el séptimo piso y te sientes el doble de relajado/a en cada piso.

6... 5... 4... Has descendido hasta el cuarto piso y notas lo relajado y cómodo/a que estás.

3... 2... 1... Eso es... Sales del ascensor en este piso, en este lugar que representa tu verdadera seguridad en ti mismo/a... Puedes sentirla, ¿no es así? Sí... ya puedes sentir tu valía.

Me pregunto si puedes incrementar esa sensación de autoestima y éxito. Las sentirás un poco más en tu cuerpo mientras cuento del uno al siete. Uno... dos... tres... cuatro... cinco... seis... siete... Eso es. Perfecto.

Y ahora deseo que hagas retroceder la cinta de tu vida para que puedas acceder a todas las cosas increíbles que has hecho. A todos tus éxitos. A todos tus logros. Me pregunto si puedes encontrar un momento en tu vida en el que te sentiste muy seguro de ti mismo. Regresa a ese recuerdo... a esa época. ¿Qué ves? ¿Qué sientes? Es muy interesante dedicar unos minutos a recordar que, sí, ha has logrado muchas cosas, ¿no es así? Y mientras hallas esa seguridad en ti mismo, encuentra también esa parte de ti que te recuerda tu propósito... por qué haces lo que haces. Me pregunto si es un recuerdo específico, o si es más un sentimiento general. ¿Es ésta tu verdadera vocación? ¿O quizás es algo que estás haciendo para poder ayudar a los demás de una manera diferente, sirviendo a otros y a tu familia... o estás consiguiendo ese trabajo como un primer paso hacia tu vocación? En cualquier caso, has encontrado una fuente interna de pasión y propósito. Me pregunto qué se siente al recordarlo... Así es.

Y ahora, avanzando en el tiempo hasta tu vida actual, deja que esa tranquila y serena sensación de seguridad en ti mismo/a... todo lo que ya has logrado... y todo lo que ya eres... se apodere de tu yo actual. Recuérdale a tu yo actual lo competente y capaz que ya eres. Me pregunto si esto te relaja... o si está haciendo que te sientas un poco más erguido ahora. ¿Esta seguridad en ti mismo/a le está hablando a tus hombros, ahora que te sientes un poco más alto/a, un poco más orgulloso/a? ¿O está afectando a la seguridad de tus pensamientos? Muchas personas advierten que esta seguridad en sí mismas abre las compuertas de la creatividad... y quizás incluso percibas una onda gamma (ese instante de revelación) apareciendo en algún momento durante esta práctica. Siempre que notes un pequeño cambio, en tu cerebro o en tu cuerpo, visualiza a ese yo seguro de sí mismo y creativo... extendiéndose por todo tu ser... y si quieres puedes visualizarlo como un color.

Y ahora ves cómo se desarrolla tu futuro… aquí y ahora. Me pregunto si puedes visualizarte en una reunión que va a tener lugar con un cliente dentro de unos minutos… o dentro de unas semanas. ¿O estás en un estudio? Dondequiera que estés, visualízalo. ¿Qué estás haciendo y qué estás viendo? Siéntelo. ¿Qué se siente? Durante esta práctica, el tiempo se aleja flotando… de manera que unos pocos segundos pueden parecer una hora. Entonces, ensaya cualquier cosa que tengas que hacer para cultivar el éxito… para ver todo esto desarrollándose paso a paso. Esto también te ayuda a mantenerte flexible… porque con tu tranquila y serena seguridad en ti mismo/a, estás preparado para cualquier cosa que la vida te presente, ¿no es así? ¿Acaso no has logrado ya muchas cosas? Así es.

Profundizando una vez más mientras cuento del tres al uno para sembrar positividad profundamente en tu subconsciente… tres… dos… uno… En algún momento en el futuro… que puede ser dentro de unos minutos… o quizás en una llamada en tu escritorio… o cuando estés sobre un escenario… o hablando en público… dondequiera que estés, en algún momento, te sorprenderás por lo seguro/a de ti mismo/a y sereno y creativo que eres. Me pregunto dónde estarás cuando adviertas que algo ha cambiado. ¿Será en tu mente? ¿O notarás un cambio en tu cuerpo? Muchas personas notan que el cambio está ocurriendo en ambos lugares. Porque ya has logrado tantas cosas… este cambio no ocurre fuera de ti… sino dentro de ti… y todo se desarrollará de una forma que te parecerá fácil y sin esfuerzo. Y permanecerás tranquilo/a y sereno/a. Después de todo, acabas de ver y experimentar todo lo que está a punto de ocurrir, ¿no es así?

Ahora te invito a que envíes esta seguridad en ti mismo/a a un botón en tu dedo índice de la mano dominante. Entonces, siempre que necesites una dosis de esta energía creativa tranquila y serena, lo único que tienes que hacer es presionar ese botón con tu pulgar. Y ahora, reúne cualquier inseguridad que pueda haber quedado y visualiza que la introduces soplando dentro de un globo que está atado a tu dedo índice de la mano no dominante. Ahora desata ese globo con tu pulgar… y observa cómo se va muy muy lejos flotando. ¿Puedes ver cómo se vuelve pequeño?

Ahora te subes a ese ascensor… y en un instante empiezas a estar más alerta en cada piso… y cuando llegues a la primera planta estarás comple-

tamente despierto/a, listo para llevar al mundo a ese yo tranquilo, sereno, creativo y seguro de sí mismo… para crear este éxito.

12… 11… 10… En el décimo piso estás más alerta.

9… 8… 7… En la séptima planta estás moviendo los dedos de las manos y de los pies.

6… 5… 4… En el cuarto piso estás consciente y seguro de ti mismo/a.

3… 2… 1… Abres los ojos. Estás despierto/a. Alerta. Tranquilo/a y seguro/a de ti mismo/a.

APÉNDICE C

TVS adicional para la conexión espiritual

Como ya sabes, la TVS es parte de un enfoque holístico para el bienestar. Se trata de un enfoque bio-psico-social-espiritual. Científicamente hablando, el cerebro subconsciente puede cambiar la consciencia, lo que afecta a tu percepción temporal y espacial, a la orientación y la atención. Pero también puedes usar el subconsciente para profundizar en tu práctica espiritual o en tus creencias. Se ha dicho que si el alma viviera en una parte del cerebro, sería en la corteza prefrontal: un área del cerebro que se ilumina cuando es activada por el subconsciente. En términos de ondas cerebrales, los ángeles residirían en las ondas theta, las cuales, como sabes, son características del subconsciente.

¿Dónde encuentras satisfacción espiritual y conexión en tu vida? ¿En la naturaleza, en un templo, o en ambos? Los sueños son otra fuente potencial de conexión espiritual. La mayoría de la gente ha tenido un sueño con algún tipo de significado más profundo, así que probablemente ya entiendes que el subconsciente puede enriquecer esa parte de tu vida.

Lo cierto es que no estoy aquí para decirte en qué creer. En mi consultorio privado, trato a personas de todas las fes y respeto sus creencias. La TVS es abierta y ofrece apoyo. Cualesquiera que sean tus creencias, esta asociación terapéutica con el cerebro subconsciente puede mejorar y profundizar tu práctica espiritual. Al alcanzar una profunda quietud a través del cerebro subconsciente, puedes sentir que eres uno con el universo, con todos los seres vivos, con lo divino, con tus seres queridos o con un poder superior. ¿Qué imágenes te dicen más? El subconsciente puede ayudarte a tener una experiencia extracorpórea mientras cambia áreas del cerebro asociadas con la orientación, el tiempo y el espacio.

Me pregunto cómo te ayudará la TVS a acceder a tus dones únicos, y cómo los usarás para servir a los demás. Alguna parte profunda de ti sabe que hay algo que estabas destinado a hacer para aportar más amor al mundo, ¿no es así? ¿Cómo transforma tu existencia el hecho de acceder a algo más grande que tú?

Algunas personas utilizan la TVS para tener conversaciones con seres queridos que han perdido, y eso las ayuda a sanar. Es posible que creas que las palabras que dices a través de la TVS van al cielo, o quizás creas que este momento es para que utilices el poder del cerebro subconsciente para ver y oír cosas que no se dijeron. ¿Te gustaría estar en comunión con Dios o con los ángeles? Quizás creas que tus palabras están viajando directamente al alma del ser querido que perdiste, o tal vez simplemente creas que la sanación está teniendo lugar en una parte de tu propio cerebro. Me imagino que cualquiera de las dos posibilidades sería relajante y sanadora para la persona que está sanando.

Ésta es una práctica de la TVS para la profundización espiritual. Encuentra un lugar silencioso y tranquilo. Podrías encender una vela, incienso o salvia (cualquier cosa que te ayude a profundizar en tu práctica espiritual).

En una posición cómoda, sentado o acostado, escucha el audio «TVS para profundizar en tu práctica espiritual» (que puedes grabar a partir del siguiente guion) para reconectar con tu poder superior o con tu propósito en la vida.

TVS PARA PROFUNDIZAR EN TU PRÁCTICA ESPIRITUAL

Mientras cierras los ojos, céntrate en este precioso momento del aquí y el ahora. ¿Puedes sentir cómo esta hermosa Tierra se eleva para sostener tu cuerpo? Ahora, poco a poco, centra tu atención en tres sonidos que estés percibiendo. Y ahora, ¿puedes percibir dos colores en la parte posterior de tus párpados? Observa el primer color justo delante de ti… y en tu siguiente inhalación, visualiza un color cerca de tu coronilla mientras miras hacia arriba, arriba, arriba. Y en la siguiente exhalación, deja que tus ojos floten hacia abajo, abajo, abajo… Eso es. Ahora simplemente disfruta de esta respiración. ¿Puedes sentir cómo tu caja torácica se expande milímetro a milímetro, o cómo el aire calienta tus orificios nasales? Eso es. Perfecto.

Ahora, visualízate inclinándote hacia atrás como si estuvieras dejándote caer con confianza desde una mesa de pícnic y cayeras sobre una nube celestial. Sientes que esta nube es muy acogedora… está muy quieta… y es muy serena. Y arrulla a tu alma mientras la hace descender doce pisos. Es casi como si esta nube te estuviera alejando de este mundo terrenal por un momento y llevándote hacia una existencia más profunda y más espiritual.

12… 11… 10… Estás flotando hacia abajo… sintiéndote muy tranquilo/a y sereno/a…

9… 8… 7… Te estás dejando llevar hacia abajo… con una sensación de paz y propósito…

6… 5… 4… Mientras esta nube celestial te conduce hacia abajo, hacia un lugar que es infinitamente seguro y muy acogedor…

3… 2… 1… Eso es… entras flotando en el lugar más espiritual, sereno y tranquilo que podrías imaginar. Puedes verlo, ¿no es cierto?

Y ahora, mientras cuento del uno al siete… ¿puedes intensificar aún más esta sensación de conexión espiritual? Si lo deseas, incluso puedes tener una breve experiencia extracorpórea en la que el tiempo y el espacio terrenales se alejan flotando durante un breve instante de esta práctica. Al final, tu alma regresará con facilidad a tu cuerpo, al tiempo terrenal, porque tu tiempo aquí no ha terminado… todavía tienes muchas cosas importantes que hacer. Pero, aun así, me imagino que será muy relajante echar un vistazo… a tu espíritu… tu alma… el otro lado… o cualquier cosa que esté relacionada con tus creencias espirituales. Contando ahora. Uno… dos… tres… cuatro… cinco… seis… siete… eso es. Perfecto.

Y ahora invita a tu subconsciente y quizás incluso también a tu alma... a que te lleve hacia atrás en el tiempo, tanto como tú lo desees. No sé adónde irás hoy. Quizás regreses a una época en la que todavía estabas lleno/a de asombro y eras inocente, y estabas listo/a para cambiar el mundo. ¿Habías olvidado que todavía hay una niña o un niño inocente dentro de ti? Él o ella sigue estando ahí... y puede suponer una gran diferencia. Quizás puedas imaginar que estás ahí, observando tu infancia como un espectador. O, si crees en el destino, imagina que estás ahí antes de que existiera este tiempo terrenal... antes incluso de haber nacido. De cualquier manera, ahora puedes ver exactamente qué dones y qué talentos recibiste, ¿no es así? Me pregunto cómo se suponía que debías desarrollar esos dones para que el mundo sea mejor. ¿Has olvidado lo inherentemente valioso/a que eres? Una parte de ti lo sabe, ¿verdad? ¿O necesitas regresar y tener una conversación con alguien que ya ha fallecido? Quizás puedas imaginar a tu antiguo yo teniendo una conversación con Dios o con un poder superior, o con tu yo más elevado. ¿Qué camino hubiera sido distinto? Observa cómo se desarrolla ese pasado... aquí y ahora. Me pregunto si hay algo incluso más espiritual en la naturaleza, algo que no es de este mundo físico. Deja que tu alma encuentre cualquier cosa que eso pueda ser...

Ahora avanza hasta tu vida actual, terrenal. Con la profundización espiritual que acabas de crear en tu pasado, ¿qué ha cambiado en el presente? Me pregunto si tu vida actual se ha potenciado con un poco más de espiritualidad. ¿Qué ves? La mayoría de las personas ven más amor, más conexión, más paz. ¿Qué se siente? Me pregunto si te gustaría sentir esto como una suave luz blanca espiritual que sale de tus poros, y esa luz comienza a tocar a todas las personas con las que entras en contacto. ¿Qué estás haciendo de una forma distinta? Desde tus pensamientos hasta tus palabras y tus actos, ¿qué ha cambiado? Me pregunto cómo ha cambiado tu vida actual esta sensación de paz y propósito... y cómo afecta a los demás, como una roca que cae en un lago. Las ondas de tu espíritu tocan a todos a lo largo de kilómetros...

Y ahora, avanzamos hasta tu futuro... Visualiza una versión futura de ti... a tu yo más elevado, que es, por supuesto, un ser profundo y sumamente evolucionado... aquí y ahora. ¿Cuál es la mejor parte? ¿Es la quie-

tud o la serenidad? ¿Es la paz o el propósito? Si lo deseas, incluso puedes imaginar que estás conectado a todos los seres (trascendiendo un poco más el cuerpo o el mundo físicos). ¿Puedes intensificar esa sensación? Eso es. Eso es. Perfecto. Y eso es lo que eres… un ser hermoso. Ya eres perfecto/a. Me pregunto cómo continuarás descubriendo la belleza que hay en ti… y al darte cuenta de esto, harás que salga la verdadera belleza interior de los demás.

Y profundizando una vez más mientras cuento del tres al uno para plantar positividad profundamente en tu subconsciente y en tu alma… tres… dos… uno… En tu precioso mañana o en la bendición que será el próximo martes por la tarde en el trabajo, donde llegará un momento en el que alguien o alguna situación te mostrará que un profundo cambio espiritual ya ha tenido lugar. No sé si será una forma de servir o si será una manera de conectar. Quizás sea alguien que te desafía. Después de todo, las personas que son más difíciles de querer son las que necesitan más amor, ¿no es así? Sí, lo vas a percibir. No estoy seguro de si vas a advertir un cambio en tus palabras o en tus pensamientos… o en algo profundo en tu corazón o en tu espíritu. Algo ya ha cambiado porque has recordado esta parte olvidada de ti. Tu verdadera esencia espiritual… con tus dones únicos que te han sido dados por una razón. Tu destino. Tu razón de estar aquí, en el plano material… en este planeta. Alguna parte de ya sabía eso, ¿no es así?

Ahora te invito a que envíes serenidad, fe y sabiduría al botón que se encuentra en tu dedo índice dominante. Siempre que necesites una dosis de esta paz y este propósito, lo único que tienes que hacer es presionar este botón con tu pulgar. Me pregunto si sentirás que esa luz blanca espiritual empieza a llenar todo tu ser. Y, ahora, reúne cualquier miedo o resentimiento residual que pueda haber quedado (visualizándolo ahora mientras lo introduces todo en un globo mientras lo inflas). Ese globo está amarrado a tu dedo índice no dominante. Ahora desata el globo con tu pulgar… y observa cómo se aleja flotando, muy muy lejos. ¿Puedes ver cómo se vuelve más pequeño?

Y ahora esas nubes van a elevarte… llevándote de vuelta al mundo cotidiano. En unos instantes estarás más alerta a medida que te van lle-

vando hacia arriba… y cuando llegues al número uno estarás completamente despierto/a, listo/a para llevar al mundo a este yo sereno y despierto… para que llenes el mundo con tus dones únicos…

12… 11… 10… Esas nubes te están llevando de vuelta arriba, haciendo que estés más alerta…

9… 8… 7… Esas nubes están elevándote mientras tú mueves los dedos de las manos y de los pies…

6… 5… 4… Ahora estás cada vez más alerta…

3… 2… 1… Abres los ojos. Estás despierto/a y alerta. Listo/a para llenar el mundo con el amor de tu precioso espíritu.

ÍNDICE ANALÍTICO

A

Abundancia 14, 15, 17, 18, 26, 62, 95, 183, 186, 281
Acceder a recuerdos olvidados 13, 285, 288
Ácido salicílico 224
Activar el cerebro subconsciente 29, 69, 80, 82, 112, 127, 177
Adderall 108, 281
Alex Baumann 36, 37
Alucinaciones 39, 49, 53, 54, 198, 199
Amen 7, 8, 10, 59, 60, 281, 293
American Journal of Gastroenterology, The, 281
Amígdala 62, 65, 143, 144, 147, 282
Amir Raz 48
Anestesia 215, 217
Ansiedad 9, 14, 25, 33, 46, 47, 60, 62, 70, 75, 99, 107, 122, 141, 143, 149, 151, 157, 171, 192, 200, 219, 232, 237, 240, 241
Arrastre audiovisual (AVE) 12, 220
Artritis reumatoide 219, 225
Atención plena 12, 28, 59, 79, 82, 106, 122, 127, 152, 173, 177, 202, 219, 247, 265
AVE 12, 88, 101, 102, 103, 104, 105, 106, 107, 108, 109, 110, 111, 112, 113, 148, 220, 235, 281, 282, 283, 285, 286, 287, 288, 289

B

Bessel van der Kolk 143
Biología 121, 143, 174, 285, 287
Blakeslee 47, 50, 145, 215, 282

Bucle de retroalimentación 230, 231, 232, 241, 245, 249, 251, 256, 282, 286, 289

C

Cáncer 15, 17, 72, 105, 215, 217, 218, 220, 226, 245
Casos de recuerdos falsos 44, 284, 288
Células gliales 233, 234, 282, 285
Células T 14, 15, 54, 55, 284
Cerebro 7, 8, 9, 10, 11, 12, 13, 14, 15, 16, 17, 18, 19, 23, 24, 25, 28, 29, 31, 32, 33, 34, 35, 36, 37, 38, 39, 40, 41, 43, 44, 45, 46, 48, 49, 50, 51, 52, 53, 54, 55, 56, 57, 58, 59, 60, 61, 62, 63, 64, 65, 67, 68, 69, 70, 71, 74, 76, 77, 78, 79, 80, 81, 82, 83, 85, 86, 87, 89, 91, 92, 93, 94, 95, 96, 97, 98, 99, 101, 102, 103, 104, 105, 106, 107, 108, 109, 110, 111, 112, 113, 117, 118, 119, 120, 121, 122, 123, 124, 125, 126, 127, 128, 130, 131, 132, 133, 134, 135, 136, 137, 138, 141, 142, 143, 144, 145, 146, 147, 148, 149, 150, 152, 153, 155, 157, 158, 159, 160, 161, 162, 163, 164, 167, 168, 169, 170, 171, 172, 173, 174, 175, 176, 177, 178, 180, 183, 184, 186, 187, 188, 191, 192, 193, 194, 195, 196, 197, 198, 199, 201, 202, 203, 204, 206, 207, 208, 209, 211, 215, 216, 217, 218, 219, 220, 221, 222, 223, 224, 225, 227, 228, 229, 230, 231, 232, 233, 234, 235, 236, 237, 238, 239, 241, 242, 243, 244, 245, 246, 247, 249, 251, 252, 253, 254, 255, 256, 261, 262, 264, 265, 267, 268, 269, 271, 275, 276, 281, 282, 283, 285, 286, 287, 288, 289, 293
Cerebro consciente 11, 13, 14, 15, 16, 25, 33, 36, 37, 48, 53, 54, 57, 64, 67, 68, 69, 70, 74, 76, 77, 94, 95, 96, 98, 105, 118, 125, 126, 133, 152, 171, 172, 173, 176, 177, 191, 193, 201, 207, 211, 224, 227, 239, 242, 246, 262, 267, 283
Ciencia del cerebro subconsciente 43, 285, 286, 293
Cirugía 217, 218
Color 15, 30, 36, 49, 53, 83, 92, 127, 144, 145, 153, 154, 168, 169, 178, 182, 187, 195, 199, 203, 204, 209, 248, 254, 257, 270, 271, 277
Conexión cuerpo-mente 53
Corteza cingulada anterior 49, 51, 77, 229
Corteza parietal 49, 51
Corteza prefrontal 48, 49, 51, 60, 77, 78, 229, 275

Cortisol 61
Crear el futuro 95, 125, 151, 176, 200, 244
Creatividad 11, 14, 31, 63, 64, 134, 159, 271

D

Daniel 10, 59, 281, 293
David McCormick 230
Depresión 17, 30, 34, 63, 70, 71, 79, 91, 108, 167, 168, 171, 173, 174, 175, 176, 188, 206, 233, 263, 285, 286
Desactivar el subconsciente 88, 281, 289
Descanso 64, 86, 106, 129, 155, 253, 266, 267, 282
Diabetes 219, 283
Dolencias escurridizas 39, 218, 220, 237, 238, 242, 243, 244, 281, 283, 284
Dolor abdominal funcional (DAF) 239
Dolor crónico 12, 14, 16, 17, 99, 218, 219, 227, 229, 230, 231, 232, 233, 235, 236, 244, 245, 286
Dolores menstruales 218
Dopamina 62, 174, 188, 192, 194, 199, 201, 286
Drogadicción 38
Dr. Oz 32, 33, 283, 291

E

Eczema 216, 220, 225
EEG 56, 59, 60, 62, 63, 69, 70, 108, 111, 123, 199, 228, 264, 282, 283, 287, 289
El eterno resplandor de una mente sin recuerdos 45
Emociones negativas 34, 286
Emociones positivas 34, 288
Emory 149, 283
Enfermedades autoinmunes 14, 218, 220, 221, 222, 224, 226, 244, 284
Entendimiento 28, 92
Epilepsia 109
Epilepsia fotosensible 109
Escáner cerebral 49, 146, 227
Espiritualidad 76, 99, 196, 278, 287, 289
Estar alerta 79, 102, 124, 212, 246, 258, 281, 284, 285, 286, 287, 288, 289
Estimulación bilateral 12, 58, 59, 121, 122, 123, 124, 219, 287
Estrés y las fobias 146, 283
Éxito 9, 25, 41, 65, 67, 76, 97, 99, 194, 239, 241, 269, 270, 271, 272, 273, 284, 287, 293

F

Flotar 86, 130, 155, 179, 180, 182, 184, 205, 249, 267
Fobias 15, 141, 143, 146, 235, 282, 283, 288
Franz Mesmer 46
Freud 93, 284
Función sexual 241, 243

G

GABA 142, 150, 174, 199, 284, 286
Ganglios basales 60, 77
Generalización 72, 73, 172, 286
Genética 55, 168, 284
Glóbulos blancos 223, 289
Guiones 12, 19, 28, 41, 79, 80, 91, 92, 95, 122, 281, 287
Guion opcional para 88, 138, 164, 189, 258

H

Heal Your Drained Brain 112, 143, 262, 283, 284
Hemisferio derecho 58, 78, 124
Hemisferio izquierdo 58, 78
Herbert Spiegel 47
Herencia epigenética 149, 284
Hipnosedación 217, 284
Hipnosis 7, 8, 9, 12, 16, 31, 44, 45, 47, 48, 50, 51, 53, 54, 55, 58, 59, 62, 80, 106, 122, 144, 191, 195, 196, 197, 198, 199, 215, 217, 218, 219, 223, 224, 225, 226, 232, 234, 235, 236, 239, 240, 241, 242, 243, 282, 285, 286, 287, 288
Histeria de conversión 52

I

Ibuprofeno 103, 218
Inception 33, 34, 284, 286
Inconsciente 26, 27, 28, 48, 93, 97
Inconsciente colectivo 93
Inconsciente personal 93
Información 23, 25, 35, 50, 58, 95, 144, 145, 146, 168, 169, 195, 226, 229, 231, 232, 288, 289
Inicio consciente de la sanación 67, 293
Insomnio 9, 27, 41, 75, 87, 99, 148, 261, 262, 265, 282, 287, 293
Ínsula 48, 49, 51, 78
IRMf 49, 50, 51, 56, 59, 283

J

James Braid 47
Jung 93, 285

K

Kelly Painter 217

L

Lóbulo frontal 60
Lóbulo occipital 61, 65, 77, 96

M

Mantra 74, 75, 92, 126, 135, 136, 151, 160, 161, 169, 170, 283, 286
Martin Seligman 171
MD Anderson 217, 218, 285
Medicación 30, 39, 111, 218, 240, 243, 257, 262, 282, 285, 286
Mejorar el estado de ánimo 168, 170, 171, 282, 283, 287
Mejorar el presente 94, 125, 151, 176, 193, 200, 244
Memoria 13, 35, 37, 62, 80, 120, 210, 252, 286, 287
Mente 7, 11, 13, 23, 25, 26, 27, 28, 30, 36, 37, 45, 48, 52, 58, 59, 61, 63, 64, 71, 73, 81, 82, 84, 85, 86, 88, 91, 96, 98, 109, 127, 128, 129, 131, 133, 134, 135, 138, 148, 152, 154, 155, 156, 158, 159, 160, 161, 164, 173, 177, 180, 181, 182, 183, 184, 185, 188, 189, 202, 203, 204, 205, 206, 212, 215, 216, 224, 235, 237, 238, 244, 246, 247, 248, 249, 251, 252, 253, 254, 256, 258, 266, 272, 283, 284, 285, 287, 288, 293
Mesmer 46, 47, 284, 285
Metas 13, 19, 36, 37, 77, 97, 105, 186, 194, 210, 284, 285, 287, 288
Método 3/12/7 78, 79, 80, 81, 91, 104, 109, 110, 112, 281, 287
Miedo 9, 15, 64, 65, 70, 75, 94, 95, 98, 99, 124, 141, 142, 143, 145, 147, 149, 151, 157, 159, 160, 161, 163, 164, 167, 171, 188, 264, 279, 281, 282, 283, 285, 286, 287, 288
Migrañas 14, 78, 79, 109, 111, 216, 231, 236, 246
Mike Dow 9, 10, 291
Movimiento ocular rápido (REM) 263
Música 26, 57, 58, 88, 104, 165, 189, 213, 259

N

Neurotransmisores 17, 61, 62, 64, 98, 112, 143, 175, 194, 219, 233, 282, 283

O

Obesidad 229
Ohio 55, 286

Ondas cerebrales alfa 79, 173, 282, 284
Ondas cerebrales beta 56, 61, 62, 63, 70, 77, 79, 87, 106, 108, 113, 173, 232, 282
Ondas cerebrales delta 261, 282
Ondas cerebrales gamma 124, 282
Ondas cerebrales theta 13, 16, 58, 60, 62, 63, 64, 70, 77, 79, 87, 92, 97, 104, 107, 113, 117, 119, 120, 124, 232, 261, 264, 282, 283, 286, 287, 288

P

Parálisis por análisis 70, 92, 123, 131, 171, 193, 200
Paso 1 67, 69, 70, 75, 77, 124, 125, 135, 141, 150, 151, 160, 175, 200, 244, 264, 270, 282, 283, 288, 293
Paso 2 69, 77, 78, 79, 81, 141, 281, 285, 287, 288, 289, 293
paso 3 92, 94, 121, 122, 287
paso 4 94, 95, 283
Paso 5 95, 125, 151, 176, 200, 244, 288
Paso 6 125, 151, 176, 200, 244, 288
Paso 7 125, 151, 176, 200, 244, 288
Patrones de pensamiento trampa 40, 69, 70, 71, 73, 74, 75, 77, 92, 94, 96, 118, 123, 125, 126, 138, 151, 164, 171, 172, 175, 176, 200, 201, 245, 246, 283
Pensamiento clarividente 71
Permanencia 71, 73, 172, 286
Personalización 71, 92, 176, 245
Pesimismo 70, 92, 94, 95, 131, 161, 188, 201, 258
PET 51, 56, 62, 286
Placebos de etiqueta abierta 29, 30, 286
Plantar positividad 125, 151, 176, 199, 200, 244, 279
PLANTAR POSITIVIDAD 97
Poder de la sugestión 243
Práctica de TVS 148
Preautoinmunidad 221, 284
Problema de vejiga 241
Procesamiento descendente 50, 144, 145, 146, 147, 170, 195, 232, 284, 285
Pruebas genéticas 219, 284

R

Radar 102
Realidad virtual (RV) 234, 286
Relajarse 25, 177
Reprocesar 94, 119, 285

Respiración 44, 82, 83, 85, 127, 128, 129, 147, 153, 154, 158, 178, 203, 248, 270, 277
Respuesta de huida/inmovilidad 223
Revisar el pasado 92, 125, 151, 176, 200, 244

S

Salud física 39, 244, 245
Salud mental 38
Sanación 13, 14, 18, 27, 40, 67, 78, 80, 82, 84, 85, 87, 93, 105, 127, 128, 130, 131, 133, 147, 148, 153, 156, 162, 163, 179, 180, 210, 212, 216, 244, 247, 248, 249, 250, 252, 253, 254, 255, 256, 257, 259, 276, 283, 284, 285, 286, 287, 288, 293
Schneider Instrument Company 102, 287
Sensaciones 192, 198, 200, 201, 232, 233, 247, 250, 253, 254, 256, 257, 258, 265, 283
Serotonina 142, 167, 174, 175, 188, 194, 199, 240, 286
Sesgo confirmatorio 169, 170, 285
Sincronizador de ondas cerebrales 102, 104
Síndrome de fatiga crónica (SFC) 222
Síndrome del intestino irritable (SII) 13, 14, 54, 236
Sistema inmunitario 14, 15, 17, 34, 55, 105, 117, 215, 220, 221, 222, 223, 224, 225, 227, 236, 245, 254, 255, 257, 288
Sistema nervioso parasimpático 105
Sistema nervioso simpático 105
SMART 36, 284, 287
Sociedad Americana de Hipnosis Clínica (SAHC) 37, 281
Soltar 41, 85, 86, 118, 119, 125, 127, 129, 155, 267, 281, 283, 284, 286, 287
Sonido 82, 111, 112, 127, 145, 149, 150, 153, 162, 163, 178, 203, 235, 247, 248
Soñar 24, 27, 56, 64, 65, 106, 107, 261, 264, 268, 288, 289
SPECT 59, 60, 282, 287
Subconsciente 7, 8, 9, 10, 11, 12, 14, 15, 16, 17, 18, 19, 21, 23, 24, 25, 26, 27, 28, 29, 31, 32, 33, 34, 35, 36, 37, 38, 39, 40, 41, 43, 44, 45, 46, 48, 49, 50, 51, 52, 53, 54, 55, 56, 57, 58, 59, 60, 61, 62, 63, 64, 65, 67, 68, 69, 70, 74, 75, 76, 77, 78, 80, 81, 82, 83, 84, 85, 87, 88, 89, 91, 92, 93, 94, 95, 96, 97, 98, 101, 102, 103, 104, 105, 107, 108, 110, 111, 112, 113, 117, 118, 119,

120, 122, 123, 124, 125, 126, 127, 128, 129, 131, 132, 133, 134, 135, 136, 137, 141, 142, 143, 144, 145, 146, 147, 148, 149, 150, 151, 152, 153, 154, 156, 157, 158, 159, 160, 161, 162, 163, 168, 170, 171, 172, 173, 174, 176, 177, 179, 181, 182, 184, 185, 186, 187, 191, 192, 193, 194, 195, 196, 197, 198, 199, 200, 201, 202, 203, 206, 207, 208, 210, 211, 215, 216, 217, 218, 220, 223, 224, 225, 226, 227, 228, 229, 231, 232, 233, 234, 235, 237, 238, 239, 240, 241, 242, 243, 244, 245, 246, 247, 250, 251, 252, 253, 254, 255, 256, 264, 265, 266, 267, 268, 269, 270, 272, 275, 276, 278, 279, 281, 282, 283, 284, 285, 286, 287, 288, 289, 293

Sueño 24, 58, 63, 64, 65, 79, 86, 106, 122, 127, 148, 149, 150, 162, 180, 255, 261, 262, 263, 264, 265, 267, 268, 275, 282, 283, 287, 289, 293

Sugestionabilidad 167, 288

Superman 142, 143, 288

T

TCC 12, 15, 40, 50, 59, 68, 122, 141, 142, 143, 144, 171, 172, 173, 196, 197, 219, 226, 233, 262, 263, 265, 282, 283, 284, 285, 288

TCC-I 262, 263, 265, 282, 283

TDAH 30, 107, 108, 281, 283

Técnica de visualización subconsciente 11, 12, 26, 61, 293

Tender puentes 97, 125, 151, 176, 200, 244

Terapia cognitivo conductual (TCC) 12, 15

Terapia de combinación 40, 196, 281, 285

Test de Stroop 49, 146, 282

The American Journal of Gastroenterology 239

The Brain Fog Fix 112, 261, 283

The Dr. Oz Show 32

The Lancet 51, 52

Thomas Edison 64

Titanic 120, 121, 289

Trastorno bipolar 39, 109

TVS para los hábitos y para una vida más saludable 201, 293

TVS paso 1 67, 282, 283, 293

V

Vía límbico-hipotalámica-pituitaria 222, 282

Visualización 6, 11, 12, 16, 26, 36, 37, 52, 59, 61, 80, 91, 95, 96, 98, 122, 124, 193, 196, 219, 225, 233, 242, 250, 265, 284, 289, 293
Visualización integradora 218
Vitamina B 219
Volver a estar alerta 124, 246, 281, 284, 285, 286, 287, 288, 289
VPH 220, 224, 284

W

William Kroger 44, 101
www.drmikedow.com 101, 143, 194, 220, 281, 283

Z

Zoloft 174, 175, 289

ACERCA DEL AUTOR

El Dr. Mike Dow, Doctor en Psicología se encuentra en la lista de autores más vendidos del *New York Times* y le han llamado «el terapeuta de confianza de Estados Unidos». Además de su consulta privada en Los Ángeles, ha intervenido en programas de televisión en TLC, VH1, E!, Investigation Discovery y Logo. Forma parte del equipo de expertos del Dr. Oz y es presentador invitado con frecuencia en el programa *The Doctors*. El Dr. Mike también aparece regularmente en los programas *Today*, *Rachael Ray*, *Wendy Williams*, *Bethenny*, *Meredith Vieira*, *Ricki Lake*, *Nancy Grace* y *Dr. Drew on Call*. Es miembro de la American Society for Clinical Hypnosis y la Society for Clinical and Experimental Hypnosis. Estudió en la USC (University of Southern California), donde fue un alumno destacado que recibió el reconocimiento del presidente de Estados Unidos como Presidential Scholar.

ÍNDICE

Prólogo del Dr. Daniel Amen ... 7
Introducción: Técnica de visualización subconsciente: la medicina cuerpo-mente definitiva ... 11
PARTE I: Entender tu subconsciente ... 21
Capítulo 1: Tu subconsciente siempre te apoya ... 23
Capítulo 2: La ciencia del cerebro subconsciente ... 43
Capítulo 3: Un inicio consciente de la sanación subconsciente: TVS paso 1 ... 67
Capítulo 4: Activar el cerebro subconsciente: TVS paso 2 ... 77
Capítulo 5: TVS sin fisuras: añadir pasos 3 a 7 ... 91
Capítulo 6: TVS para incrementar el poder ... 101
PARTE II: Hacer que la TVS trabaje para ti ... 115
Capítulo 7: TVS para liberar ... 117
Capítulo 8: TVS para estresarte menos y vencer tus miedos ... 141
Capítulo 9: TVS para mejorar tu estado de ánimo ... 167
Capítulo 10: TVS para los hábitos y para una vida más saludable ... 191
Capítulo 11: TVS para sanar tu cuerpo, el dolor y las patologías escurridizas ... 215
Apéndice A: TVS adicional para el sueño, el insomnio y los sueños inducidos ... 261
Apéndice B: TVS adicional para el éxito ... 269
Apéndice C: TVS adicional para la conexión espiritual ... 275
Índice analítico ... 281
Acerca del autor ... 291